中国
教育政策
评论 *2023*

（下）

袁振国 主编

中国教育政策评论 2023（下）

主　编
　　袁振国
编　委　（按姓氏笔画为序）
　　朱益明　刘世清　杨九诠
　　吴遵民　范国睿　郅庭瑾
　　周　彬　黄忠敬

序 preface

构建教育学自主知识体系是中国式教育现代化的关键议题

立足世界百年未有之大变局,习近平总书记指出:"人类社会每一次重大跃进,人类文明每一次重大发展,都离不开哲学社会科学的知识变革和思想先导。"当代中国正经历着我国历史上最为广泛而深刻的社会变革,着眼解决新时代改革开放和社会主义现代化建设的实际问题,发展具有中国特色的哲学社会科学学科体系、学术体系、话语体系,是不断回答中国之问、世界之问、人民之问、时代之问的必要内容。加快构建中国特色哲学社会科学,归根结底是建构中国自主的知识体系。教育是全面建设社会主义现代化国家的基础性和战略性支撑,构建我国教育学自主知识体系是教育强国建设与中国式教育现代化的关键议题。

两百多年来,我国的教育学一直沿用的是西方教育学的话语体系,是西方文化、制度、实践的套用。这样的教育学不能反映东方文化的智慧,更不能反映中华优秀文化教育传统和中国式教育现代化的伟大成果和成功经验,难以解释和回应中国在教育现代化征程上的未来探索,不利于分享中国教育的成功经验和思想观点。

当前,中国正在进入高质量发展的新阶段,西方教育学无法解释中国教育发展的道路和现象,无法总结中国教育发展的经验和模式,更无法回答中国教育的问题和未来要求。各国教育成败的原因是什么,教育好坏的标准是什么,教育强盛的路径是什么,只能留给各国自己来回答和解决。中国式教育现代化的理论是什么,更是只有中国自己能回答。中国有五千多年的文明,早在夏代就建庠设序,中国有最早的教育专著《学记》;中国式教育现代化道路的开辟,更是20世纪后半期以来世界教育最重要的事件。教育学需要中国的声音,世界教育学的发展离不开中国教育学的贡献。

教育学自主知识体系建构需要实现教育学话语的领跑转向,实现对全球教育知识体系"中心—边缘"关系的重构。知识是学科的基础。但是,什么知识最有用、知识对谁最有用、谁的知识最有用,并不只是一个简单的科学问题,更是一个话语权问题。自主性、本土化是中国自主知识体系的核心特征。西方世界作为社会科学的中心,长期以来主导着教育学相关知识的生产与传播。我国的教育学在很长一段时间里处于"跟跑"状态,自觉不自觉地沿用了西方教育学话语体系。随着我国教育现代化进程不断深入,理论与实践结合、国际化与本土化结合、模仿借鉴与自主创新结合,形成了一系列具有中国特色的教育理论。例如,教育优先发展理论、立德树人理论、教育公平理论、素质教育理论、"放管服"治理理论、高质量发展理论,等等。在发展实践中涌现出大量可推广、可复制的成功经验,孕育出大批具有中国智慧、中国风格的教育家,与世界先进的教育理念和成功实践同放光彩,形成"并跑"之势。面对科学技术迅猛发展、国际环境深刻变化、中国在世界的地位日益提升的新形势和新特点,面对充满不确定性的未来,我们必须从"跟跑"到"领跑",坚持"中国立场""中国意识",构建中国教育学话语体系。

教育学自主知识体系建构要以教育实践作为出发点和归宿,实现对"为现实之需"的超越,进而走向理论自觉。首先,构建教育学自主话语体系要立足实践。实践的观点是马克思主义首要和基本的观点,教育研究的目的是为实践服务,教育研究的理论必须在实践过程中接受检验。改革开放后,与我国历史上最为广泛和深刻的社会变革相一致,教育事业也进行了伟大的实践创新,取得了跨越式发展成就,形成了中国经验和中国模式,这是构建中国教育学话语体系的源头活水和强大动力。其次,构建教育学自主话语体系要增强理论自觉。实践和经验不会自动生成为理论，需要我们去总结、去提高，需要有理论自觉，去粗取精、去伪存真、由表及里，发现内在规律。自主性、本土化是中国教育学自主知识体系的核心特征，是走向"中国教育学"的规范性论题。发现、提炼、系统化中国教育的成就和经验，是构建中国教育学话语体系基本的和长期的任务，是把论文写在祖国大地上的真正要义。中国教育学自主知识体系的建构，应当是自上而下的理论验证和自下而上的经验总结的双向奔赴，既是对丰富教育实践的回应，也应当是对实践的引领与影响。

教育学自主知识体系建构要面向世界讲好中国故事，实现中国经验、中国知识、中国道路的有效传播。习近平总书记在哲学社会科学工作座谈会上指出："发挥我国哲学社会科学作用，要注意加强话语体系建设。在解读中国实践、构建中国理论上，我们应该最有发言权，但实际上我国哲学社会科学在国际上的声音还比较小，还处于有理说不出、说了传不开的境地。"如何讲好中国教育的故事，总结好中国教育的经验，传播好中国教育改革的理论，是构建中国教育学话语体系的必然要求。近年来，关于中国话语走出去的研究越来越多，特别是翻译界围绕对外翻译有效传播的讨论大量涌现，但这是不够的。话语传播决不仅是语言翻译的问题，更是一个从设置议题、发布成果、组织讨论、搭建平台、多渠道交流的系统工程，是中国文化走出去的一个实践过程。我们需要主动设计国际议题，从世界未来发展的角度获取研究成果、搭建国际交流平台、组织大型国际项目，展开多层次、多领域、多渠道对话；讲好中国故事，让全世界讲中国故事，并形成良性循环，促进与之相应的思维方法和价值取向走向世界。

袁振国
2024 年 3 月

目录 contents

Part 1
001 理论思考

Chapter 1
003 概念还是观念？
——对中国教育学自主知识体系创新路径的省思

一、概念、传统与学理：中国教育学自主知识体系的本质内涵；二、建构自主概念：中国教育学自主知识体系建构的可能方案；三、走向观念创新：中国教育学自主知识体系的方法论选择

.... 高 伟 王晓晓

Chapter 2
022 中国教育学自主知识体系建构的关键议题

一、析位：中国教育学自主知识体系的核心品性和关系把脉；二、解蔽：中国教育学自主知识体系的生成机理和价值意蕴；三、合晶：中国教育学自主知识体系的建构逻辑；四、统整：中国教育学自主知识体系的共治路径；五、结语

.... 蔡群青

Chapter 3
043 中国教育学自主知识体系的大教育学建设

一、问题的提出；二、中国教育学自主知识体系的大教育学建设亟待突破的问题；三、中国教育学自主知识体系的大教育学建设路径

.... 侯怀银 王钰捷

Chapter 4

059　教育学自主知识体系建构的实践取向、误区及自主性辨明

　　　　一、教育学自主知识体系建构研究的实践取向；
二、教育学自主知识体系建构实践取向的两个隐性误区；
三、教育学自主知识体系建构的脉络和自主性的本质内涵

.... 郭　仕

Part2

073　历史研究

Chapter 5

075　中国教育学自主知识体系的成功探索：陈鹤琴"活教育"理论的生成

　　　　一、引言；二、陈鹤琴"活教育"理论生成的过程；
三、陈鹤琴"活教育"理论生成的特征；四、陈鹤琴"活教育"自主知识体系成功探索的启示；五、结语

.... 蔡连玉　苏　岩

Chapter 6

090　试论中国教育的思维方式及其变革之途

　　　　一、中国文化思维方式：诗性思维方式与实用理性思维方式；二、中国教育思维方式及其变革；三、结语

.... 宗国庆　蔡群青

Chapter 7

102　中国教育学自主知识体系中的西方理论本土化路径思考

　　　——以马丁·特罗高等教育发展阶段理论为例

　　　　一、中国教育学自主知识体系理论建构的发展方向；

二、马丁·特罗高等教育发展阶段理论的本土化发展阶段;三、高等教育发展阶段理论本土化对建构教育学自主知识体系的启示

.... 季玟希

Part3
119 学科视角

Chapter 8
121 中国教育管理学知识体系的基本特征与建构路径

一、教育管理学知识的基本形态;二、中国教育管理学知识体系的基本特征;三、中国教育管理学知识体系建构的基本路径

.... 苏君阳

Chapter 9
139 中国自主知识体系与新型举国体制高等教育

一、引言;二、概念缘起与领域迁移;三、新型举国体制高等教育的内涵与特色;四、新型举国体制高等教育的发展意义;五、结语

.... 苏 明

Chapter 10
156 中国研究生教育学自主知识体系:价值、结构与建构

一、中国研究生教育学自主知识体系的价值意蕴;二、中国研究生教育学自主知识体系的结构要素;三、中国研究生教育学自主知识体系的建构路向

.... 郑 刚 郑莉娟

Chapter 11
173 中国职业教育学自主知识体系探索

一、构建中国职业教育学学科体系的思想指南;

二、构建中国职业教育学学术体系的三个意识；三、构建中国职业教育学话语体系的系统工程
.... 李 阳

Chapter 12
189　乡村教育学自主知识体系建构：向度与框架

一、乡村教育学的本体与实质；二、乡村教育学自主知识体系建构的向度；三、乡村教育学自主知识体系建构的框架
.... 于海英

Part 4
205　方法探索

Chapter 13
207　包容、转型与创新：以高质量教育科学研究助力教育学自主知识体系构建
——基于全国教育科学研究优秀成果奖（论文类）的计量分析

一、问题提出；二、研究设计；三、研究结果；四、研究结论与展望
.... 毋 磊　马一先　马银琦

Chapter 14
231　"以中国知识书写"推进中国教育学自主知识体系建构刍议

一、以中国知识书写：方法论切入；二、以知识书写立场审视：来自中美经典教育学教材的个案考察；三、重构中国知识书写：推进中国教育学自主知识体系建构
.... 周仕德　王澎珂

246　附：《中国教育政策评论》简介及投稿须知

Part 1
理论思考

Chapter 1

概念还是观念？
——对中国教育学自主知识体系创新路径的省思*

高 伟 王晓晓

> **摘 要**：如何将建构中国教育学自主知识体系接纳为本己的学术性任务、学理性任务，是当下中国教育学最紧要之处。建构中国教育学自主知识体系的前提性基础是把握其本质。中国教育学自主知识体系的本质是中国教育的自我主张，是超越西方教育现代性，建构中国教育现代性，构建中国话语和中国叙事体系，坚持问题导向，回答中国教育时代之问的内在必有之义。从自主概念出发建构中国教育学自主知识体系仍然需要以方法论为指导。观念创新可作为建构中国教育学自主知识体系的方法论，具体包括建构教育现代性理论模型和解释框架，阐明自主知识体系的价值立场，推进三大体系系统性变革。坚持扎根中国大地办教育，融通中西，面向未来，是建构中国教育学自主知识体系必须坚持的根本道路。
>
> **关键词**：中国教育学；自主知识体系；观念创新；教育现代性

从建构有中国特色的教育学到建构中国教育学自主知识体系，从自觉到自主，中国教育学一直在努力形塑其"中国身份"，并且已经通过这一过程成功地建立起其自我认同的合法性。但如何将建构中国教育学自主知识体系接纳为本己的学术性任务、学理性任务，才是当下中国教育学最紧要之处，对这一问题的回答，将从根本上影响中国教育学的安身立命，即它何以是教育学并且是中国的教育学。一旦我们将此追问纳入视野，

---

* 本文系国家社会科学基金"十四五"规划2021年度教育学一般课题"新中国教育观念演进研究"（项目编号：BAA210023）的阶段性成果。

必然会面对中国教育学自主知识体系何以可能、何以必然、何以是、何所是等一系列问题。关键的问题仍然在于正确地提出问题。或许在忙于建构之前，先行考察建构的前提性基础，当更为妥善。

一、概念、传统与学理：中国教育学自主知识体系的本质内涵

1. 中国教育学自主知识体系的概念分析

建构中国教育学自主知识体系这一命题有"中国性""教育学性""自主性""知识体系性"四个关键词。[1]当下关于这一命题的讨论，正是基于这四个关键词展开的。中国性是教育学自主知识体系的限定，这种限定表现在四个方面：一是中国性作为独特的时空和实践场域概念，意味着教育学知识体系需要直面地方教育问题和地方教育传统；二是中国性作为自觉的态度和方法，意味着对中国教育文化传统的创造性转化；三是中国性作为真理观，意味着中国教育学的知识生产超越了客观主义知识观，生产"具有特殊性的普遍性知识"；四是中国性作为面向当今世界的时代化中华民族性。[2]教育学性是指中国教育学自主知识体系作为现代教育学学科所具有的教育学自身逻辑。知识体系性是指中国教育学自主知识体系具有系统性的稳定结构，同时兼顾学科体系、学术体系、话语体系三大体系的系统性变革。

中国教育学自主知识体系的概念纠缠之处主要还在于究竟何谓自主性。从词源学讲，"自主"（autonomy）源于古希腊词 autos 和 nomos，意为自我统治、支配、管理。[3]因此，"自主"的就不是"他主"的或"依附"的，而构成自主性的要件至少包含三个方面，即动机的自主性、能力的自主性和证成的自主性。只有当这三个要素都成立且同时成立，才可以称得上是自主的。动机的自主性是指知识体系的建构是为了立足中国教育实际，解决中国教育实际问题。这一动机并不是后发外生的被迫，而是基于中国教育自身发展的内源性需求。动机的自主性有程度上的差别，较低程度的自主是指基于中国本土的实践问题对他国的教育学知识进行创造性

的运用,较高程度的自主是能够基于中国本土文化和当下世界教育问题的中国表现提出中国方案。能力的自主性是指生产教育学原创性成果不受外在影响的自我形塑和自我决断,而且能够在多元竞争的知识体系中被普遍接受,获得话语权。证成的自主性是指检验知识的尺度在于其科学性和有效性,即教育学知识能否回答时代之问、人民之问。中国教育学自主知识体系的根本衡准,主要在主体性、原创性两个方面,[4]也就是说,在于是否能以中国人的世界观、方法论解决中国教育问题,实现知识自主供给和精神独立自主。建构中国教育学自主知识体系,主体性、原创性是最紧要之处。

2. 中国教育学自主知识体系的传统透析

提出建构中国教育学自主知识体系这个问题本身恰恰是个问题。事实上,对教育学本土化、教育学中国化、教育学的中国性、中国特色的教育学、中国教育学何以何能的追问,在中国近现代教育学史上从未断绝过,建构中国教育学的努力,从中国引进教育学始也从未断绝过,虽然在不同的历史时期,其表述方式各异,但总以"家族相似"的方式表现出前后相续的一致性,即中国教育学必然走、必须走"一方面吸收输入外来之学说,一方面不忘本来民族之地位"[5]的道路。这一致思努力一直内在于教育学的理论与实践研究之中。在实践方面,20世纪20年代初期中国教育学家结合中国教育实际问题展开独立研究的经历,其范围涵盖了从宏观的学制改进、乡村教育到微观的教材、教法和教育测量等领域的独立研究。[6]在理论方面,20世纪20年代初期,中国文化界就展开过中西文化关系的大讨论,这场讨论虽然并未从根本上解决古今中西的问题,事实上却为教育学中国化、本土化提供了理论基础,直到30年代,教育学界出现了"中国需要何种教育哲学"的时代课题大讨论,这些讨论成为今后中国文化精神在教育学领域的集中体现。对当时的学者而言,"中国意识""本土意识"近乎一种文化本能,他们已经普遍意识到,"教育学有共同之原理,亦有本国之国粹"。[7]从王国维翻译、编著《教育学》开始,中国教育学者就不是简单地翻译、译介、照搬、抄袭国外教育学,他们或在言说方式上"六经注我",以中国传统哲学范畴、概念诠解西方教育学,或在翻译、注疏上"我注六经",对外来之教育学删削、添加、参合、改易,乃于融化,虽然精粗、高下、深浅各异,其熔裁、吸纳与会通的良苦用心背后,正是对中国教育学的认同与力行。正如黄济先生所指出的:"在当时来说,移植西方的教育思想到中国来,就是进步之举;而且在他们的移植工作中,绝不是囫囵吞枣、生吞活剥地拿来,而是经过他们的咀嚼,增加进他们的唾液,而成为对我们有滋补价值的营养品。旧中国的教育哲学专著,无论是师从德国的古典哲学,还是师从美国的实用主义,都有自己的严谨的体系和明确的观点,是移植但不是简单的摹写,是学习又有个人的创见,是中国的而不是外国的,在其中渗透了他们的心血和创造性的劳动成果。"[8]对这段中国教育学史,恐怕有重新发现、重新定位、重新解释的必要。

中国化是中国教育学者绵延相续、矢志不渝的情怀和追求。中国教育学历经三十年的曲折和中断,特别是在20世纪80年代末90年代初的"建设具有中国特色的社会主义教育学"大讨论之后,中国化教育学研究主要表现出两个范式并主要在这两个范式的指导下曲折展开:一是科学教育学与中国教育实践的"结合",科学教育学的普遍性与中国教育实践的特殊性相结合,以科学教育学为体,以中国教育实践为用;二是马克思主义与中国教育实践的"结合",以马克思主义为思想基础和方法论指导,以之为体,以中国教育实践为用。这两种范式都是"应然"意义上的教育学,即中国教育学理所当然应该反映中国的教育事实,反映中国教育的需要。[9]同时也不难看出,这两种研究方式都试图在教育学的共性与个性之间保持平衡。应该说,20世纪80年代之后的中国教育学研究无论是在视野还是在深度上都取得了长足的进步。然而,所有这些可称为"特色"的教育学在逻辑起点上都面临一个不易察觉的学术悖论,即中国教育学的特殊性总是对勘、对照意义上的,西方教育学和西方教育思想或作为依傍,或作为参照,总是前提性地构成了本土化教育学的尺度。也就是说,中国教育学仍然是教育学世界的"他者"。作为其结果,本土化的努力并没有产生原创性的思想成就。

进入新时代以后,中国教育学研究的气象与其前史相比已经有所不同,它似乎更善于自觉地从宏阔的时代精神出发,超越教育学自身的学科限制,以宏大叙事的方式在理念、观念层面重新塑造教育学的话语系统。建构中国教育学自主知识体系,正是在立足时代需求并满足这一需求的背景下提出的。2022年4月25日,习近平总书记在考察中国人民大学时指出:"加快构建中国特色哲学社会科学,归根结底是建构中国自主的知识体系。"中国教育学历经百年曲折历程,从特色话语、本土话语走向自主话语,它既用自主性表达教育学的内在性,也以自主性表达教育学的历史性,至此,中国教育学已经与所处的时代达成了内在精神的一致性,也从根本上回答了中国教育学百年历程的不懈努力和价值追求,即中国教育学何以是中国的。由此,中国教育学才真正开端。

3. 中国教育学自主知识体系的学理分析

中国教育学自主知识体系建构根本上是一项学理性任务,而学理性建构这一任务在某种意义上被耽搁了。一是从学科起源讲,在近代中国救亡图存的特殊国情影响之下,教育学的引进和建设以师资培训为首要目的。因此,通常意义上,近代中国的教育学表示一门教学科目,是学校以课程形式呈现的学术训练单元。[10]在这种背景下,教育学知识体系体现在教材中,"《教育学》教材是以知识体系呈现的教育理念和教育思想"[11]。中国教育学自主知识体系的建构也就往往被理解为教材体系的健全与完善,而不是一项学理性任务。二是叶澜先生指出的,教育学在中国发展过程中的"世纪问题",其中包括意识形态与教育学学理建设的逻辑冲突问题,这是制约教育学科学术发展的重要因素之一,至今仍有待解决。[12]

中国教育学自主知识体系的学理建构首先要理解和把握建构中国教育学自主知识体系的本质,这对建构行为来说是前提性的。进一步说,只有在充分领会和把握这一本质之后,建构行为才是可能的,建构所依据的原则、方法以及路径已经先行地蕴含在本质之中。建构中国教育学自主知识体系的本质,乃是寻求中国教育的自我主张。这一主张,既是教育的中国主张,也是中国的教育主张。它根本上不是某种策略性的自我调适,而是战略性的自我认同;不是某种技术性的修修补补,而是原则性的探求与建基。由此,只有当我们将教育置于中国这一背景中,置于中国的历史发展特别是近代历史发展中,置于中国前途与命运的大格局中,置于中国与世界的现代大变局中,置于中国的整体性中,才有可能领会和把握这一主张。对中国教育发展独特的历史逻辑、实践逻辑和价值逻辑的认识,笔者曾提出"两个假设"和"两个打通"。解释中国教育,建构中国教育学需要有两个假设。第一个基本假设是,仅仅就教育谈教育是不充分的。解释中国教育现代化有必要超越教育本体论的言说方式,即超越就教育自身言说教育自身的形而上学方式,将教育放置在中国文化—社会—历史的宏观视野中去审视。第二个基本假设是,仅仅就中国教育谈中国教育是不充分的。解释中国教育现代化有必要超越中国教育本体论的言说方式,即超越就中国教育自身言说其自身的形而上学方式,把中国教育现代化放置在世界历史、世界文明的格局中来审视——所有教育的中国问题,都是中国教育的世界问题。中国教育学界在建构"中国教育学""中国特色教育学""有中国特色的教育学""有中国气象的教育哲学"等方面的所有努力,说到底都是在寻求如何理解和解释教育的"中国性"问题,也就是中国教育对中国的意义,以及中国对世界的意义。要想"看出"中国教育现代化的中国意义和世界意义,需要"两个打通",即打通过去—现在—未来,树立"大历史"观,打通区域—国家—世界,树立"大世界"观,以此形塑"看"问题的视野和格局。[13]从"两个假设"和"两个打通"里,似可看出中国教育自我主张的何所由来。

首先,建构中国教育学自主知识体系是超越西方教育现代性,建构中国教育现代性的内在必有之义。自作为学科形态的教育学引入中国,对教育问题、中国教育问题的解释都不同程度地表现出对西方教育学的依附性与失语症。"后发外生"作为权力话语,遮蔽了中国教育的内生性与自主性,在此解释框架下,中国教育已事实上成为西方教育学应用的对象与材料。且不论西方教育学对中国教育问题解释所产生的水土不服,或"错置具体感的谬误",单单是解释框架本身就已经先行设置了"西方话语中心主义"的前提。中国教育现代性是中国教育在其历史发展过程中内在生成的,对这一生成过程以及对中国教育现代性内在品格的解释,最为要害的就是要打破西方知识体系垄断,打破简单复制、模仿西方现代化的观念网络,立足多元现代性的视角,建构中国教育现代性理论体系。近代以降中国教育的任务,说到底是拥抱现代性、如何现代化的问题,是如何坚定不移地走现代化之路的问题。而中国教育现代性的复杂性则在于,不得不现代化,又不得不进行有中国特色的现代化;不得不现代化,又不得不反思现代性。而这就决定了中国教育学必须创生自主的知识体系,正确地表达自身和显现自身。

其次,建构中国教育学自主知识体系是构建中国话语和中国叙事体系的内在必有之义。构建中国话语体系,是文化自觉的体现,也是文化自信的体现。中国教育从来不缺"故事",但在"叙事"上的确存在短板。讲好中国故事,当下最主要的问题仍然在于叙事体系的建构。在某种意义上甚至可以说,中国教育现代化要想赢获思想的高度和有力的辩护,就必须致力于"中国叙事学"的创生。[14]长期以来,中国教育学的学科体系、学术体系和话语体系并没有脱离西方文化帝国主义的桎梏,即便那些投来好奇一瞥的东方学,从根本上讲,也是把东方作为想象的异邦。沟口雄三曾指出:"把世界作为方法来研究中国,这是试图向世界主张中国的地位所带来的必然结果。为了向世界主张中国的地位,当然要以世界为榜样、以世界为标准来斟酌中国已经达到什么程度(或距离目标还有多远),即以世界为标准来衡量中国,因此这里的世界只不过是作为标准的观念里的'世界'、作为既定方法的'世界',比如说'世界'史上的普遍法则,等等。这样的'世界'归根到底就是欧洲……世界对中国来说是方法,是因为世界只不过是欧洲而已,反过来说,正因为此,世界才能够成为中国的方法。"[15]要建立真正的中国学,就必须重建理解中国与世界关系的方法论构架,重塑话语方式和话语体系。用沟口雄三的话来说,"以中国为方法,就是以世界为目的"[16],将中国的历史经验与传统思想作为一种审视世界的方法,从而创造出更高层次的世界图景。以中国为方法的关键,在于我们有没有一套具有足够解释力和影响力的叙事框架,而叙事框架的建立则依赖于我们拥有一套自主的知识体系,并通过这一自主知识体系,用中国理论阐释中国实践,更加充分、更加鲜明地展现中国故事及其背后的思想力量和精神力量,彰显中国之路、中国之治、中国之理。

最后,建构中国教育学自主知识体系是坚持问题导向,应答时代之问的内在必有之义。对教育学来说,最大的问题是"问题",最重要的问题是解决问题。教育学存在的全部价值性与合理性在于其实践性,即它对教育实践的解释和引领。教育学对教育问题的解决有两个基本的尺度:一是提供问题解决的新知识,二是提供价值批判的思想方案。前者是教育学的"科学性",后者是教育学的"规范性"。这也意味着中国教育学自主知识体系必须是科学性与规范性的统一。判断中国教育学自主知识体系是否成立的标准,是看它对于中国教育问题有没有解释力,有没有实践力。前者指向中国教育学是否能够合理地回答中国之问、世界之问、人民之问、时代之问,后者则指向是否能够为实践难题、实际问题提供科学有效的解决方案,即"在研究解决事关党和国家全局性、根本性、关键性的重大问题上拿出真本事、取得好成果"。

从以上三点不难看出,建构中国教育学自主知识体系,说到底是学术的民族精神使命问题,是教育学如何自觉地承担此一学术使命的问题。这不仅是教育学的觉醒,更是整个时代的觉醒;不仅是时代给予的任务,也是中国历史给予的任务。因此,当下中国教育学最需要的是将建构中国教育学自主知识体系接纳为本己的学术任务,并实现于中国发展的命运之中。

二、建构自主概念:中国教育学自主知识体系建构的可能方案

学界对于如何建构中国教育学自主知识体系提出了很多有价值的见

解。学界普遍认为,建构中国教育学自主知识体系需要坚持问题导向、强调东西方文化的互鉴对话以及融入实践场景,等等。这些应然式的论断对于拓宽研究视野有其学理价值,但这些"必须"与其说是策略性的,不如说是原则性的。这些原则性话语在命题把握之初提供了价值导向,如果试图向前再行一步,恐怕还需要进一步思考方法论的问题。在所有的路径探索中,从中国教育学的自主概念建构出发来建构中国教育学自主知识体系,是最值得重视、最值得讨论的可能方案。

概念是知识体系的基本单元,也是学术思想最凝练的表达,通过提炼标识性概念来建构中国教育学自主知识体系,是一条便捷且具有基础性的路径。有学者指出,生产并提供能解释中国问题、中国现象、中国实践的概念是建设自主知识体系的当务之急。[17]事实上,中国教育已经产生了卓有影响力的标识性概念,也有一些从中国传统文化中找寻具有中国特色的教育学概念并予以重新解释的典型范例。这些努力客观上对于建构中国教育学自主知识体系具有极其重要的奠基价值,但从概念出发来建构自主知识体系仍然需要进一步反思。在此,我们关心的主要问题是,从基本概念的建构出发,是否能够以及在何种意义上可以作为建构知识体系的主要路径,或者说,从自主概念的建构出发这一路径,是否建立在对建构中国教育学自主知识体系的本质认识之上。我们不敢先行地预置答案,只是在尝试提出问题,希望这些问题能够对建构路径的思考有所启发。

1. 本体论视域下自主概念建构的反思

本体论研究曾经是教育学知识生产的重要范式,但是,当下从本体论概念出发建构中国教育学自主知识体系的路径似乎已不再可能。提出一个本体论概念或者一个具有本体论意义的概念以统领和标识整个知识体系,是一种近乎学术本能的做法。一般来说,根据亚里士多德和熊十力的理解,本体论的价值和意义在于寻得依据和建立尺度。本体论者也倾向于认为,只有经由本体论的最终解释,人的认识问题、社会存在问题、人生价值问题才有可能得到最终的底证和解决。事实上，古代至近代的东西方哲学都有悠久的本体论传统，而且在历史上相当长的一段时期，本体论占据了第一哲学的位置。但在现代知识学中，从本体论概念出发建构知识体系不得不面临一些可能的困境。第一，自康德以后的西方哲学，本体论的地位已经岌岌可危，到了现代哲学，反形而上学、反本体论的批评更是愈演愈烈，以至于出现了对本体论的彻底颠覆和解构。如何回应这些批评本身就已经是知识学的大问题。如果试图回到本体论建构的思路上来，对这些批评恐怕不能视而不见。第二，从根本上讲，本体论是对事物普遍性以及物质存在与精神存在关系的研究，此类研究如果不能回到真实的社会实践和社会活动之中，难免有抽象玄谈之虞。因此，一个完整的知识系统事实上已经无法完全依靠本体论建构，价值论、方法论对于知识的发现已经变得非常重要。第三，在现代哲学中，本体论概念的重新解释仍然是一种重要的学理取向，但经由重新解释的本体论概念的目的已经不再是获得依据，而是唤起那些被遗忘了的对象（海德格尔语），以及走向更丰富的社会存在。这些本体论的致思成果本身已经不再构成前提和基础，相反，对本体论概念的重新解释本身恰恰是需要再行被解释的。

2. 传统文化视域下自主概念建构的反思

中国教育学并不缺乏基于文化传统的自主概念。在教育学作为学科传入中国以前，中国教育学是以学术形态和学理形态的方式存在着的。中国传统文化本身就是一个文教传统，其哲学、政治、文化、伦理、教育之间并不作特别的区分，中国传统哲学的主要概念，包括天人、物我、人己、理欲、道器、生死、知行等，同时也就是具有教育意义的概念，或者它就是教育的概念。这些概念毫无疑问具有鲜明的中国性与自主性。即便是学科形态的教育学传入中国以后，教育实践中产生的很多价值规范概念，也具有鲜明的中国特色。但是，单独从中国传统文化中提取标识性概念来建构中国教育学自主知识体系的路径似乎并不可行。

其一，单一的概念并不能构成知识体系。中国教育学并不缺乏自主性概念，其真正缺乏的是概念体系，即概念要素的结构化。教育学乃至中国教育学要实现科学化，首要任务是以事实经验为基础，建立基本的概念体系。[18]倘若概念之间没有形成逻辑联系，便不可能成为一个有足够解释力的理论体系。这些概念或在某些方面、某种程度上具有解释力，但对中国教育的大实践没有解释力，因此我们可以说它是中国的，但不能说它代表了中国，即它不能言说"中国"。

其二，概念的标识性本身值得追问。如果一个概念有充分的解释力，能提纲挈领地标识知识体系的本质，凸显知识体系的个性特征，那么这个概念就可以作为知识体系的"原点"。事实上，教育学史上的诸多理论都是以这种言简意赅的方式呈现的，而且往往和某个思想家的名字联系在一起。一个概念要具有标识性，需要同时具备两个特征：一是拥有足够丰富的变量，这是保证概念是否有充分解释力的先决条件。二是拥有足够丰富的下位概念，这些下位概念彼此形成严密的逻辑关联，一个体量较小的概念是不能支撑知识体系的容错性和解释力的。更重要的是，标识性概念的提出，一般来说是对经验事实的归纳，而不是先行预设的。因此，或有倒因为果、本末倒置的嫌疑。

其三，建构中国教育学自主知识体系当然需要从中国传统文化中汲取营养，但这种汲取从根本上讲是理念、观念层面的，绝非把某一概念以拿来主义的方式照搬套用，需要对之进行重构。传统概念在当下获得新生，需要具备三大对话能力。其一是传统概念与现代生活的对话能力。所有传统概念都需要进行创造性转化以满足现代生活的需要。哪怕中国传统文化的某些核心概念，诸如"仁""爱"等，若期许其能适应现代生活，就必须赋予其新的内涵。但其困难之处恰恰在于如何来辩护这种赋予的合理性，也就是传统概念在现代话语系统的容受性问题。其二是传统概念与科学化教育学的对话能力。以中国教育哲学的知识生产为例，中国教育哲学的知识生产尤其需要联结好中国哲学与教育学的思想，从而激活本土的思维和话语方式。[19]比如，《中庸》所说的"天命之谓性，率性之谓道,修道之谓教",《大学》所说的"三纲领八条目",其在逻辑上都具有内在一致性,对教育问题也可以有根本的说明,但这些范畴在现代教育学中的沟通与对话不仅需要"自洽",还需要"它洽"。学科逻辑本身具有规训性质。自19世纪社会科学领域诸学科划分确立以来,各学科已经在各自的领域内建立了由其本身认可的规则,并据此规则来判断什么是合理的知识。因此,自说自话的概念其实并没有多少意义。其三是传统概念与世界教育对话的能力。教育学自主知识体系应该是一个有足够解释力的释义系统,绝非添加某些中国元素所能达成的。中国教育学自主知识体系当然要具有中国性,但这个中国性不是某些元素的中国性,而是整个解释系统体现出来的中国性。而且,中国教育学自主知识体系中必定包含某些世界元素,这些元素不是我们要尽力避免的,恰恰相反,中国教育学自主知识体系要善于自觉地将世界元素兼容并蓄。

3. 知识体系视域下自主概念建构的反思

自主概念的建构并不等同于自主知识体系的建构,这就需要明晰中国教育学自主知识体系是何种体系。中国教育学自主知识体系是否为学科体系?是,也不是。"学科"这个词有多重含义。[20]有学者考察指出,学科是知识门类、学术科目、知识组织、学术组织、知识权力、价值信念、自我规训和学科课程等多义的交织。[21]在这一广义学科的意义上,自主知识体系建构自然是教育学这一学科的任务。一般来说,教育学自主知识体系建构是包括教育学学科体系、教育学学术体系和教育学教材体系在内[22]的系统体系创新。从这一意义讲,自主知识体系建构又不是学科任务,它还包括学术体系和教材体系的创新。无论如何,对当下教育学而言,建构自主知识体系既要基于学科意识,又要超越学科意识。教育学当然需要有学科的"内部意识",即从教育学的学科属性出发,按照教育学内在规定的科学性、学理性建构知识体系,也就是说,要合乎教育学的学科规范;同时又要具有清醒的"外部意识",有意识地加强教育学与哲学社会科学等其他学科的学术联系,以跨学科、跨界、跨领域的大学科理念引领教育学的知识生产。

对学术研究而言,从概念出发是一种并不坏的思维品质,是一种需要大力提倡的思维训练。从概念出发建构中国教育学自主知识体系这条路径,本身值得学者敬畏。只有走在这条道路上的人才能体验其艰难。我们仍然需要对这条概念路径保持理性的审慎。虽然概念创新无疑可能为中国教育学自主知识体系的建构创造了必要的条件,或者已经做出某些实质性的贡献,但概念体系创新才是自主知识体系创新的紧要之处。就像黑格尔所指出:"哲学若没有体系,就不能成为科学。没有体系的哲学理论,只能表示个人主观的特殊心情,它的内容必定是带偶然性的。"[23]当然,仅仅是自圆其说的概念体系仍然是无效的。对中国教育学自主知识体系来说,还有一个进入世界史的问题。这个问题尤为关键。

有中国特色的教育学概念不乏其类,但这些概念需要真正进入世界历史,成为世界历史的一部分。这里面既有话语平台、话语权力方面的原因,也有概念自身的原因。一般来说,所谓知识,是指被证实的真信念,即JTB(Justified True Belief)。只要一种信念被证实为真,它就是知识。但信念有别,证实方式各异,对真的判定标准、尺度也各有差别,因此每一种文明在其发展过程中均有其自成体系的知识系统以及卓有特色的自主概念。但自学科形态的教育学传入中国,中国教育学事实上是以先发国家经验的理论和概念作为自身知识体系的参照或者标准的,至于教育学的大量概念、研究工具以至研究议题,也基本上源自西方。在这种背景下,创造中国教育学自主概念必然是必要且关键的。然而问题在于,自主概念并不意味着概念的有效性,只有当它被置于理论体系的时候,其真实性才能得到验证。布列钦卡曾指出,概念解释依赖于意义分析和经验分析,依赖于对语文惯用法及其所指称现象的观察,概念本身不存在真或假的问题,它们或多或少能够有成效地建构和假设理论,然而它们是否真有成效,还要等到人们将其放到理论体系中进行检验后才能最终定论。[24]也就是说,自主概念的有效性,并不等于自主概念在知识体系中的有效性,更不等于知识体系本身的有效性。

三、走向观念创新：中国教育学自主知识体系的方法论选择

建构教育学自主知识体系，方法论是关键。在某种意义上甚至可以说，建构行动是意图和方法论的函数。任何缺失方法论指导的所谓建构都是盲目的、无所依凭的。中国教育学一直缺少理论性的原因在于，经验概括出来以后，没有变成理论的演绎体系，[25]方法论的研究对此至关重要。建构中国教育学自主知识体系的方法论基础是马克思主义哲学，其方法论则已内在地蕴藏于其本质之中。如前所述，建构中国教育学自主知识体系本质上是一个中国教育自我主张的问题。因此，建构自主知识体系的方法论意义也就在于中国教育如何"自我主张"。指向这一"自我主张"的何所是、何以是的知识建构就是建构的方法论。我们无意造就概念与观念的对举，但我们倾向于认为，建构教育学自主知识体系主要不是一个提炼概念的问题，而是一个观念创新的问题。因为即便提炼概念是一个可能的建构路径，这一概念也必须建立在某种特定观念的基础之上，反映并集中体现某种特定的中国教育观念。观念创新才是建构教育学自主知识体系的必由之路。观念论由此成为建构自主知识体系的方法论。

费希特曾把观念论视为全部知识学的基础。他认为哲学只有从绝对无条件的绝对自我出发，始终如一地进行推论，才成为知识学。[26]事实上，西方哲学从柏拉图到黑格尔的唯心主义，都是从人的主观精神方面建构对世界的解释，或将观念作为理论范型，或将观念作为感性经验世界的表象，或将观念作为自在自为的真理，这种观念说到底是一种自我观念。哲学只有发展到马克思，观念才成为直面现实世界的思想建构。马克思主义哲学是中国教育研究方法论的重要方法论基础。[27]因此，我们这里所说的观念论，是马克思主义哲学的观念论，即作为实践和理论中介形态的观念，不是观念的实践，而是实践的观念，是现实的而非抽象的观念。

观念是从哪里来的？马克思主义哲学认为，观念是从现实、从实践中产生的。中国教育学知识体系的"自我主张"不是空无依凭地从"自我"中

产生的,而是在中国教育发生的大历史、大实践中"呈现"出来的。当中国的社会实践发生深刻变革的时候,"自我主张"的这种历史要求才被真正提出来,才会被"课题化"。事实上,人类历史上任何一次知识转型都与一定的社会形态或文明形态的更迭交织在一起,都是社会实践变革引发的,都是思想对实践有所回应的结果。社会实践的变革越深刻,知识转型就越是要求颠覆性的范式转换。建构中国教育学自主知识体系是在中国社会实践发生深刻变化的基础上提出的,因此对教育学自主知识体系的建构,也必须经由中国社会实践的深刻变化加以理解和把握。党的二十大报告指出:"在新中国成立特别是改革开放以来长期探索和实践基础上,经过十八大以来在理论和实践上的创新突破,我们党成功推进和拓展了中国式现代化。"任何建构教育学自主知识体系的努力,只有当它建立在中国式现代化这一实践基础之上,才是可能的,才是真正有意义的。只有当中国社会实践发展到"中国式现代化"这一新的"历史方位"时,自主知识体系建构问题也才能成为现实。

习近平总书记对新时代中共党史研究提出要求,"树立大历史观,从历史长河、时代大潮、全球风云中分析演变机理、探究历史规律,提出因应的战略策略,增强工作的系统性、预见性、创造性"。[28]近代之后中国社会发展的"大历史"就是一个坚定不移地进行现代化,不断形塑中国式现代化的问题。这一过程虽然是曲折的,但中国社会发展的主题是明确而彻底的,那就是推进现代性,超越西方现代性,形成中国特色的现代性。中国教育学的"自我认同"就是在这一过程中不断形成和发展起来的。[29]中国教育学自主知识体系,说到底也就是一个现代性知识生产的问题。因此,建构中国教育学自主知识体系,是中国现代性建构的有机组成部分。立足现代性的教育学知识生产有必要从如下三项工作做起。

1. 建构中国教育学自主知识体系的理论模型和解释框架

建构中国教育学自主知识体系首先要致力于建构理论模型和解释框架。教育学自主知识体系是中国教育发展的历史和实践的要求。要建构这一体系，首要问题就在于如何理解并解释教育的历史和实践。历史是有意义的，它不是一组事实，而历史的意义只有在解释中才能彰显。对中国教育历史发展的解释需要有一个解释框架，即站在哪里、从哪里看、看出了什么。这个问题解决不了，或不首先解决，就谈不上自主知识体系的建构。教育学自主知识体系的何所作为、何所由来，只有经由这一解释才是可以把握的。笔者曾经指出，对中国教育哲学"作为……"的领会其实已经是对历史事实的先行把握，它通过对中国教育现代化发展乃至社会发展"何为"的方式，将历史拉至领会者的视野，从而构成对当下中国教育哲学发展的"作为"，对中国教育哲学发展可能的筹划有所"作为"。对中国教育哲学发展的逻辑审辨由此转变为对中国教育哲学发展何所"作为"的"寻视"。[30]教育学自主知识体系只有首先解决"何以作为""作为什么"的问题，才有可能"有所作为"，而它作为什么，需要解释。解释的视角可以是多元的，但无论怎样解释，都不能脱离中国现代性这一历史主题和历史命运。也就是说，这一解释框架必须是现代性的，即中国现代性的。

人们已经普遍认识到，现代性不等于西方性，现代化不等于西方化。中国教育现代性是中国教育学自主知识体系的前提和基础，一切自主知识体系建构都必须围绕中国教育现代性这个基本点展开。要使中国教育现代性的思考有所突破，就必须解决分判与会通两个核心问题。所谓分判，就是要指明中国教育现代性是何种意义上的现代性，它与西方教育现代性有何区别，包括类型上的区别和本质上的区别。所谓会通，就是要厘定中国教育现代性与西方教育现代性的联系，并在此基础上进行平等对话。只有做好分判与会通的功夫，中国教育现代性才不仅是中国的，而且能进入世界历史，才能成为现代性建构与修葺的中国方案。

2. 确立中国教育学自主知识体系的价值立场

建构中国教育学自主知识体系要回答中国教育学自主知识体系的价值立场问题。教育学自主知识体系既具有描述性，又具有价值规范性。描述性知识致力于解决中国教育事实是什么、教育知识是什么的问题。

价值规范性知识则致力于解决中国教育为了什么、教育知识为了什么的问题。价值立场是中国教育学自主知识体系的底层逻辑。在历史发展过程中,中国教育有中国和世界两个基本维度的价值追求,这是中国教育现代化的两个重要内驱力。一方面是中国教育对中国社会治理的价值,另一方面是中国教育对世界治理的价值。笔者认为,中国教育的价值主要体现为四个方面:一是中国已经将自己作为教育价值的分析单位。"中国"作为价值分析单位,既是传统教育家—国—天下的价值谱系自适应调整和积淀性突破,也是中国本身价值逻辑发展的必然结果。二是中国式现代化自中国共产党建党以后一以贯之的"人民性"。以人民为中心,办好人民满意的教育,人民对美好生活的向往就是我们的奋斗目标等,其表现出的"人民"逻辑,是完全不同于现代西方资本逻辑的价值追求。三是中国教育担负的文明价值越来越突出。以开放包容、公平正义、和谐共处、多元互鉴、团结协作为基本特征的人类命运共同体,是对传统文化的创造性继承和创造性发展。更重要的是,人类命运共同体理念体现了中国塑造新文明形态的格局和抱负。中国教育的文明价值被赋予了新的内涵。四是中国教育实践在其历史发展过程中所呈现的以社会主义核心价值观为基础的教育价值,比如个人与社会的统一,德智体美劳全面发展,等等。建构中国教育学自主知识体系有必要从这些价值维度出发,深入剖析中国教育的价值立场,凸显中国教育独特的价值逻辑。

3. 推进中国教育学自主知识体系的系统性变革

建构中国教育学自主知识体系还要在回答三大体系关系的基础上推进系统性变革。习近平总书记在哲学社会科学工作座谈会上指出,只有以我国实际为研究起点,提出具有主体性、原创性的理论观点,构建具有自身特质的学科体系、学术体系、话语体系,我国的哲学社会科学才能形成自己的特色和优势。建构中国教育学自主知识体系是一个系统工程,要在三大体系建设上同时着紧用力。三大体系相辅相成,学科体系是基础,学术体系是核心,话语体系是表现。其中,学术体系是学科体系和话语体系的依托,学术体系的品质直接决定了学科体系的科学性和话语体系的实效性。教育学学术体系大致涵摄概念体系、原理体系和方法体系三个方面。其中,概念体系是学术体系的基础,原理体系是学术体系的核心,方法体系则是桥梁和纽带。建构中国教育学自主知识体系的当务之急是实现学术体系创新。在教育学发展史上,教育学学术体系基本形成了理论科学和经验科学两种范式,这两种范式也是教育学学术生产的主要方式,而新范式则需要教育学术研究共同体的集体创新。教育学话语体系的问题,根本上讲是如何建立"中国教育叙事学"的问题。中国教育并不缺故事,现在最缺失的是叙事能力。怎么讲好教育故事,如何向世界讲好中国教育故事,是中国教育叙事最根本的任务,这里面最重要的还是建立叙事逻辑和叙事方式的问题。

坚持扎根中国大地办教育,融通中西,面向未来,是建构中国教育学自主知识体系必须坚持的根本道路。建构中国教育学自主知识体系不是"口号工程",它既需要研究者有所依凭地自觉创新,也需要在实践过程中积淀地形成,绝非一朝一夕之功。只有当中国教育学自主知识体系能够解释、引领中国教育实践,塑造世界愿意模仿和学习的对象,才有可能获得真正的认同和尊严。

注释

[1][2][22] 陈洪捷,侯怀银,余清臣,等.中国教育学自主知识体系建设(笔会)[J].苏州大学学报(教育科学版),2023,11(03):15-39.

[3] 马衍明.自主性:一个概念的哲学考察[J].长沙理工大学学报(社会科学版),2009,24(02):84-88.

[4] 习近平.习近平谈治国理政(第二卷)[M].北京:外文出版社,2017:341-342.

[5] 陈寅恪.金明馆丛书二编[M].北京:生活·读书·新知三联书店,2009:284-285.

[6][12] 叶澜.中国教育学发展世纪问题的审视[J].教育研究,2004(07):3-17.

[7] 绍介与批评·教育学讲义[J].教育杂志,1910(05):2-4.

[8] 黄济.教育哲学通论[M].太原:山西教育出版社,1998:308.

[9] 陈桂生.略论教育学"中国化"现象[J].教育理论与实践,1994(04):1-4.

[10] 项贤明.作为科目、学科和科学的教育学[J].教育研究,2019,40(09):44-55.

[11] 郝文武.现代中国教育学教材内容的问题和合理化思路[J].教育学报,2014(02):41-49.

[13][14] 高伟.教育现代化的"中国叙事"[J].中国德育,2023(07):5-12.

[15][16] 沟口雄三.作为方法的中国[M].孙军悦,译.北京:生活·读书·新知三联书店,2011:131,130.

[17] 张大伟,周彤.概念供给:自主知识体系建构的当务之急[J].编辑学刊,2023(01):6-12.

[18] 项贤明.教育学的逻辑:探寻教育学的科学化发展路径[M].北京:中国人民大学出版社,2021:16.

[19] 刘峻杉.中国传统教育哲学的研究方法论探讨[J].教育学报,2021,17(06):25-37.

[20] 华勒斯坦.学科·知识·权力[M].刘健芝,等编译.北京:生活·读书·新知三联书店,1999:230.

[21] 曹永国.何谓学科:一个整体性的考量[J].苏州大学学报(教育科学版),2018(04):43-51.

[23] 黑格尔.小逻辑[M].贺麟,译.北京:商务印书馆,1980:56.

[24] 布列钦卡.教育科学的基本概念:分析、批判和建议[M].胡劲松,译.上海:华东师范大学出版社,2001:19.

[25] 郭丹丹.教育强国建设的理论供给——中国教育学自主知识体系建构座谈会综述[J].教育研究,2023,44(05):157-159.

[26] 费希特.全部知识学的基础[M].王玖兴,译.北京:商务印书馆,1986:37.

[27] 叶澜.教育研究方法论初探[M].上海:上海教育出版社,2014:136.

[28] 习近平.在党史学习教育动员大会上的讲话[J].求是,2021(07):4-17.

[29][30] 高伟.自我的寻求:中国教育哲学的自我认同[J].教育研究,2020(05):27-38.

作者简介

高　伟　曲阜师范大学教育学院教授,研究方向为教育哲学

王晓晓　华东师范大学教育学系博士生,研究方向为教育基本理论、教育哲学

电子邮箱

gaoweiedu@jsnu.edu.cn

Chapter 2

中国教育学自主知识体系建构的关键议题*

蔡群青

摘　要：建构具有本土解释力和全球沟通力的中国教育学自主知识体,是促进中国式教育现代化的关键议题与优先事项。实现教育学知识的体系性,提升中国教育学知识体系的"中国性""自主性""自觉性",需要对中国教育学自主知识体系的核心品性和关系把脉作深入研判,明确世界意识、历史意识、主体意识和清晰的价值取向对中国教育学自主知识体系建构的合规律性与合目的性需求,从学术体系的理知究本原创基点、学科体系的多元互摄融生规制、话语体系的历史逻辑创新向度层面明确"迭代合晶"的因应理路。基于此,中国教育学自主知识体系的建构应从学科主体性、学术生产力、话语影响力和有组织科研层面统整共治,聚焦时代之问推进学科交叉融通,强化概念供给,促进教育理论自足,面向实践深化话语创新与自反,多元定规驱动学术范式自强。

关键词：中国教育学；自主知识体系；关系把脉；生成机理；建构逻辑

2022年4月25日,习近平总书记在考察中国人民大学时指出:"加快构建中国特色哲学社会科学,归根结底是建构中国自主的知识体系。"建构中国教育学自主知识体系,是回答好中国之问、世界之问、人民之问、时代之问的需要,是构建中国特色哲学社会科学体系的需要,是不断推进知识创新、理论创新、方法创新,落实学科建设、人才培养、学术研究、咨政建言"四位一体"的建设任务,是中国自主知识体系创新的重要组成部分。

---

* 本文系2024年度浙江省哲学社会科学规划青年课题"全过程人民民主视域下教育政策制定中知识动员的变革逻辑与结构模式研究"(项目编号：24NDQN187YBM)的阶段性成果。

中国教育学自主知识体系的建构不仅是对中国本土教育理论和教育实践经验的总结与提升,更是对人类知识共同体建设与创新的探索。在过去的几十年中,中国教育学在学科建设、人才培养、学术研究等方面取得了显著的成就。然而,随着教育实践的快速发展和教育理论的不断演进,学界发现现有的教育学知识体系不足以完全解释和指导中国本土的教育实践。具体而言,我们面临以下问题:一是现有教育学知识体系主要是受西学东渐的影响而起步,将自身摆置于西方文化的坐标系中,其理论框架和概念体系与中国本土的教育实践存在一定程度的脱节。这种脱节导致我们在解决中国本土教育问题时,往往难以找到合适的理论支撑和实践指导。二是中国教育实践在不断发展和变革,而现有教育学知识体系往往不能及时反映这些变革和发展。这使得我们难以用最新的教育理论来指导实践,也难以用最新的实践经验来丰富和发展教育理论。三是现有教育学知识体系缺乏对中国传统文化和教育思想的深入挖掘与传承。这使得我们难以在全球化背景下保持和发扬中国教育的特色与优势。针对诸般问题,我们有必要提出建构中国教育学自主知识体系的新设想,不同于西方文化向外求,需要复归中国文化向心求的旨趣,旨在通过建构具有中国特色、符合中国教育实践需求的教育学知识体系,推动中国教育学的高质量发展,助力教育强国建设。

一、析位:中国教育学自主知识体系的核心品性和关系把脉

中国教育学研究正经历着一场主体性变革,通过建构具有中国特色的教育学自主知识体系,解决研究中问题意识与知识体系的脱钩现象和不适配的矛盾,以"理论自主"来解决中国本土内生的现代教育问题。中国本土经验研究的特殊性、差异性和复杂性,不同于世界上一般理论研究的共通性和简约化。为此,有必要厘清中国教育学自主知识体系发展中的矛盾关系,以辩证的思维方式把脉、确证和持守其自身的核心品性。

1. 求同存异：中国教育学知识的差异性与人类知识共同体的共同性

知识创新是人类持续发展和解决发展不平衡的重要手段。中华文明是人类普遍理性的重要部分，中国的思想、文化、经验能真正汇入人类知识体系的洪流，成为人类知识共同体的倡导者和主导者，对于推动人类知识共同体的繁荣发展责任重大。然而近代以来，伴随西方国家殖民主义和霸权主义的无序扩张，西方知识与文化中的霸权思维也在全球范围内进行扩张性和排他性传播。在此过程中，既有普遍意义和价值的知识，例如自然科学和技术领域的重大发现，也有诸多源自西方经验的本土知识和地方性知识，尤其是在社会科学和人文科学领域。譬如，在教育学科发展过程中，普遍存在"凡涉及学科发展史和教育科学理论，必溯源至西方国家"的问题，以致一些西方本土知识被当成普适性知识在全球推广，引发不少人陷入对中国教育学知识生产范式的质疑问难误区。在知识共同体中进行外来教育学知识的引进、转化和再创造的本土化再生产中，应立足我国教育学发展的自主性，因为发现差异是导向创新的重要前提条件。中国教育学独特的文化传统、多元的思想和理论，为人类知识共同体的建构提供了必要的知识资源。因此，在自文化传统中挖掘推动人类共同知识再生产的共通成分，有助于消弭文化实质主义和文化中心论，拓宽人类经验体悟和实践知识，丰富人类的表象知识体系。

2. 辩证统一：中国教育学知识体系的特殊性与世界教育学知识体系的一般性

中国教育学知识体系作为全球教育学知识体系的有机组成部分，两者在空间维度和时间维度上是相互依存、相互影响、相互转化的。前者作为地方性知识具有天然的合法性，但并不具备知识的垄断性。赫尔巴特（Johann Friedrich Herbart）以降的教育学总体发展并没有形成如自然科学领域的共通性知识逻辑，多是基于不同的理论和假设而建构形成的具有特殊文化性格的本土教育学。中国教育学知识体系特殊性的核心可谓之"文化性",详言之即"中国性"和"中华性",这同时也是作为"自文化"的中国教育学与作为"他文化"的西方教育学进行交互涵化与知识汇融的关键挑战所在。前者要与他文化的教育知识实现交互涵化,需要不断探赜不同文化的内核,将"理论化的他教育学"祛魅为"经验化的他教育学",通过发挥自身能动性,以反思性重构驱动中国教育学知识的再生产,即包含自文化元素和意涵的教育学知识,譬如"在中国的教育学"演化为"中国的教育学"。实际上,在特定的文化背景下,一旦教育事实被概念化,便意味着此时的"教育"具备了可交流性,拥有了某种程度的"普遍性"。然而,从社会性层面来解析,对于事实概念的理解并不能简单机械地与现实割裂开来,在本土文化中内生培育的知识实际上是普遍概念与文化经验的有机融合和辩证统一。[1]中国教育学知识的解释力主要是相对于特定文化而言的,但这并不意味着就能拒斥、否认其中内蕴的固有普遍性意义。[2]

3. 生命自主:中国教育学知识生产的复杂性与理论研究的简约化

教育学知识生产的社会性、历史性和文化性决定了教育学知识生产的复杂性。英国教育哲学家迪尔登(R. F. Dearden)反对将教育理论做一般性解释或普遍性解释,以避免陷入理论"套娃"(用理论解释理论本身)或理论循环(理论"套娃"过程中出现的循环现象)的泥淖。他强调"什么样的理论能够为教育实践提供最多的帮助"是一个真问题,而"教育理论能否提供帮助"是个伪问题。[3]这昭示着理解中国教育学知识建构的复杂性需要厘清知识发展的内在逻辑以及学科交叉的知识品性,达成学科交叉的知识分类体系化发展。[4]详言之,就是着眼于描述性知识、学理性知识、应用性知识、关系性知识的交融会通。描述性知识指对事实的描述,是关于"是什么"的知识。学理性知识指基于对事实的理性思考或逻辑思辨归纳出的规律性知识,是关于"为什么"的知识。应用性知识指以学以致用、问题导向、知识转化为导向的技术、能力知识,是关于"怎么做"的知识。关系性知识指在开放共享的社会网络空间中,多元主体通过协同创新共同生产的知识,是关于"知道是谁"的知识。结合知识融摄的内在需求和逻辑向度,教育学知识体系的生命自觉性的赓续,需要于不同学科交汇处发现教育学知识生成的创新点,例如教育研究与社会学、哲学、经济学、政治学、心理学、神经科学、人工智能等领域的交叉产生了颇具影响力的学理性知识和应用性知识;高校与社会、政府、企业的深度交叉合作形成学科集群,构建共同话语。

二、解蔽：中国教育学自主知识体系的生成机理和价值意蕴

基于对中国教育学自主知识体系的核心品性和关系把脉的研判,可以确证,在面向科学性、高质量的知识体系建构进程中,中国教育研究要时刻保有四方面的意识——世界意识、历史意识、主体意识和清晰的价值取向,它们共同构成了中国教育学自主知识体系的内在生成机理,也不断澄明中国教育学自主知识体系的四层价值意蕴:第一,它是一种结构稳定的教育学的知识体系,具有体系性;第二,它是中国特有(具有中国特色)的教育学知识体系,彰显中国性;第三,它是一种自主生成与发展的教育学知识体系,内蕴自主性;第四,它是在前三者的聚合作用下生发出的知行合一导向的教育学知识体系,具有自觉性。基于此,我们才能深刻体认中国教育学本土的研究对象和经验积累对中国教育研究的发展道路、范式转型、文化形态以及思维方式而言具有哪些意义。因此,通过厘定教育学研究的历史转向、世界关怀、主体意识和价值取向,加强经验、历史与规范的融合,整全中国教育学知识的体系,提升其中国性、自主性和自觉性,是中国教育学知识体系去蔽创新的因应理路。

1. 网络构筑：世界意识构建教育学知识的体系性

习近平总书记从迫切需要回答好"世界怎么了""人类向何处去"的时代之题的角度,对我国哲学社会科学发展提出新的更高要求。教育学自主知识体系作为嵌入世界知识网络的知识体系,是多元开放社会科学的重要构件。在世界意识的基础上建构教育学知识体系,需要纳入不同的

视角,包括全球、本土、生态和批判性视角。[5]一方面,这种嵌入性需要具备知识交互的世界网络意识,对中国自主的教育学知识体系进行检验,推动本土内生的地方性教育学知识与世界教育理论的联动对话,避免与世界教育学知识社群或共同体产生"知识脱钩"现象。值得一提的是,促进中国教育学知识生产的理论贡献的前提是立足世界教育格局,发展全球意识,并以此来应对日益相互依存的世界的挑战。美国语言学家汉威(Robert G. Hanvey)在《可获得的全球视野》(*An Attainable Global Perspective*)一文中明确了有助于形成这种意识的全球教育的五个维度,包括察觉视野问题的意识、关于"全球状态"的意识、跨文化意识、了解全球动态知识的意识和人类抉择的意识。[6]这五个维度为理解不同文化、社会和环境的相互联系提供了有效框架,而德国正是以心怀世界、超越具象、探索规律、总结模式的思维方式发展成为具有重要原创性教育制度和思想的教育强国。另一方面,需要具备跨国与跨学科的知识社群嵌入意识。中国教育学知识生产范式及教育经验、概念、命题、论证、话语、理论,都要得到学术共同体的理解与认可,而不能只是自我宣示。这种自主性教育学知识体系不仅是相对于其他学科而言的,同时也是相对于西方或其他域外哲学社会科学而言的,需要在知识的对话力与解释力上推动教育学学科、学术、话语在国际化过程中与跨学科层面上的叙事能力。

2. 文化濡化:历史意识塑造教育学知识体系的中国性

习近平主席2015年8月在致第二十二届国际历史科学大会的贺信中说:"历史研究是一切社会科学的基础,承担着'究天人之际,通古今之变'的使命。"知识体系本质上是特定思想、理论与知识的整合化、结构化和体系化。它在发生学脉络中既有逻辑起点,又有历史起点。根据我国的学术语境,逻辑维度的知识体系通常是学科体系、学术体系和话语体系的高度凝练,是构建中国特色哲学社会科学的关键组成部分;而历史维度的知识体系则被理解为一种知识的"家谱",记载并呈现知识的发展史。

逻辑维度的知识体系关涉知识体系在应然层面的抽象演绎与思辨,历史维度的知识体系则追溯知识体系在实然层面的发展历程和脉络。历史唯物主义认为,这两个维度构成了同一知识体系的不同侧面,虽彼此独立,但也存在一定的相互关联和共通之处,这就是逻辑与历史的统一。[7]关于教育学知识体系的建构,应然的逻辑进路与实然的历史进路分别对应规范主义与历史主义两种研究范式。规范主义旨在通过对教育概念、范畴、命题、理论的解释学作业,从应然抽象的角度推进教育学规范的体系化。历史主义则强调从实然层面对规范性的教育学理论进行历史考察与梳理。要建构完整的教育学知识体系,这两种研究范式必不可少。教育学知识生产是受制于社会历史和文化环境因素的具有复杂构造的系统,钩沉探微教育学知识体系的存在构造和发展脉络,不仅要重视规范性的研究,亦离不开历史、政治学、社会学的考察。缺失历史性的规范主义,只是一堆虚构的逻辑与概念;而缺乏规范性的历史主义,将只是一堆零碎的事实性片段。[8]诚如马克思所说,"人体解剖对于猴体解剖是一把钥匙"就是遵循历史意识的科学研究方法,即"从后思索法",旨在从"发展过程的完成的结果"出发,通过对历史的"透视"和由结果到原因的反归来把握历史运动的内在逻辑及历史事件发生原因,它不仅是逻辑的,也是历史的,是逻辑方法和历史方法的统一。[9]"从后思索法"需要在运用唯物主义历史观的典型分析法、总体分析法及逆向溯因基础上,协同运用科学抽象法。科学抽象是"唯一可以当作分析工具的力量"。只有借助"抽象力",才能在现实社会中找到理解过去的"原始的方程式",才能"指出教育历史资料各个层次间的连贯性",[10]使过去的教育学历史资料重新"开口说话"与再现,以现代教育发展的高级形态为参照系,透视以往教育的发展历史,为人们提供"客观理解"。

我国教育学知识体系的中国特色或中国性底色,正是在历史意识的传承、流变中不断通过文化濡化聚生而成的文脉体系和意识流。文化人类学者赫斯科维茨(Melville Jean Herskovits)界定了濡化,认为是指老一辈向年轻一代传承传统文化价值、宗教信仰、思想观念及行为方式的过程,是由内部的动因促成或客体文化外溢的刺激引起的历史文化交流过程,[11]有益于形成超历史性的洞见力、反思力和价值意义。这种抽象兼具体、历史兼超历史、相通兼相异的濡化治理能力,对于中国教育学知识体系提升以中释外能力,以及联通多元一体的理性共识需求来讲至关重要。就此而论,濡化机制的历史意识建构不断巩固我国教育学知识体系的发展逻辑:一是类型上的国家认同属性,涵括文化认同、民族认同、政治认同、制度认同等;二是在目标方向上,"坚持党的全面领导""为党育人,为国育才""建设教育强国""以中国式现代化推进中华民族伟大复兴""坚持以人民为中心发展教育"等中国特色社会主义取向;三是方式上的"价值输入—价值输出/辐射"路径。"价值输入"意味着我国教育学发展持续在历时性的社会系统中纳入适宜的价值要素,凝练核心要义和价值准则。譬如,在教育思维方式的流变中,于原始氏族巫文化祭祀活动中形成追求"天人之际"的诗性教育思维方式,在西周初期,祭祀之礼被周公加以改造,规范化为整饬社会生活秩序的统治法规——"周礼",于春秋末期经由孔子继续改造成为在寻求"人人之际"的儒家实用理性教育思维方式统摄下的由血缘、心理、人道、人格交织而成的仁学理论体系,并保持着强大的统摄和同化力量。但从鸦片战争爆发和洋务运动伊始,儒家实用理性教育思维方式同西方的批判理性教育思维方式拉开博弈之幕。它们都为我国教育思维方式的文化自觉提供了变革内力,尽管前两种教育思维方式所依托的传统社会业已解体,但孕育而生的以礼、乐、舞、诗、书为内容的政典之教,以诗歌、隐喻、寓言、意象、神话等为中介的思维表征方式,以及以"仁"学为核心的儒家思想体系并没有消散于历史洪流,而是化为民族性格,这是一种文化心理现象。[12]事实上,当今我国的教育思维方式已呈现为诗性、实用理性与批判理性融生共存的图景(如图1所示)。"价值辐射"意味着我国教育学知识体系通过赓续历史文化,既能通古今之变,给出当代中国教育发展的可行路向和问题解决方案,亦能合中外之异,融百家之言,为全球教育治理提供相通(合规律/成共识)、相异(富特色/供启发)、相应(强对症/可移植)的基础理论、方法体系和行动方略。

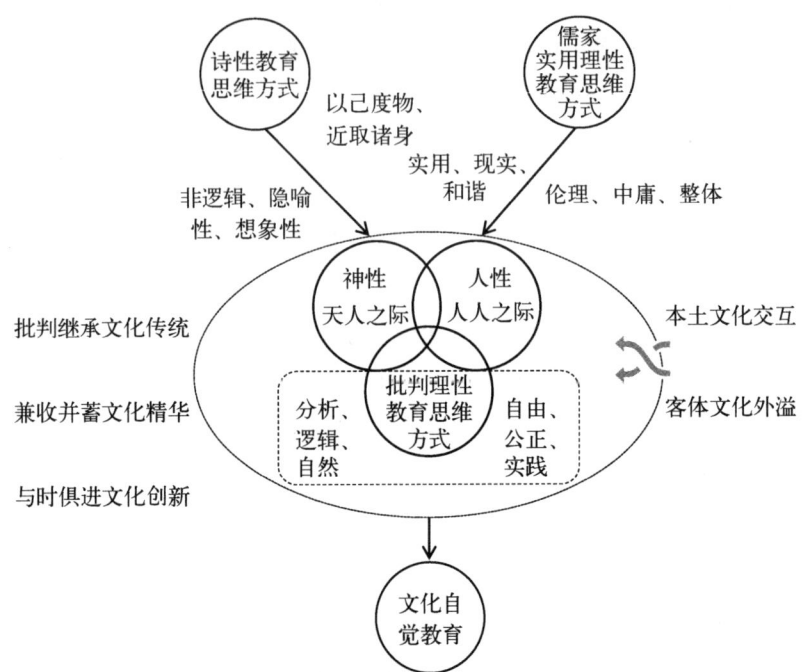

图 1　中国教育思维方式的濡化过程

3. 主观能动：主体意识助推教育学知识体系的自主性

习近平总书记指出，"跟在别人后面亦步亦趋，不仅难以形成中国特色哲学社会科学，而且解决不了我国的实际问题"，并鼓励学界要"以我国实际为研究起点，提出具有主体性、原创性的理论观点，构建具有自身特质的学科体系、学术体系、话语体系"。[13]为此，习近平总书记进一步提出要"加快构建中国特色哲学社会科学""建构中国自主的知识体系"。[14]在教育学的研究对象问题上，日本教育学者大河内一男认为，只有在把事实作为一个问题提出来的时候，科学才能开始，[15]这为我国教育学界所认同。与之相反，布雷钦卡（Wolfgung Brezinka）申明："如果没有问题对象，即认识对象，便没有问题。"[16]教育学知识体系的构造基础在于通过主体意识的激发,识别真正属于生活中经验现象的研究对象,完成解决教育理论问题与教育实践问题这一教育研究任务。这里的主体意识之功能在于将社会现象、个体意义世界以及个体意义世界与生活世界的关系转化为真正的教育问题。在彰显教育研究的主体意识提升教育学知识体系的自主性的过程中,关键是中国教育学自主知识体系构建的"源"与"流"、"神"与"形"、"体"与"用"、"变"与"常"、"内"与"外"之间的关系。"源"与"流"的关系,是指中国教育学知识体系的来源与流变,解决历史传统的中国教育文化与当代中国教育文化、中国教育学知识体系的历史传承与当代创新之间的关系问题。"神"与"形"的关系,是指中国教育学知识体系的精神内核与外在表达之间的关系。"体"与"用"的关系,是指中国教育学知识体系用以剖析中国叙事、探讨中国教育问题阐释当代中国人生活实践规律的总体性认知、回答中国教育问题和推动中国教育发展面向的知识体系。"变"与"常"的关系,是指以中国教育学的独特性发展为对象,研究其变与不变的规律和因素,特别是用以阐释和研究中国教育学发展改革的变与不变的历史逻辑、理论逻辑、实践逻辑。"内"与"外"的关系,是指既要考虑中国教育学知识体系的内在精神要义与文化传统,也要考虑当代中国教育学知识的内在结构与外在特征;既要考虑中国的教育学知识(古今贯通问题)和教育学知识的中国化(中西融汇问题),也要考虑世界的中国教育学自主性和中国教育学面临的世界问题流变。诸如此类的关系张力为教育学研究范式的自主能动性发挥提供了方向与空间,意味着其要围绕教育活动现象本体,以聚焦元问题的解决为目的,以辩证系统观为认识论,以综合运用超学科研究、混合研究、定性研究、定量研究、比较研究、个案研究等为方法论,实现跨界交叉融合的转向、调适与创生。

4. 集体意向:价值取向驱促教育学知识体系的自觉性

中国教育学本质上是一种"地方性的知识",只有依托本国的教育立场、社会文化、历史经验、政治经济体制,确立教育学的本土文化自觉,强化集体意向性[17],才能真正发挥其规范功能。具体而言,一个主体是否采用基本态度,取决于其是否作为观察者客观地跟这个世界相关联,或者是否作为互动的参与者,以符合规范的方式,面对主体间共享的社会世界的制度秩序而行动;又或取决于其是否作为自我呈现者,富有表现力地将自己内在世界的某些东西揭示出来。一方面,这预示着中国教育学自主知识体系的自觉性需要基于中国式教育现代化追求科学性、合理性的价值取向,综合把握内生发展的中国式向度、以人民为中心的人本向度、整体性与协同性统一的系统向度、中华优秀传统文化的精神向度。例如,中国文化的"平衡"隐喻(从中庸平衡理念到更加公平更有质量的新教育质量观)、制度文化的"计划"隐喻(中国共产党以中长期规划引领教育事业发展的理念优势)、[18]知识分子的"责任"隐喻(从先秦儒道墨等一代大家到韩愈、朱熹、王守仁、张伯苓、蔡元培、梁启超、黄炎培、晏阳初、梁漱溟、陶行知、杨贤江、胡适、张敷荣、潘懋元、黄济、瞿葆奎、王策三、顾明远、鲁洁、魏书生、张桂梅等一批知识分子所具备的社会自觉和社会选择)均是建构中国教育学理论与实践优越性深层解释的可行框架。另一方面,知识的生产是一个生产力与生产关系相互作用的矛盾运动过程,因此,科学研究、知识生产和创新与政治、经济、历史、文化之间的张力无疑是这个矛盾运动过程的必然产物。教育学实现经世致用的前提是强化对真正理论问题的关注,以客观理性的视角和价值立场为教育学知识生产作出有益的意义向度/价值取向定轨,尤其是平衡中国国情和文化下的教育实践问题研究与普遍性教育理论研究之间的张力,创生稳定的原理式的学术成果,反哺、服务中国式现代化的教育学自主知识体系的生产和建构。

三、合晶:中国教育学自主知识体系的建构逻辑

遵循历史主义的逻辑进路和研究范式,明确了"为何"建构中国教育学自主知识体系,以及世界意识、历史意识、主体意识和清晰的价值取向对于中国教育学自主知识体系建构的合规律性与合目的性的合理性需求

问题后,仍需探赜中国教育学自主知识体系的建构逻辑。基于此,综合知识发生学的考辨可知,教育学知识体系的形成与演进呈现一个"具体—抽象—具体"的螺旋循环过程,是理式本质和实践现象相统一的发展进路。[19]其历史起点肇始于一系列关涉教育的概念、名词、命题、论证、范畴、理论、方法、范式。以此为支点,建构出关于教育的本质、目的、功能、特征与规律,以及理论教育学和实践教育学的学术框架和学术体系。随之成熟,进一步提炼为学术共同体认同、共享的世界观和方法论,形成科学化的教育学学科体系。最终,随着教育学学科体系的繁荣发展,教育学知识体系将持续融生出一种在国内外社会和学界中可沟通可传播、可分解可整合、可应用可转化的教育学话语体系。[20]据此发生学的分析视域,教育学自主知识体系的建构逻辑有必要在学术的原创基点、学科的融生规制、话语的创新向度进行"迭代合晶",达成"信、达、雅"(客观理性、融会贯通、文化创新)的高度自觉。

1. 理知究本:中国教育学自主学术体系的原创基点

中国教育学自主学术体系伴随着教育学的概念体系、原理体系、方法体系的深化,不断反思和追问根本性的问题。瞿葆奎先生曾提炼出从17世纪中叶至20世纪中叶300年间教育学的8个主要议题,分别是:(1)教育学是科学抑或艺术?(2)教育学是经验性学科抑或规范性学科?(3)教育学是理论学科抑或应用学科?(4)教育学是具有普遍适应性的学科抑或是根植于文化血脉之中的学科?(5)教育学是社会的教育学抑或个人的教育学?(6)教育学的理论基础为何?哲学与科学在教育学中的地位如何?(7)教育学的基本结构有哪些?如何对教育学进行分类?(8)构建教育学的方法是什么?这些追本溯源的发问也正是之后教育学研究的重要清单。[21]在求索这些教育学问题的解题思路中,逐渐形成支撑教育学真实问题、核心问题、重大问题、跨学科问题的自主学术体系,包括以"教育"为起点的概念体系,以"中国特色社会主义教育理论"为内核的原理体系,以"多元范式"为根基的方法体系。在概念的原创与发现方面,中国教育学已内生出诸多富有解释力和自主知识产权的概念。譬如：在教育本质方面，有立德树人、素质教育；在教育目的方面，有为党育人、为国育才、五育融合、教育与生产劳动相结合、德智体美劳全面发展；在德育方面，有课程思政、大中小学思政课一体化；在教育与社会关系方面，有传统文化教育、生态文明教育、国家安全教育以及教育与人类命运共同体的深度交融；在教育发展战略方面，有教育优先发展、教育扶贫、中国式教育现代化、教育强国、教育高质量发展等本土内生概念。这些原创性概念仍需要嵌入全整性的中国教育学知识体系和知识网络。在理论体系原创层面，如"生命·实践"教育学、差异教育、情境教育、主体教育、生活德育、内生德育、窦桂梅的小学语文主题教学、魏书生的六步教学法等符合中国国情且颇具中国特色的教育教学理论。在方法体系层面，我国的教育研究方法在引介与反思的基础上，不断突破传统方法范式，介入具体情境，聚焦实践功效，逐渐呈现如下发展趋势，包括有组织的跨学科研究和综合研究、实证研究和数据驱动的研究、微观研究和案例分析、扎根理论和扩展个案法、多元化研究和个性化研究、规范研究和价值判断等方法，为中国式教育现代化提供了更多智慧与方案。

2. 多元互摄：中国教育学自主学科体系的融生规制

与强化学科建设并行的是当代科研范式的变化。科学研究愈发以问题解决为导向，强调将研究问题与理解、验证、应用理论有机结合。尤其是随着学科边界愈加模糊化，新兴研究领域更加不拘泥和受限于单个学科体系。在如许态势下，刚性的传统学科目录设置与新兴研究领域的涌现产生了矛盾，迫使现有学科专业体系中的部分内容进行必要的结构性调整。在科学技术整体化、综合化、智能化的发展态势下，教育学与新兴学科、科学技术前沿、交叉学科、边缘学科以及横断学科的有机融合空间不断涌现和再生，呈现"分则深，深则通，通则合"的特征，不仅拓宽了教育学的领域边界，也为教育学提供了新的研究视角和方法。详言之，中国教育学自主学科体系主要通过三个层面的自主互涉与多元互摄，推动知识生产的分化与整合,促进教育学科的深度融生。一是学科交叉,即在两个或多个学科之间进行交叉研究,以探索某一特定问题或领域的综合性和跨学科性。在教育学领域,学科交叉已经成为研究的重要方向。例如,教育心理学、教育社会学和教育经济学等学科的交叉研究,有助于深入探讨教育现象的内在规律和影响因素。二是跨学科合作,即不同学科之间的学者或研究团队之间进行合作研究,将信息、数据、技能、工具、视角、概念或理论进行融合,以共同解决单一学科或研究领域中难以破解的复杂问题或开展创新性研究。这种合作模式打破了传统学科之间的壁垒,促进了不同学科之间的交流和互动。例如,为解决日益复杂的教育前沿问题,华东师范大学对上海智能教育学院、计算机科学与技术学院进行合并重组,一方面,统整多学科知识耦合和智力耦合优势,推动智能教育纵深发展,形成优势积累效应,提升跨学科合作的研究效能和会聚效应;另一方面,在此基础上进行学科制度的整合与融合,从理念、规则、文化等层面为跨学科研究提供制度支持。三是无边界研究,"无边界"的概念最早运用于物理学,后来在教育学科领域发展成为一种新兴的研究范式,[22]强调运用信息化、互联网等先进技术手段,整合不同学科的知识和方法,形成新的研究视角和理论框架,推动教育科学的创新发展。教育学科发展的无边界范式以开放、交叉、创新和合作为核心理念,通过组织无边界、时间无边界、地域无边界、专家无边界,实现其自主融生的跨界协同效应。

3. 历史逻辑:中国教育学自主话语体系的创新向度

历史性是知识和科学的标准,知识不是主客观符应的范畴,而是历史实践的过程,并在其中对主体和客观产生作用。教育知识是在交流与生活实践中产生的,是通过内在于社会历史文化中的对话(即文化濡化)生成的。因此,伴随教育知识的新话语的提炼、概括和产出,需要遵循哲学社会科学诸多学科发展的基本历史逻辑[23]:第一,积极观照新时代。从面向未来的课程与教学活动改革创新中推进富有思维活力的实践形态,回应与时俱进的学理旨趣。第二,高度聚焦新问题。话语创新与聚焦问题的逻辑关系的关键在于，破话语创新之困以解问题之困。第三，真切激发新思维。在教育知识的核心思想、基本概念、关键命题、重要理论的原有话语体系中进行有意义的反思、否定，生成催发超越性新教育思维的"反作用力"，所谓"为学之道，必本于思"。这种现代化的教育话语不是任何单一的既有理论模式建构的，也并不是简单的谁取代谁的过程，只可能是历史上存在的多种理论话语"重叠共识"的产物。它摆脱了脱域化和中立化的哲学致思。所谓"脱域化"，一种是"非法还原"[24]的结果，造成某种理论霸权，违背具体问题具体分析的原则，另一种是缺失深入社会现实中去的具体化纲领的外部反思的原则，由机械式"裁剪"导致的，因为它们无法提供适用于各个历史时代的药方或公式。"中立化"则是由于实证主义理念的扩张，过度关注在控制条件的实验环境中发现的事实，却无力解决存在"历史性质"的大型教育问题。两者均疏离中国社会实际，对中国的教育问题和教育实践的理解缺乏历史性的格局。为防患此风险，中国教育学话语体系在内容和表达上的创新不能剥离本土实践之根和历史文化之脉，同时亦应在西学东渐的文化流动中提升对西人思维方式、理论资源、文化传统的辨识意识与能力，借势他山之石，辩证深入地钩沉我国教育学话语的文化意蕴和历史智慧。

四、统整：中国教育学自主知识体系的共治路径

随着近代以来人类知识总量的激增，知识的增长方式也已今非昔比。传统认知中"积累的""理性的""分科的""基础主义的""个体的"知识增长方式逐渐式微，显露出它们的虚妄、缺陷或不足；而后现代"批判的""综合的""反基础主义的""社会的""合作的"新型知识增长方式更加契合当代知识发展和科学进步的实际状况和需求。[25]因此，中国教育学自主知识体系的优化与创新需要在后现代认识论层面传承、批判并反思促进现代知识增长与进步的范式或经验，系统思考促成新的知识增长方式的基础和原因。

1. 持守学科主体性：聚焦时代之问，坚持学科交叉融通

教育哲学家莫里斯（Ben Morris）曾生动地比喻说，"教育研究'在荒野上哭泣'"。[26]对此，我们必须对教育的理论活动和知识形式进行深刻剖析，反躬自省，回应从理论到实践、从学科外到学科内的各种质疑。而当代教育学的可持续发展不可避免地要重视时代演进中的重大核心问题和跨学科问题。[27]这意味着教育学要将"教育学问题"与新时代的"教育问题"做强连接，即认识与活动、理论与实践的有机统一。一方面，要持守对"教育学问题"的深耕意识，强化面向未来新问题和不确定性因素的应对能力。因为对"教育问题"的追问最后都能够发现它的元问题的形式，即关于我们是如何提出、确定、陈述、分析和回答"教育问题"的，对"教育学问题"的认识有助于新时代中国本土内生的"教育问题"的认识和解决；另一方面，要拓展教育学跨界的问题群和问题域，"教育学问题"和"教育问题"均是社会网络化的庞大问题群和问题域。[28]"仅凭一个学科的知识、一个学科的视野、一个学科的规范话语体系无法回答很多问题，所以必然要交叉。"[29]在知识经济主导的信息时代中，人类知识共同体的建构呈现"群智共生"的深度融合态势，相应地，我国教育学建设亦需要借鉴和引入"巨群知识"生产创新组织模式，强调跨学科/行业、跨文化/国家、跨时代/地域、跨主体关联/融合/共享/共创的知识融生理念，实现我国教育学知识的问题治理域的拓新和问题治理力的提升。

2. 释放学术生产力：强化概念供给，促进教育理论自足

习近平总书记在哲学社会科学工作座谈会上的讲话指出："在解读中国实践、构建中国理论上，我们应该最有发言权，但实际上我国哲学社会科学在国际上的声音还比较小，还处于有理说不出、说了传不开的境地。要善于提炼标识性概念，打造易于为国际社会所理解和接受的新概念、新范畴、新表述，引导国际学术界展开研究和讨论。这项工作要从学科建设做起，每个学科都要构建成体系的学科理论和概念。"[30]目前，中国教育学

话语体系面对"概念短缺""制造概念"问题的掣肘,需要提升自身学术生产力和原创性理论成果的贡献度。一是坚持道路自信,推动知识体系的中国化。一方面,中国特色社会主义教育在党的领导下开辟出适合自身发展的道路,围绕培养人的社会条件如何(教育的社会历史条件论)、为谁培养人(教育的价值立场)、培养什么人(教育目的论)、谁来培养人(教师论)、通过什么培养人(课程论)、怎样培养人(教学论)、培养人的政策制度如何(教育治理论)的重大命题,在坚持党对教育的领导、社会主义办学方向、教育优先发展、科教兴国、立德树人等方面积累了丰富的经验;另一方面,在进行理论概念的诠释与框架建构时,往往会囿于对西方的路径依赖的窠臼,导致一系列既定的西方知识、概念体系、理论术语与生动的中国经验、本土实践、文化传统的兼容性问题。由此,我们需要推动中华优秀传统文化在教育发展与治理中的创造性转化和创新性发展,创生具有中国风格、中国气派、中国文化品性的标识性教育概念,凝练契合中国教育思想特质的知识形态,以有效的"知识供给"保障"知识增长"的质量,从而推进知识和话语深度创新,提升中国教育学的贡献力和影响力。二是提升文化自觉,增强概念和理论的解释力。中华优秀传统文化是中华民族的根和魂,汲取教育学术传统,推动中华优秀传统文化的创造性转化和创新性发展,是建构中国教育学自主知识体系的突出优势和特色。在这些优秀传统文化和内生概念的基础上,需要超越"概念孤儿"的封闭状态,增强具有解释力和生命力的概念之间的文化磁性与黏性,拓宽概念生产的途径,即除了"发明"和"采借"的概念生产方式,还应从文化自觉的高度来"发现"概念,[31]创生自主的知识网络以助推概念建构的体系化,实现中国自主知识体系从"自在"到"自为"之境。三是促进知识生产方式自强,丰富基于教育实践的境脉性知识生发。概念是孵育理论的核心生产力。从文化坐标定位和原创性概念建构的层面思忖,应觉知案例研究作为教育学知识生产方式的重要性。须知,案例与教育实践丰富的细节和密切对话所形塑的交互关系,使生发于情境且与语境相关的具体知识和概念更具价值合理性。因此,在中国教育学研究中,应总结以案例研究强化知识生产力的范例,通过对扎根于实然的基础探幽析微,追寻结构性的洞见。[32]

3. 提升话语影响力：面向实践观照，深化话语创新与自反

教育学话语的"自反"是指教育话语影响教育实践和语境,同时,教育实践与语境也影响教育学话语意义。如果说教育实践是一种话语生产,那么它的生产过程的起点与终点,即它生产出的"产品"其实是相互重合的。换言之,由中国教育实践场域中的经验转化形成的话语,自反性地生产了自己的"生产者",而这个话语生产的"生产者",这个被话语性地建构出来的教育话语起源也正是本土特色的教育实践。作为一种观念、一种理想、一种历史与文化的"人造物",基于国情的具有中国特色的教育学自主话语是作为整个"话语网络"所包含的诸多话语中的一种特定的话语,它与中国教育实践和经验之间形成了一种双向的、反馈性的生产回路。鉴于此,中国教育学自主话语体系的建构需要根植中国教育实践,聚焦教育问题,坚持问题导向,对实践问题进行原生性深耕研究,创生出对本土实践、内生经验更具解释力、生命力的可持续性概念和分析框架。[33]同时,为寻求内源于社会文化演进的"本土生长"的话语生发,教育学话语体系建构需要平衡知识观念上的普适与本土的矛盾、知识规范上的事实(实然)与价值(应然)的纠结、研究旨趣上的学科视角与问题驱动的冲突,[34]改变教育学的中国话语在研究、课程、教学、教材领域"失语""失声""失踪"的窘境。

4. 推进有组织科研：驱动多元定规，推动学术范式自强

毛泽东指出："我们不但要提出任务,而且要解决完成任务的方法问题……不解决方法问题,任务也只是瞎说一顿。"[35]怀特海把方法看作"震撼古老文明基础的真正新鲜事物"。[36]知识创新、理论创新离不开方法的创新。我国教育学研究范式的自强要以高质量的有组织科研为抓手,坚

持马克思主义的科学实践观、历史分析逻辑、辩证思维方式和发展观点，把握好继承与创新、交叉与融合、协同与共享的张力，致力于通过新科学、新技术与新研究范式的深度融合，[37]尤其是现代信息技术与问卷调查法、观察法、访谈法、文本分析法、实验法、实证研究法、行动研究法、定量分析法、质性分析法、个案研究法、跨学科研究法、功能分析法、模拟法、经验总结法等研究方法的适切融合，推进以实证为基础的教育科学研究，实现教育学自主知识体系的可持续发展。一方面，要加强培养有能力进行有组织科研的具有深厚学养的复合型人才，借力研究方法和技能的迭代更新以及国内外学术共同体的深度交流，提升研究者的思维方式、知识结构、外语水平、在地研究经验；另一方面，由于有组织的教育科研是知识生产模式持续发展的现实需求，需要通过开放合作、需求驱动、协同创造和服务社会，合力面对和解决社会和教育领域的关键问题。这就要求有组织的教育科研范式融摄多学科、多领域的研究群体和多维网状的创新生态知识群，引创"大学—产业—政府—社会"四重螺旋动力机制，围绕关乎社会公共利益的教育问题，有机融合服务决策的研究、实证的基础研究和高质量的理论研究，基于科学的理论框架和对研究对象的深入调查，提升问题导向式决策研究的实践应用力和公共责任意识。

五、结语

"一切历史都是当代史。"[38]当代中国教育学自主知识体系是基于长久的教育实践，由社会、历史、文化濡化出的交织着必然与偶然、共性与个性、理性与感性等特征的人的教育思想史，包括教育理念、思维方式、课程设置、教学方法、政策制度等方面的学理性创变和实践性选择。我们的研究既要会用望远镜，把握中国教育学发展的矢向性走势，也要善用显微镜，从异觅变，由变见性，从中华优秀教育传统中"取一瓢饮"，于整体中甄别出蕴含我国教育发展理性逻辑与实践逻辑的源头基因，这种历史性正体现于当下教育学自主知识体系建构在价值意识层面的逆向性濡化。因此,本文尝试"析位—解蔽—合晶—统整"的研究路径,张本继末,期冀在世界意识、历史意识、主体意识和清晰的价值取向的相互"化合"中,明见我国教育学自主知识体系建构的精神实质——"得鱼忘筌""得意忘言"之理的全要素自觉,由此反观现实,以"信、达、雅"的标准对我国教育学自主学术体系、学科体系和话语体系的客观理性、融会贯通、文化创新提出展望。

注释

[1][美]R.柯林斯.哲学的社会学——一种全球的学术变迁理论(下卷)[M].吴琼,等译.北京:新华出版社,2004:1039.

[2][34]谢武纪,汪伟.困扰中国教育学学科的三对矛盾论略[J].大学教育科学,2018(06):24-29.

[3][英]迪尔登.教育领域中的理论与实践[A].唐萱,等译.瞿葆奎.沈剑平.教育学文集·教育与教育学[C].北京:人民教育出版社,1993:556.

[4]廖婧茜,杨娟.学科交叉的知识逻辑与优化策略[J].学位与研究生教育,2023(07):16-23.

[5]Barnhardt, R., Kawagley, A. O. Indigenous knowledge systems and alaska native ways of knowing[J]. Anthropology & Education Quarterly, 2005, 36(01):8-23.

[6]Hanvey, R. G. An attainable global perspective[J]. Theory Into Practice, 1982, 21(3):162-167.

[7]黄建洪."中国之理":建构新时代中国自主的知识体系报告[EB/OL].(2022-05-05)[2023-09-20].中国社会科学网,https://www.cssn.cn/glx/glx_gggl/202208/t20220822_5479222.shtml

[8]徐辰.论政治宪法学与规范宪法学:宪法的规范、现实与历史[J].清华大学学报(哲学社会科学版),2015(05):41-44+196.

[9]马克思恩格斯选集(第2卷)[M].北京:人民出版社,1995:20-23.

[10]杨耕.重建中的反思:重新理解历史唯物主义[M].北京:北京师范大学出版社,2017:257.

[11]殷海光.中国文化的展望[M].北京:商务印书馆,2011:47.

[12]于伟.儒家的濡化与国民性问题再思[J].教育研究,2016(06):104-112.

[13]习近平.在哲学社会科学工作座谈会上的讲话[N].人民日报,2016-5-19(002).

[14]坚持党的领导传承红色基因扎根中国大地 走出一条建设中国特色世界一流大学新路[N].人民日报,2022-4-26(001).

[15]大河内一男.教育学的理论问题[M].曲程,迟凤年,译.北京:教育科学出版社,1984:30-32.

[16]布雷钦卡.教育目的、教育手段和教育成功:教育科学体系引论[M].彭正梅,译.上海:华东师范大学出版社,2008:4.

[17]约翰·塞尔认为,集体意向性的关键要素是一起做(想、相信等)某件事,强调心理成分,是个体共享意向状态的能力,每个人的个体意向性来源于他们共享的集体意向性。

[18]吴佳妮,黄依玲,白志勇."他者凝视"与"自我塑像"——PISA媒体报道中"中国教育形

象"的话语生产机制研究[J].全球教育展望,2023(07):35-53.

[19] 张乃和.发生学方法与历史研究[J].史学集刊,2007(05):43-50.

[20] 唐亚林.积极建构中国自主的知识体系[N].中国社会科学报,2022-7-21(A01).

[21] 唐莹,瞿葆奎.元理论与元教育学引论[J].华东师范大学学报(教育科学版),1995(01):1-14.

[22] 徐宁.无边界研究——一种智库研究的新型模式[J].决策探索,2020(01):3.

[23] 潘涌.话语创新:新时代重建教育学的使命[N].中国社会科学报,2019-11-21(004).

[24] 非法还原指研究者在进行相对完整的分析研究工作,初步得出具体结论并得到验证以后,往往急于扩展这种结论的适用范围,使其涵盖范围逐渐扩大,甚至无限扩大(而这样就会使这种结论变得"大而无当",甚至荒谬绝伦);而为了使进行这样的扩展显得"理由"非常充分,研究者便对当初作为研究依据的前提和材料进行远超出其抽象概括范围的抽象概括(即"还原"),以便得出最基本、最深刻的前提。由于这种"还原"远远地、毫无根据地超出原来的前提和材料的适用范围,所以被称为"非法还原"。参见:大卫·布鲁尔.知识和社会意象[M].霍桂桓,译.北京:中国人民大学出版社,2014:序14.

[25] 石中英.知识转型与教育改革[M].北京:教育科学出版社,2020:188.

[26] Morris, B. Objectives and perspectives in education: Studies in educational theory(1955-1970)[M]. Routledge, 1972: 61.

[27] 袁振国.科学问题与教育学知识增长[J].教育研究,2019(04):4-14.

[28] 石中英.教育学的文化性格[M].太原:山西教育出版社,2001:16-17.

[29] 张诗亚.论学科与学科交叉[J].重庆高教研究,2022(04):3-6.

[30] 习近平.在哲学社会科学工作座谈会上的讲话[N].光明日报,2016-05-19(1).

[31] 应星.从"发明"到"发现":中国社会理论的两种概念生产方式[J].开放时代,2023(03):28-37+5-6.

[32] 丁钢.在世界教育理论发展中建构基于自身实践的中国教育学[J].教育研究,2023(07):16-18.

[33] 冯建军.构建教育学的中国话语体系[J].高等教育研究,2015(08):1-8.

[35] 毛泽东选集(第一卷)[M].北京:人民出版社,1991:139.

[36] [英] 阿尔弗雷德·诺斯·怀特海.科学与近代世界[M].何钦,译.北京:商务印书馆,1989:94.

[37] 张政文.以有组织科研推动高校哲学社会科学自立自强[J].中国高校社会科学,2023(01):87-104+159.

[38] [意] 贝奈戴托·克罗齐.历史学的理论和实际[M].傅任敢,译.北京:商务印书馆,1997:2.

作者简介

蔡群青　浙江师范大学教育学院讲师,田家炳德育研究中心研究员

电子邮箱

85019566@qq.com

Chapter 3

中国教育学自主知识体系的大教育学建设*

侯怀银　王钰捷

摘　要： 教育强国建设离不开各级各类教育体系的发展与完善，中国教育学自主知识体系的大教育学建设，旨在促使教育学面向所有教育领域形成自主的知识体系，以更好地服务教育强国建设。这一目标的实现亟待突破学校教育知识体系、中国教育学分支学科知识体系建设不均衡的局面，突破教育学知识体系的学科界限，以及突破中国教育学知识体系与教育实践的割裂，实现中国教育学从"被看"到"看"、从"被衡量"到"衡量他者"、从一元走向多元的转变。我们要确立"间性意识"，通过聚焦终身教育视野、融合大教育学学科视野和古今中外的有益资源、扎根中国教育实践，不断凝练、生产教育学知识，促进中国教育学自主知识体系的大教育学建设。

关键词： 中国教育学；自主知识体系；大教育学建设

一、问题的提出

"自主"(autonomy)表示"自治状态、权力或自我管理的权利"，源自希腊语 autonomia，表示"独立"之意，由 autos（自我）和 nomos（习俗，法律）组成，最初用以描述国家，后康德(Immanuel Kant)将其引申用以描述人。"建构中国自主知识体系"是在建构中国特色哲学社会科学这一时代背景之下提出的。一经提出，哲学社会科学各个领域都作出了积极回应，教育学亦然。在此之前，教育学界关于"自主"的研究主要是研究人的自主性，

---

* 本文系国家社会科学基金"十四五"规划2021年度教育学重大课题"中国特色现代教育学体系发展与创新研究"（项目编号：VAA210003）的阶段性成果。

具体面向教育要素中的教育者和学习者,即教师与学生。我国主体教育中的"主体性"本质也蕴含着"自主性"的意味,其对自主性的认识基于"个人乃知识与文化的创造者"[1],倡导每个人都创造着自我知识,这种自我知识不仅体现个人意义,而且形塑个人生活世界,还为人类生活和文化作出积极贡献。

以邓正来为代表的学者曾对中国社会科学自主性的问题进行系统思考,其主要是面对席卷而来的全球化浪潮,致力于对处于世界结构中的中国展开思考。这里的中国并不是地理概念上的中国,而是处于社会结构中具有文化身份和政治认同的中国,主要是在对西方学术的"知识引进运动"的历史前提下进行的自主性思考,他认为学术旨趣上的"西方化"倾向和学术研究或学术评价上的"唯学科化"倾向,导致中国社会科学发展陷入瓶颈。[2]上述观点引发了我们对其强调的自主性与当下提出的自主知识体系异同的思考。笔者认为,当下中国教育学的发展不仅面临全球教育治理下中国的应有作为,也面临信息技术尤其是数字化发展带来的机遇与挑战。中国教育学自主知识体系的提出,使自主性突破单一的界限,突出中国属性,其作用场域不仅面向中国,而且强调世界教育学中的中国教育学。中国教育学自主知识体系这一议题提出后,研究者主要就以下三方面的问题进行研究。

1. 中国教育学自主知识体系的基本理论研究

有关中国教育学自主知识体系的基本理论研究,研究者主要从概念、特征以及必要性、价值和意义三方面展开。

其一,关于中国教育学自主知识体系的概念。研究者普遍认同该知识体系强调中国的主体地位,由创新驱动形成,旨在解决中国教育问题,[3]并且能够被普遍接受。[4]关于教育学知识体系的内涵主要有两类观点:一类基于知识体系的概念演绎出自主知识体系的概念,认为教育知识体系包含教育概念、话语、理论与方法等;一类认为教育学知识体系为命题、范畴、概念等通过学科知识生产的逻辑链条形成的知识结构。有研究者从学科视角统合以上两类观点认为自主知识体系指有自己的研究对象和领域,形成本学科特有的概念、范畴、命题、理论、方法和话语。[5]也有研究者从"中国性""自主性""教育学性""知识体系性"等基本价值维度来分析其内涵。[6]

其二,关于中国教育学自主知识体系的特征。中国教育学自主知识体系的特征主要体现为自主性、实用性、体系化。[7]也有研究者从知识来源、知识形态、知识内容、知识结构、知识运用五个方面将其特征概括为强烈的本土性、坚定的独立性、丰富的融通性、突出的稳定性、独特的创新性。[8]可以看出,学界在中国教育学自主知识体系构建的自主性和原创性方面已基本达成共识。

其三,关于中国教育学自主知识体系建构的必要性、价值和意义。研究者从国内外双重视角进行中国教育学自主知识体系的审视。对于中国发展而言,研究者认为自主知识体系的建构有助于更好地服务中国教育实践尤其是当下教育强国的建设,为社会主义现代化建设培养人才;[7]中国特色教育学知识体系为基础教育高质量发展赋能。[9]对于国际场域而言,研究者认为中国的崛起成为发展大势,但同时也遭遇"卡脖子"的困境,缓解这一尴尬的处境亟须建构中国自主的知识体系。[5]从学科建设角度,自主知识体系建构为助力成功经验向理论转化提供有效的路径。[10]

2. 中国教育学现有知识体系存在的问题

有研究者认为现有知识体系存在中国主位意识相对不足、国际学术话语权不强的问题。[10]通过对已有中国教育学教材的知识结构与内容的分析,有研究者认为中国教育学知识体系存在以下问题:在知识要素上,雷同性和仿制性知识显著;在知识形态上,原理性和创新性知识匮乏;在知识主体上,本土性和实践性知识弱化。[11]在知识供给体系建设上,中国教育学知识"缺本学科的知识","缺本土性的知识","缺本时代的知识"。[12]

3. 中国教育学自主知识体系的建构路径研究

中国贡献、中国实践、中国原创、中国自主[13]是研究者思考中国教育学自主知识体系建构路径的普遍方向。具体而言包括：马克思主义的指导地位；对历史的继承和文化的创新；立足中国教育实践，构建新的命题、范畴、概念；[14]从在明确研究问题、建立理论框架、提出原创概念[15]的维度形成普适性知识，以推动向外传播与交流等来建构自主知识体系。有研究者从关系格局角度，认为要正确理解教育的科学化，合理看待中国教育学，科学对待教育理论与实践是自主知识体系建构的前提。[5]也有研究者强调从以解决中国问题为导向进行原始创新，革新教育学教材，注重方法研究促进理论体系的建构等方面，实现自主知识体系建构。[16]此外，自主知识体系的建构赋予中国教育学术期刊新的使命。[3]

综观已有研究，研究者聚焦大教育学视角对中国教育学自主知识体系建构的研究还需要进一步加强。扎根教育实践是教育学自主知识体系建构的重要路径，而教育学的众多学科是为回应教育实践发展需求而不断建设发展起来的，故教育学自主知识体系应围绕教育学学科体系建设展开。就我国教育学已有学科体系来看，交叉学科发展缓慢，无法积极有效回应当下丰富多样的教育实践。大教育学的提出旨在以一种更开阔的视野去认知和探索中国实践，以释放隐藏着的知识生成的潜力。过去自主性作为一种内隐性问题存在，强调学科内部的本土化，脱离本国学术传统以及缺失契合本土特质，似乎成了我国教育研究的"原罪"，也促使一批有识之士在教育研究本土化的道路上孜孜不倦地探索。[17]目前自主性被提升到学术研究的显性层面，赋予了打破西方话语垄断、提升国际学术话语权的使命。本文旨在梳理中国教育学自主知识体系大教育学建设的背景，分析亟待突破的问题，进而思考中国教育学自主知识体系的大教育学建设路径。

二、中国教育学自主知识体系的大教育学建设亟待突破的问题

中国教育学自主知识体系的大教育学建设亟待突破以下四方面的问题。

1. 突破学校教育知识体系的局限

教育学是对教育现象和教育问题的研究,当下教育学知识体系的建构仍以学校教育领域为研究的重心,学龄前儿童教育、特殊人群教育、社会教育等的知识体系的建构未被很好地重视。中国教育学自主知识体系建构,其问题域的确定首先需要把握好"中国教育学"和"自主"这两个关键词。"中国教育学"和"自主"分别是指以中国为主体,对教育生产和应用等各个环节产生的问题形成自己的认识,这就意味着知识生产要突破传统教育领域和教育形态,回应反映中国教育现实和教育发展前沿的问题,通过大教育学建设来建构相对完整的知识体系。

当下教育学知识体系未能全面回应教育现实中的问题,主要表现在两方面。其一,当前我国教育学知识体系建设的主要领域和对象仍集中在学校教育领域,"基本范畴主要包括课程和教学、教师和学生、学校和课堂等""核心概念主要包括学生、教师、课堂、课程、教学等"。[18]学前教育、特殊教育、家庭教育、社会教育、老年教育等教育实践领域虽然取得了一系列实践成果,但就知识领域而言,与学校教育领域作比较,其系统性、创新性、具有中国特色的知识体系尚未形成。这些形式的教育并无国别之分,均为构成教育系统的重要环节,对人的发展具有举足轻重的作用。其二,当今世界正经历百年未有之大变局,以人工智能为代表的新一轮科学技术革命来袭,中国特色社会主义进入新时代,对人才培养、科学研究、社会服务、国际交流等方面提出新的时代要求,教育学知识体系建设面临着一系列新的"时代之问"。例如,在信息技术时代,教育朝数字化方向转型发展,如何呈现中国教育数字化转型成果,如何在信息技术与人工智能的知识语言生产中彰显人作为社会历史创造者和实践者的主体性地位,如何在全球范围内进一步传播中国教育学知识体系建设成果等,这一系列问题都有待解答。不可否认的是,一些研究者积极开辟了新的问题域,取得了一定的研究成果,但尚需系统化、理论化,深度融入中国教育学知识体系。

2. 突破中国教育学分支学科知识体系建设不均衡的局面

20世纪80年代，我国开始着手建设中国特色的社会主义教育学学科体系，大量分支学科开始涌现，打破了在此之前学科建设仅面向普通中小学教育研究领域的局面。[19]自此之后，教育学学科体系向着纵深方向不断分化、发展，由教育学内部根据研究对象、研究范围等分化出众多分支学科，甚至在发展势头较好的分支学科如高等教育学之下又不断分化出三级分支学科。但综观已有教育学学科的众多分支学科，其知识体系并未都得到高质量发展，呈现出不平衡的状态。以研究生招生学科目录中的15个教育学二级学科为例，其中教育史、课程与教学论、比较教育学等形成了独具特色、能体现自身学科属性和定位的知识体系；学前教育学、高等教育学、成人教育学、职业技术教育学的知识体系似乎仍有将作为母学科的教育学知识体系搬来使用之嫌，分支学科的知识体系如何更好地结合普遍性与特殊性，仍值得思考；特殊教育学、教育技术学的知识体系与其他分支学科相比，仍有进步空间；基础教育学、教师教育学、工程教育学、教育评价学、教育政策与领导学作为新设立的二级学科，如何在已有的对学科建设初步探索的基础上进一步深化，推动作为学科样态的知识体系建构，还有待深入思考；此外，教育学原理的知识体系建构问题没有受到重视，研究者多是在教育学原理之下的学科方向中构建各自的知识体系，如教育社会学知识体系、教育哲学知识体系、德育人类学知识体系，等等。一些在当下作为国际教育研究热点的新兴分支学科还未得到深入研究，如神经教育学等；目前尚未形成学科，但在我国呈现积极发展样态的研究领域，其知识体系还有待建立，如农村教育学、家庭教育学、研究生教育学等。为此，中国教育学自主知识体系的大教育学建设应着力打通教育学体系，实现纵深发展，以此突破中国教育学分支学科知识体系建设不均衡的局面。

3. 突破教育学知识体系的学科界限

建立在心理学和伦理学基础之上的现代教育学自诞生以来，一方面积极寻求其他学科的学理支撑，另一方面强调教育学的独立地位。研究者对此也争论不休。有研究者认为，教育学本身脱胎于哲学，而且一直以来对其他学科的依赖性较强，导致知识的教育学属性被削弱，甚至不少交叉学科在学科归属问题上存在争议，制约了教育学知识的生产。但也有研究者积极鼓励跨学科研究，认为借助多学科的视野有助于全方位考察教育的本质和规律，促进教育学学科体系的完善。

当下信息技术时代，知识的交叉与综合成为突出特征，演化为交叠形态知识，具体表现为跨学科综合性知识、普遍性原理知识和特殊经验性知识的结合等知识结构。[13]自主知识体系的建构并不是要搞封闭建设，而是在单数形态教育学学科核心知识建设的同时，不断丰富复数形态教育学知识体系的建构。一方面，中国教育学自主知识体系的建构面向全世界，旨在推动国际传播。国际教育学研究表现出教育学研究边界扩张化、研究学科交融化的趋势，具体表现为议题设置、研究问题、研究方法的交融化。[20]分析对高被引的国际教育学SSCI期刊可以发现，其中涵盖了数学教育、科学教育、健康教育、阅读教育等多种交叉性的学科教育期刊，而中国多为教育学综合期刊，对学科教育等交叉学科的关注则相对缺乏。[21]这反映了中国教育学缺乏兼容的学科视角，既不利于小学科、新学科、交叉学科的发展，又会导致教育学知识跨文化的普遍解释力不足。另一方面，应注意区分学术场域与其他场域运行逻辑的不同。基于教育与社会的宏观系统之间的密切关系，要促进教育学与政治学、经济学、文化学、管理学、社会学等学科的交叉性研究，同时要始终明确教育学的主体地位和其他学科的辅助地位，确保教育学自主性发展。

4. 突破中国教育学知识体系与教育实践的割裂

一直以来，人们重视对形而上的理论形态的知识建构，随着"唯实践论"的兴起，部分研究批判抽象、晦涩的理论对实践的观照有限，不少研究者在实践论视野下建构自主知识体系。无论是教育知识的生产还是教育学科建设，其最终目的都是更好地服务教育实践，使教育对个人和社会发挥最大价值。理论来源于实践又指导实践，理论与实践本应构成一对共生体，教育理论与教育实践的匹配度、适切度是衡量教育学知识质量的重要标尺。而教育理论与实践的割裂问题始终横亘在教育学发展过程中。正如有研究者指出的，"中国教育学研究存在漠视实践问题，缺乏实践意识，用外来的理论去诠释中国实践以及用既定的理论程式去说明、'规范'实践的问题"。[22]这主要是由以下两点导致的。

其一，中国教育学长期扮演"知识搬运工"角色，使得教育学知识指导教育实践的有效性、适切性较低。一方面照搬西方教育学的知识和知识体系，试图用西方的理论来解释中国教育实践，甚至将西方教育发展中的问题嫁接在中国教育上，造成理论与实践的脱离；另一方面教育学习惯从其他学科中推演出教育上的认识[22]以形成教育学知识，此类知识的"教育学性"不突出，而且不是从教育现实和问题出发，极有可能造成对实践的指导作用有限。

其二，有丰富实践经验的一线教育工作者未能在知识生产中充分发挥价值，导致教育学知识脱离实践。在目前的教育知识生产观下，知识生产追求形而上模式，即强调教育知识的抽象性、高深性、系统性和理论性，导致教育知识生产成为教育研究者的专属领域，教育实践者只能是教育知识的消费者。[23]教育的部分思辨性研究较为注重概念界定和逻辑推理，脱离了鲜活生动的教育情境，对教育经验的总结提升与理论转化有限。

三、中国教育学自主知识体系的大教育学建设路径

中国教育学自主知识体系的大教育学建设应具有一种"间性意识"，即共在共存、相互促进的关系意识，包括中国与西方的文化间性，教育学与其他学科的学科间性、教师与学生的主体间性等，统筹教育理论与实践，以更好地直面"全球意识"和"寻根意识"两大文化思潮，回应中国教育现实需求，为世界教育问题贡献中国智慧与中国方案。

1. 聚焦终身教育视野建构中国教育学自主知识体系

当下,教育信息呈指数级增长,教育形式逐渐多元,教育的时间和空间范畴不断扩大。应基于时代,扩展教育内涵与外延,通过构建新的命题、范畴和概念来建构自主知识体系。[14]我们要通过研究当下丰富的教育现象,拓宽教育学的研究视界与问题域,形成中国原创的教育学知识,以问题为导向研究教育学领域的基础问题和前沿问题。

新兴技术扩大了教育学的研究范围,数字化和智能化时代使时时、处处、人人的教育成为可能,教育模式、教育方法和教育观念随之发生巨大变革,教育几乎与终身教育和终身学习同义。终身教育理论自进入中国后,通过实践探索和政策推进形成了终身教育体系,并从与国民教育体系并列逐渐向"服务全民终身学习"的整体性教育体系迈进,积累了一定经验,但仍有许多有待解决的问题,这是教育学自主知识体系建构的重要突破点。

其一,拓宽教育学研究范畴,针对前沿性问题进行新的知识生产。一方面,突破教育研究主要面向学校教育、终身教育研究局限于成人教育领域的局面,以大教育观审视教育问题,建构知识体系。当下教育关注人的全面发展,强调满足多层次、多元化的需求,通过变革和完善教育体系为终身教育服务,在此结构中不断促进教育知识的生成。终身教育强调贯穿人的一生的整个教育过程,其教育阶段包括从学前教育到老年教育;涵盖正规和非正规教育,具体包括学校教育、校外机构教育、成人教育、社区教育、老年教育等;教育形式包括生命主体的自然教育、婴儿早教、人生教育、文化教育、临终关怀等。这些均可成为自主知识体系建构的领域。如近年来我国蓬勃发展的自然教育受到青睐,自然教育明显区别于传统教育形式,是多学科交叉融合的教育实践活动,但相关的理论成果滞后,实践中缺乏规范引领,或照搬西方模式,无法有效利用我国本土资源,凸显本国特色。因此,需要进一步总结发展规律,加强对重点问题的研究,形成能发挥规范性引领作用的理论成果。另一方面,要在社会各层面系统研究终身教育,在全视野下建构相对完整的知识体系。"终身教育已然扩展到社会治理层面、民生建设层面、政府决策层面、文化改革等各方各面。"[24]作为教育学知识体系的重要创新点,终身教育体系建设已产生教育领域的一系列蝴蝶效应,如大教育观念和以学习者为中心理念的形成,需要不断扩大教材的覆盖范围,革新教育治理机制,在教材内容、教学观念、内容方法和目标上进行创新。

其二,聚焦教育领域基本问题开展终身教育体系研究。应对教育学基础问题进行探索,依托概念范畴开展富有创新性的理论阐发,凝练学科内核。教育学研究若一味追逐热点议题而忽视基础理论研究,会影响问题提炼的深度和高度。我们既要研究热点问题,又要重视教育学核心知识的建构。例如,在学理化层面,教育学的逻辑起点、研究对象、学科边界等一系列回答"是什么"的元问题研究;在实践层面,无论时代如何变革,人类对德性的追问从未停止,教育应始终以立德树人为根本,以"应该怎么样"等问题为教育的核心进行系统化知识生产。

2. 融合大教育学学科视野建构中国教育学自主知识体系

面对具有不确定性、独特性和复杂性的教育现象,跨学科研究、学科交叉融合已成为知识增长的主要动力来源,特别是当下新文科建设更加推动了教育学学科朝着新方向发展。新文科建设的提出是对知识社会、新科技革命以及我国社会转型期的宏观大背景的积极应对,其强调教育学与其他学科交叉融合,跨学科、超学科成为知识增长的趋势。为更好地适应新文科建设的客观要求,教育学知识生产应以问题为导向、以需求为导向,进行不同学科间知识的交叉和融合。[25]凡是与人有关的学科,均可成为教育学的知识来源,这就要求教育学不仅要与人文社会科学进行交叉研究,而且要实现与自然科学学科的"联合",基于"教育学立场"进行知识的生产与创新。

其一,完善教育学内部分支学科的发展建设,促进问题研究向纵深发展。一方面,批判继承已有分支学科的知识体系,不断创新形成具有本学科特色的概念、范畴与方法。尤其是在对国外比较借鉴基础上形成的分支学科，结合本国实际进行筛选，形成中国特色教育学分支学科体系。积极建构相对成熟的分支学科知识体系，加大相对滞缓的分支学科的研究力度，明确各学科的基本范畴，深化基本理论问题研究，形成规范化的知识体系。另一方面，积极拓展和加强新的分支学科建设，通过统合教育学各分支学科，形成整全性的知识体系。目前，我国教育学在应用性教育领域的知识建构力度不够，一些当下受到高度关注的问题，如老年教育、家庭教育、社区教育等仅作为领域存在，还未有规范的学科建制，使得这些领域的相关研究进展受限，体系化知识构建较为困难。基于此，可以以学科建设的方式推动该领域的学术研究，进而推动知识体系的系统化建构。

其二，加强教育学与其他学科的交流互鉴融合，形成整全性的中国教育学知识体系。跨学科研究旨在攻克复杂性问题，通过以问题为导向的专题性研究，打破学科藩篱，促进跨学科研究，获得整全性的知识体系。教育学跨学科研究包括"知识借鉴""合作研究"和"学科整合"三种形式。[26]其中，最基础的方式是跨学科理论的融通、跨学科方法的借鉴，最理想方式是不同学科的协作，寻求学科体系融合，在学科的内在建制过程中，促进教育学知识体系的横向发展，不断扩大学科边界。挖掘不同学科的内在逻辑和底层逻辑，通过交叉学科知识体系的建构促进解决教育实践中的复杂问题。例如，当下最热门的教育技术相关知识体系的搭建，必须借助跨学科研究，其中涉及教育学、计算机信息技术、伦理学等相关学科的融合。

3. 融汇古今中外建构中国教育学自主知识体系

中国教育学自主知识体系的大教育学建设以古今中外的知识体系为基础，凝聚了超越时空之维的人类智慧和思想结晶。中国教育学自主知识的增长既包括新知识的产生，又有对旧知识的改造、综合和转化。"拘于一事，而不引于共通之虚理，则不得旁通之益。"[27]博古通今、会通中西，通过发掘各种有利资源来建构中国教育学自主知识体系，实现教育学领域的"接着讲"。自主知识体系的建构暗含着一种高于本土化的目标要求,即在提高学术原创力的同时实现知识体系的国际化,[28]其观点直接指向人类普遍性知识的建构追求。学者们围绕究竟以西方为方法还是中国为方法、以中国为目的还是世界为目的等问题各抒己见。笔者认为,不应将任意一对组合作为唯一不变的范式,而是在不同情境中确立不同的目的,采取不同的方法,建构知识体系,而不能陷入"一元论"。

其一,"以中国为方法、中国为目的"建构中国教育学自主知识体系,突出马克思主义为中国教育学根本指导思想的地位,充分发挥其指导作用。当下中国的马克思主义是中国化、时代化的马克思主义,中国教育学的知识生产要以马克思主义的立场、观点和方法为根本指导,以保证中国教育学的政治立场和社会主义属性;同时,马克思主义教育思想也是教育学领域需要深入研究的重要命题,是教育学知识的重要增长点。

其二,"以中国为方法,世界为目的"建构中国教育学自主知识体系,在研究中国问题的同时,要将中国的历史经验与传统思想作为一种审视世界的"方法"。[29]突出中华优秀传统文化和教育传统的"根"与"魂",充分发挥中国特有的传统文化与制度优势,积极探索创新教育理论。"如果不从源远流长的历史连续性来认识中国,就不可能理解古代中国,也不可能理解现代中国,更不可能理解未来中国"。[30]中华优秀传统文化理论思维渊博、精神内涵丰富,包含先秦诸家至汉代经学、魏晋玄学至隋唐佛教、由儒释道合一至宋明理学等,呈现出学术的兴盛与文化的积累,需要不断挖掘其时代价值和现实意义。一方面,中国教育传统为当代教育实践和教育理论提供了经典案例和思想资源。中华优秀传统文化不仅哺育着历代中国人,而且为世界教育发展提供了一种思想参照。"中国文化与教育传统同样蕴含着人性臻于完善的路径与可能性,同样可以为普遍人性之完善提供思想启迪与实践智慧。"[31]不断提高利用中国自己的学术概念和知识体系去解释那些不属于中国的现象,从而在国际上进行理性对话和思想碰撞的能力。[32]另一方面,聚焦时代问题重读并阐释中国教育经典,对中国教育经典进行诠释和再造。通过对中华优秀传统文化和教育传统的创造性转化和创新性发展,使文化通过教育得到继承,并实现文化的生产和再生产。

其三,"以西方为方法,中国为目的"建构中国教育学自主知识体系。利用国外的有益理论,做到为我所用。自主知识体系是在与世界的互动交流中建构起来的,通过"在与他者对话的过程中借助反思意识和反思能力形成自我意识"。[33]认识和厘清学术传统"本来"的价值,并在此基础上甄别和借鉴西方"外来"的理念和方法,从而在融汇中创造出一种具有本土特色的现代学术。[34]王国维提出"无问西东",认为中西文化之间并不存在排斥和竞争关系,相反,它们是相互促进、相互成全的。不是用国外知识体系去过滤中国教育学研究的成果,也不是用国外既有概念和理论剪裁中国研究成果,而是在相互对话交流中开阔审视教育问题的思维,作出应有的学术贡献。此外,应注意中国文化与国外文化具有不同的价值取向,用本土文化消化、吸收、改造国外文化,促进交流互鉴,实现互补,实现多元文化的平等性与可通约性,提高国际传播力。

4. 扎根中国教育实践建构中国教育学自主知识体系

以实践为导向的研究打破了对确定知识追寻的传统研究范式,教育学作为以实践为导向的应用性学科,实践是教育学本源性思想得以创生的根基。[35]教育学知识生产面向教育实践中现实的人、具体的人,而不是抽象的人,只有扎根教育实践生产教育学知识,教育学的发展才会永葆鲜活的生命力。

任何一种社会科学理论的原创性发展,都离不开其所处的社会发展背景与历史文化传统,中国教育学自主知识体系的建构离不开具体的教育实践,教育理论与教育实践之间存在"一对多"的关系。教育学知识来源于实践并为实践服务,通过对教育实践的透彻分析,建构实践性教育学知识,实现其致行的目的。

其一,要立足中国教育实际的本土生长,用中国的思维方式研究、解答中国本土教育问题,形成不同于西方对中国教育实践的解释方式,构建一套规范化的学术表达。教育实践是支撑教育知识存在意义与价值的最根本的基础。[23]对于已经形成的教育学知识,应在实践中不断优化、发展理论,赋予其更为持久的生命力。

其二,总结、归纳本土教育实践中的经验,从中国经验中提炼具有中国特色的教育学理论,形成系统化的教育学知识体系。经验总结是教育学知识生产的主要方式之一,以此形成的教育学知识才富有血肉,能更好地服务于实践。需要注意的是,我们并不是将教育经验直接搬来,而是对其进行规范化加工、创造性提升和理论性转化。

其三,根据教育实践,适时调整、更新已有的教育知识,从特殊中提炼出一般,通过概念的形成、命题的阐释来建构具有一般解释力的知识,进而形成公共性知识的学术表达。自主知识体系建构最终要进行世界的传播,这就意味着在建构特殊性知识的同时,也要致力于普适性知识的生成。普适性因其高度的抽象凝练性,对学术能力提出更高的要求,可以从已有的相对成熟的特殊知识入手,提炼出一般性的知识。

注释

[1] 张华.美国当代"存在现象学"课程理论初探[J].外国教育资料,1997(05):9-14.

[2] 邓正来.中国社会科学的当下使命[J].社会科学,2008(07):4-11+189.

[3] 周川.教育学自主知识体系的中国使命[J].苏州大学学报(教育科学版),2023,11(03):34-37.

[4] 陈洪捷.高等教育学自主知识体系的建构与知识创新[J].苏州大学学报(教育科学版),2023,11(03):16-17.

[5] 刘振天.建构教育学自主知识体系的前提性省思[J].中国高等教育,2023(11):43-46.

[6] 余清臣.关系格局中的中国教育学自主知识体系内涵[J].苏州大学学报(教育科学版),2023,11(03):20-25.

[7] 徐辉富.实践取向的中国教育学自主知识体系建设:内涵、目标与路径[J].苏州大学学报(教育科学版),2023,11(03):29-32.

[8] 侯怀银.中国教育学自主知识体系的特征[J].苏州大学学报(教育科学版),2023,11(03):17-20.

[9] 周仕德,刘懿,刘翠青.中国特色教育学知识体系何以赋能基础教育高质量发展[J].教育与教学研究,2023,37(05):23-39.

[10] 蒲蕊.中国式教育现代化视域下教育管理学自主知识体系建构[J/OL].现代教育管理:1-8[2023-10-23].

[11] 周仕德,刘翠青.论中国特色教育学知识体系的新时代构建[J].中国教育科学(中英文),2023,6(01):16-27.

[12] 李政涛,周颖.建设高质量教育体系与中国教育学的知识供给[J].教育研究,2022,43(02):83-98.

[13] 周仕德.中国教育学自主知识体系的新时代书写[N].中国社会科学报,2023-08-31(04).

[14] 谭维智.生成式人工智能时代中国教育学自主知识体系的生产[J].苏州大学学报(教育科学版),2023,11(03):25-29.

[15] 滕珺,王晓洲.论构建中国教育自主知识体系的关键维度[J].北京教育学院学报,2023,37(04):19-25.

[16] 郭丹丹.教育强国建设的理论供给——中国教育学自主知识体系建构座谈会综述[J].教育研究,2023,44(05):157-159.

[17] 文雯,杨锐.全球化时代我国教育研究的多重纠结及其出路[J].北京大学教育评论,2019,17(04):173-182.

[18] 李永智,马陆亭,姜朝晖,等.中国教育学论纲[J].教育研究,2023,44(04):4-11.

[19] 侯怀银,刘光艳.中国教育学学科体系的构建及其特征——以20世纪下半叶为中心[J].华中师范大学学报(人文社会科学版),2006(02):126-134.

[20] 王光明,张楠.国际教育学研究发展趋势[J].当代教育与文化,2015,7(06):20-27.

[21] 张楠,王光明.国际教育学高被引论文学术特征研究——基于25种教育学SSCI收录期刊的知识图谱与内容分析[J].中国科技期刊研究,2018,29(02):171-178.

[22] 郑金洲.中国教育学研究的问题与改进路向[J].教育研究,2004(01):21-25.

[23] 谢延龙,王澍.现实反思与理想图景:论我国教育知识生产[J].国家教育行政学院学报,2009(08):25-29.

[24] 王晓丹,侯怀银.终身教育研究在中国的回顾与展望[J].成人教育,2020,40(10):1-8.

[25] 齐姗.新文科背景下教育学学科发展路向审思[J].宁波大学学报(教育科学版),2022,44(06):19-25.

[26] 安涛,周进.学科与跨学科:教育学发展的双重逻辑[J].教育理论与实践,2019,39(04):3-6.

[27] 刘咸炘.浅议续录·教法浅论,推十书第3册[M].成都:成都古籍书店,1996:2348.

[28] 王宁.迈向社会学中国化2.0版:挑战与路径[J].社会,2022,42(06):46-56.

[29] 沟口雄三.作为方法的中国[M].孙军悦,译.北京:生活·读书·新知三联书店,2011:130.

[30] 习近平.在文化传承发展座谈会上的讲话[J].求是,2023(09):4-11.

[31] 刘铁芳.中国教育学的意涵与路径[J].湖南师范大学教育科学学报,2023,22(04):9-14+32.

[32] 李友梅.中国社会科学如何真正从"地方"走向"世界"[J].探索与争鸣,2017(02):26-29.

[33] 黄典林,安柯宣.超越本土实践:新闻传播学自主知识体系建构的实践取向及其潜在误区[J].现代出版,2023(04):96-103.

[34] 鲍嵘,包开鑫,单可,等.文明实践与中国高等教育话语体系构建[J/OL].重庆高教研究,2024,12(01):17-23[2023-10-23].

[35] 胡军良.当代中国教育学研究方法论的哲学反思[J].教育理论与实践,2012,32(19):3-7.

作者简介

侯怀银　山西大学教育科学学院教授、博士生导师,山西大学中国社会教育

研究院院长,主要从事教育基本理论、教育学史等方面的研究

王钰捷　山西大学教育科学学院教育学原理专业硕士研究生,主要从事教育基本理论研究

电子邮箱

huaiyin8@163.com

Chapter 4

教育学自主知识体系建构的实践取向、误区及自主性辨明[*]

郭 仕

摘 要：伴随我国教育发展聚焦建设教育强国，为世界教育贡献中国智慧和中国方案，建构教育学自主知识体系从隐性的学术追求转变为显性的政策要求，成为亟待回答的时代之问。教育学界对这一命题的研究呈现实践取向，即强调中国教育实践经验是理论建构的源泉和根基，进而凸显知识体系的本土性或地方性。这一取向可能导致两种误区，将教育学自主知识体系等同于经验体系或本土的地方性知识体系。近代以来，中国教育学界不断探索教育知识自主性问题，教育学知识体系的自主性有其本质内涵。自主性是一种反身性，借助反思意识和反思能力，合理吸收"非本土性"知识，对本土的实践经验进行自主性理解。自主性强调思想自主，将中国化的马克思主义与中华优秀传统文化相结合。自主性也是一种原创性，要把握好中国教育的特殊性和普遍意义，要从世界来理解中国，也要从中国来理解世界，积极参与全球教育治理。

关键词：教育学；自主知识体系；实践取向；反身性

目前，我国教育发展聚焦建设教育强国，构建高质量教育体系，使教育话语权同我国综合国力和国际地位相匹配，为世界教育贡献中国智慧和中国方案。建构教育学自主知识体系从隐性的学术追求转变为显性的政策要求，成为教育界亟待回答的时代之问。就教育学自主知识体系建构而言，已有不少学人从不同视角进行了独到的研究。然而一些研究出

---

[*] 本文系 2024 年度湖南省社会科学基金教育学专项一般资助课题"教育强省的高质量教育体系研究"（项目编号：JJ241090）的阶段性成果。

现这样的倾向,即强调中国教育实践经验应是自主知识体系建构的源泉和根基,强调知识体系应该面向本土的或地方性的中国教育实践,即实践取向。强调我国教育实践对理论的基础性作用,这对破解困扰学界的理论与实践"两张皮"的局面有着重要的意义,但是这种思路在一定程度上是过度简化地理解实践与理论的关系,不足以解决教育知识体系自主性不足的现实困境。基于此,本文将通过教育学文献的梳理,指出实践取向的表现,并辨明这一取向可能产生的两个误区,在此基础上梳理建构教育学自主知识体系的历史脉络,阐明教育学自主知识体系自主性的内涵。

一、教育学自主知识体系建构研究的实践取向

教育学自主知识体系建构在政策话语的推动下成为一个显性命题,学界如火如荼地开展相关研究,从建构的前提性省思、关键维度、新时代路径等方面提出了独到见解。既有研究表现出对本土教育实践经验的关注和重视。实践既是文献的基调,也是论述的源泉。

首先是"何以必要"的问题,即教育学自主知识体系建构的原因。文献认为西方理论难以真正解释和解决中国经验和中国问题,中国教育实践迫切需要自主理论的总结、指导和阐明。李政涛等指出,包括教育学在内的大部分人文社会学科,习惯借用西方理论分析、解释中国实践,既难以在总结中国经验的基础上真正解释中国现实问题,也不能在分析世界性普遍问题时提供中国立场和视角,要依托高质量教育体系的中国实践,化"中国经验"为"中国话语"。[1]陈洪捷指出,我们缺乏自主的知识和知识体系,在很大程度上依赖"理论进口",经常用洋理论解释中国的问题,而外来理论难以简单套用于中国,因此要建构我们自主的知识体系。[2]

其次是"为何建构"的问题,即教育学自主知识体系建构的面向与目标。研究强调建构知识体系的应用价值,认为建构教育学自主知识体系是为了更好地服务教育实践与科研,核心旨趣在于服务建设教育强国和中国式教育现代化。董雅华等认为,建构中国特色思想政治教育学科的

自主知识体系的重心在于促进学科知识体系的完善与创新。[3]屈高翔等认为,建构中国自主知识体系是为了服务建设教育强国,为解决社会发展过程中的重大实践问题提出中国方案,为中国道路、中国治理服务。[4]周仕德等还认为,探讨中国特色教育学知识体系是为了实现中国"理论自信",展示中国教育学知识在世界教育学知识领域的身份认同和影响力,加快建设教育强国和中国式现代化。[5]眭依凡等认为,教育自主知识体系是以有效指导高等教育实践且能够高效服务我国发展战略需要为目标。[6]

其三是"如何建构"的问题,即教育学自主知识体系的知识来源与建构路径。研究将中国的教育实践视为自主知识体系构建的来源和基础,强调应当以中国为中心,将中国教育经验提升为理论层面的自主知识体系。周仕德等认为,中国特色教育学知识体系的演进经历"仿学日美、学苏探化、移美创特"和尝试构建中国自主的教育学知识体系四个阶段,在知识主体融合中国实际方面,本土性和实践性知识弱化,要通过以中国为中心的贡献知识论、以中国为方法的原创知识论、以中国为中心的自主知识论,来建构中国特色教育学知识体系。[7]徐辉富提出实践取向的建设路径,中国自主知识体系必须形成于实践、在实践中发展,要求研究者与实践者共同构建知识,存在于师生交互和课堂教学实践中的默化知识也要不断显性化,还需要放在中国式现代化社会发展历程和教育发展历程的宏观视野中来思考和把握。[8]刘振天认为,建构教育学自主知识体系要采取实践教育学路径,要面向生动的现实教育世界,解决现实教育问题;要有服务实践的意识,能为实践提供知识、思想、理论和方法,科学地指导实际行动;要开展深入的行动研究,将教育学知识转化为教育实践。[9]

虽然上述文献的观点各有侧重,但关于教育学自主知识体系建构都隐含着实践取向。这一取向主要表现在两个方面:一是侧重强调本土实践的基础作用,提倡直面问题,从现实经验中抽象生成与实践吻合的自主理论;二是强调知识体系"自主"的本土性和特殊性,认为教育学自主知识体系面向中国实践、具有中国特色。简言之,实践取向主张教育学自主知识体系应源于中国教育实践,面向和服务本土实践。这一取向强调本土实践的重要性，对于破解教育学界一直存在的用西方理论生硬地解释中国教育现象这一困局确有其重要意义。然而，过于强调本土实践在知识体系构建中的基础性作用和主导性地位，可能将实践与理论的关系引向过于简化的解释框架。这一实践取向潜在地使教育学自主知识体系建构在认识论层面导向两个隐性误区，削弱自主性的逻辑基础。

二、教育学自主知识体系建构实践取向的两个隐性误区

1. 自主知识体系等同于经验体系

实践取向可能引起第一个误区是将自主知识体系等同于经验体系。实际而言，经验与知识不能相互等同。经验是在社会实践中产生的，通常是指"人们通过感觉器官获得关于客观事物的现象和外部联系的认识"，而知识是"人类对物质世界以及精神世界探索结果的总和，或者说是经验的系统固化"，包含概念和命题的逻辑体系。[10]也就是说，经验是个性化的、特殊的，经验只有经过系统总结和理论升华，才可能成为普遍的知识。知识具有普遍性、规律性，换言之，从一定实践中总结的经验，如果不能进行抽象，使之具有普遍适应性和广泛解释力，则不能被称为知识。叶澜先生曾指出，社会上的多数民众与一些行政官员把教育知识视作从经验或常识积累中获得的东西，或一种方法和技巧的知识，也不认为教师是专业人员；教师自身也把教育理论和知识看作仅与教学教法相关，希望获得具体的方法或操作模式的知识，如果不能满足这一要求，教育理论就被视作无用和脱离实际的东西而受到批评和指责；教育理论得不到作为专业领域的应有尊重与支持，甚至还遭受来自队伍内部的作贱与轻慢。[11]如此种种，某种程度上正是对知识与经验的混淆，模糊两者的边界。

从构成知识的概念来看，概念是社会科学的基本单元，是社会科学知识体系的基石，每个学科都要构建成体系的概念。一个个相关概念体系化地组合成具有内在逻辑的概念家族，进而形成系统的理论。教育学界基于本土教育经验形成了一些描述性概念，但未体系化。"素质教育""快

乐教育""幸福教育""生命教育"等教育名词概念层出不穷,"教师专业化""管理人本化""教学主体化""德育生活化"等描述教育事物发展的名词概念屡见不鲜,"核心素养""创新能力""人文素养"等描述培养目标的名词概念让人眼花缭乱。[12]从这些概念可以看出,教育学界基于事实经验创造概念,很大程度上来自一种直觉。概念建构还局限于日常语言,主要基于中国教育的实践,其认识未能超越日常经验而上升至科学理论,是对一部分事实的概括,是属于事实意义上的概念。中国教育学界就曾出现过"政策汇编""工作手册"教育学,从政策文件中索要概念,将一些教育实验项目或实践经验升格为教育学概念。研究者能接触的事物和获取的经验是有限的,这样基于事实经验构建的概念就表现为个别的、零碎的、孤立的、互不关联的、难以体系化的"概念孤儿",而不是由一个个概念相互联结形成的知识体系中的某一概念,缺少学术价值,其解释力和说服力也受到相当限制,难以被广泛接受,无法参与世界知识市场的竞争。[13]比如,关于中国教育发展的经验,由于缺乏科学的话语建构和知识表达,存在有理说不出、有理说不清、说了别人也不理解的尴尬。国际知名学者帕斯奎诺（Pasquale Pasquino）曾指出,讲述中国发展经验,需要用西方民众能够理解和乐于接受的话语体系来解释。基于一个事实建构一个"概念孤儿",这种概念无法构成知识体系的一部分。同时,知识是事实与价值的杂糅,这意味着一个完整的知识体系既要有基于事实经验的描述性概念,也要有表明价值信念和意识形态的规范性概念,这样才既能在本土知识体系中安放,又能超越本土在更广范围的知识体系中确立自己的位置。体系化概念复杂而多维,难以用"理论源于实践"这一论述一言以蔽之。

从获取知识的路径来看,悬置理论前提,直面实践经验,这存在方法论层面的难题。当前关注实践的教育研究,学校教育工作者积极参与其中,但存在两种倾向：一是跟风式研究,地区领导意志风、名校风、时行风,类似课题克隆文章成果不断；二是碎片式研究,一个主体（或个体、团队）研究的主题缺乏关联,"打一枪换一炮",有点像游击战。[14]这类实践研究的本质是悬置理论,直面在地经验。然而认识问题总是在一定的理论视角下,不存在脱离分析框架的纯经验,理论层面与经验层面并不是外在的关联,而是内在相互黏合融为一体的。对于中国这样的学术后发国家,接受理论(一般是西方理论)对本土经验的先验性和超验性,是不得不选择和接受的学术宿命。换言之,为了反对"生搬硬套""食洋不化"以及西方理论对中国经验的"任意"切割而盲目抛弃既有概念和理论工具,则可能落入另一重陷阱,即因为缺失跨情境效度的理论能力而引起知识创新的不足。[15] 由此建构的仍是应用层面的"经验体系",而不是理论层面的知识体系。这种经验偏向模糊了教育学的学科边界,也给教育学科的独立合法性带来了挑战,一定程度上削弱了中国教育学与其他知识体系、与国际教育学术话语开展平等对话的能力。尽管已有学人在教育学元研究层面进行建构,[16] 但与形成具有普遍解释力和理论生命力的自主知识体系这一目标相比,仍有较长的路要走。

2. 自主知识体系等同于本土知识体系

实践取向可能引起的第二个误区是将自主知识体系等价于本土知识体系。本土知识是人类学家格尔茨(Clifford Geertz)提出的地方性知识,是"关于特定地域、特定时间、具有特定文化内涵、在特定社会结构约束条件下发生的人类实践活动的经验知识"。[17] 虽然知识在形成之初都是本土知识,但其中一些能突破文化边界进行跨文化的解释,成为全球范围内其他国家或文化群体普遍接受和认可的认知框架,产生世界性的影响,成为普适性的知识。就知识的传播而言,具有相对普适性的知识体系更容易被广泛传播,而解释特殊实践的本土知识体系,因为缺失跨情境效度的共通,难以获得其他文化知识体系的认同。进一步说,人类社会的多元文化要求教育研究者处理好文化经验特殊性与理论普适性的辩证关系。如果不能正确处理两者的关系,则要么滑向"普适性的帝国主义",要么滑向"狭隘的民族主义"。[18] 这意味着不同文化情境中的教育研究承担着联结本土经验与全球视野的学术使命。已有学者指出,本土性知识与一般性知识的三重关系:只有借助一般性知识才能建构本土性概念;建构本土性概念时,势必与一般性知识体系中的某些经验性概念形成对话;本土性概念的建构可以丰富一般性知识体系。[19]这意味着两者是辩证交融、不可分割的,不是对立隔离、截然分开的。当今时代知识跨界流动日益加剧,本土性知识难以与一般性知识明确分离,因此本土性知识需要在开放的格局中找到自己的位置。

过度强调知识体系的本土特殊性还暗含着一种中西二元的解释框架,即认为中国教育实践是不同于其他文化的特殊存在,理应被特殊对待和解释,而事实上,中国教育实践固有其特殊性,但其面临的许多问题也是其他文化群体经历过或正在经历的。这种认识论内隐着对西方知识体系普遍性的默认以及自主意识的缺失。沟口雄三曾说,过去西方知识体系考察中国实践的做法是"以世界为方法,以中国为目的",那么据此用本土知识体系衡量中国教育实践的做法也只能算是"以中国为方法,以中国为目的",[20]终究未能跳出中西二元的认识框架。相较于成熟的西方教育理论,中国特色的教育理论因为抽象层次有限、共同知识前提缺失、跨文化的解释力不足,难以与其形成平等对话与有效竞争。[21]换言之,我们的教育学之所以难以在国际交流中发声,正因为迄今尚未形成一套普适性的能够进行跨文化对话的教育知识体系。因此,教育学自主知识体系建构的关键不仅在于形成一套解释中国教育实践的地方性知识体系,更要从地方走向世界,树立多元世界观,用一种肯定的态度展示中国是作为世界的一部分,透过中国这副独特的眼镜观察世界、批判过去的"世界",个别地、相对化地重新探讨过去普适的概念或真理,以世界为目的,在认识论层面创造更高层次的世界图景,也就是"以中国为方法,以世界为目的"。[22]正如有学者所指出的:"从战略视野看,我们所欠缺的并不尽是'以中国逻辑来讲中国故事'和'从中国故事中提出中国问题,运用中国话语回答中国问题'的能力,更关键的是我们缺乏运用中国自身的学术概念与知识体系来解读非中国现象的经验,并以此在世界范围内展开理性对话与思想交锋的能力。"[23]如果说提升讲中国故事、解中国问题的能力更接近实践取向的观点,那么增强在国际教育领域的对话能力应是中国教育学自主知识体系建构的终极旨趣。

在此指出隐性误区并不是要否认中国教育实践对自主知识体系建构的重要意义，而是认为教育学自主知识体系的建构应不止于解释、服务本土实践。这需要我们进一步回答自主性的本质内涵是什么这一核心问题。我们可以从教育学界探索教育学自主知识体系的历史脉络中寻求答案。

三、教育学自主知识体系建构的脉络和自主性的本质内涵

1. 教育学自主知识体系构建的历史脉络

尽管"建构自主知识体系"近几年因为政策话语推动而成为显性命题，但中国知识界对知识自主性或更广泛的文化主体性的探索，从近代至今从未停止。正如费孝通先生所言，20世纪前半叶中国思想的主流一直围绕着民族认同和文化认同而发展，有关中西文化的长期争论归根结底主要是一个问题：在西方文化的强烈冲击下，现代中国是保持原有的文化认同还是向西方文化认同。[24] 新中国成立以后，我们的知识体系构建经历了前三十年的"去世界化"和后四十年的"再世界化"。[25] 换言之，知识界从未停止在"地方性知识"与"全球性知识"、中国特殊性与世界普遍性中寻求建构中国自主的知识体系。在教育学领域，几代学人对教育本土化或教育中国化问题进行了不懈探索。

中国的教育学是"西学东渐"的产物，这使得教育理论与中国教育实践之间一直存有摩擦或张力，使教育学科更加贴合、裨益中国教育实践，是中国教育学人百年的学术追求，这也是中国教育界特殊的中国意识、普遍的本土意识。[26] 20世纪初是中国教育学"方长初成"的时期。教育学人一方面通过引介译著积累，另一方面尝试立足中国实际，通过删削、添加、参合、改易、融化等方式将西方理论中国化，自编教育学著作，虽量上有限质上稚嫩，但也不乏融合本土经验的优秀作品，迈出了国人自主"治理"教育学的最初步伐。新中国成立后，初具形态的教育学接受改造，以苏为师、全面学习苏联经验，拒绝或批判西方理论，重点译介苏联教育学教材。

1955年教育部召开的讨论会上提出"创建和发展新中国教育学"。[27]20世纪八九十年代教育学界提出教育学中国化,也就是创建"有中国特色的社会主义教育学"。讨论主要有两个方向:一是"个性为主"的中国化,即充分重视本国教育实践,注重探索中国教育规律;二是"共性为主"的中国化,同时探索中国教育规律和普遍的教育规律,也就是普遍性与特殊性的结合。[28]21世纪初,有学者提出"本土生长",即发源于本土社会内部的文化自我演进。[29]20世纪以来进行的基础教育课程改革,一定程度上是美英日等国教育理论主导的,反思出现的问题时引发了学界对教育本土化的研究。叶澜先生及其团队基于中国的历史文化、思想渊源和教育现实研究教育学的本土化问题。[30]近些年来,有学者认为要走出中国教育学本土化研究的困境,基于中国文化特质,运用自己的概念、理论揭示根植于中国本土情境中的教育问题,形成教育学研究的中国概念、中国理论、中国思想和中国经验。[31]也有学者提出建构中国特色现代教育学体系,[32]这也是教育学本土化的重要组成部分和新的发展阶段。可以说,建构教育学自主知识体系是教育学本土化的"2.0版",探讨语境与核心任务都发生了重要变化。

当建构自主知识体系成为国家战略需要,这里面包含更多政治层面的诉求,承担打破西方话语垄断、提升国际学术话语权和竞争力的政治使命。建立自主知识体系暗含着一种比本土化更高层次的目标要求,"不能仅停留在探索和寻找分析和解释中国社会问题的理论,而是要让中国社会科学的话语进入国际学术界的主流话语体系并对其产生影响"。[33]要获得国际同行的承认,则不仅是"元素性承认"(比如教育学界近年来推行实证研究,充实和丰富了国际教育界共享的议题、理论或范式,引起国际同行的关注),更要获得框架性承认,这是指中国教育学者原创性地提出具有普遍性和一般解释力的范式、理论学派或话语体系,以中国学派、中国范式或中国话语体系得到国际同行的承认。[34]在教育学领域,有学者也提出了类似的主张。李政涛指出,始终处在中国改革开放大潮中的"中国教育学",从来不只是"在中国"的教育学,也是"在世界"的教育学,未来的中国教育学要"与世界教育学接轨",要有对世界的"贡献度",要有"历史向现实、理论向实践的转化度",要有"西方学者对中国教育学理论的参与性对话和讨论的参与度",这样才能实现教育学领域的中国话语与世界话语、中国创造与世界创造双向转化,彼此交融共生。[35]传播中国教育学术话语也是建构自主话语知识体系的一环。可以说,知识体系的国际化是教育学自主知识体系建构的应有之义。基于这样的探索脉络和现实诉求,有必要重新思考一个关键问题:教育学知识体系自主性的本质内涵。

2. 教育学知识体系自主性的本质内涵

费孝通在20世纪末提出"文化自觉":"生活在一定文化中的人对其文化有'自知之明',明白它的来历、形成过程、所具有的特色和它发展的趋向,不带任何文化回归的意思,不是要复旧,同时也不主张全盘西化或全盘他化。自知之明是为了加强对文化转型的自主能力,取得决定适应新环境、新时代对文化选择的自主地位。"[36]要形成文化自觉,就要认识自己的文化,理解所接触的其他文化,在多元文化世界中确立自己的位置,经过自主的适应,和其他文化取长补短,共同建立一个和平共处、各抒所长、共同发展的基本秩序。郑杭生在费孝通的观点基础上提出"理论自觉",要自觉到我们的目标是世界眼光和中国气派兼具的学科,不是西方某种理论的中国版,是对自己理论和他人理论的反思,是对自己所教学、所研究的理论的自知之明。[37]就教育学而言,中国教育学人应主动承担起"认识自己的文化及其定位、认识不同的文化及展开跨文化对话的任务"。[38]中国教育学可以借鉴西方的理论,根据中国教育发展的实际,结合中国社会历史悠久丰富的传统学术资源,进行原创性或有原创意义的理论创新,而不是在西方理论的笼子里跳舞,把自己的理论研究或经验研究作为它们的案例或例证。由此,教育学知识体系的自主性主要体现在三个方面。

首先,自主性是一种反身性。即在教育知识生产过程中,对基础概念、基础理论及其使用情境进行反思,合理吸收"非本土性"知识,对本土的实践经验进行自主性理解。自主性不是盲目排斥西方理论另起炉灶,而是清醒地认识到自我与他者之间的共通与差异,在此基础对自我进行清醒的定位,以此导向多元文化或理论之间展开更好的交流对话,建立一种合理的秩序。在教育学领域,已有不少此类尝试。比如,"生命·实践"教育学派,以回归中国优秀的文化传统、直面当代鲜活的教育实践为其两条命脉,与学科史、马克思主义和当代科学、哲学互融互通,这是古今中外法的现实践行。[39]这一学派创生成长十余年,还保持着旺盛的生命力不断向前发展。这一知识生产取经本土实践、借鉴西方理论、汲取优秀传统文化资源生产出自主性知识,在一定程度上"以中国为方法",为教育学的世界知识版图作出了中国贡献。

其次,自主性强调思想自主。恩格斯指出:"一个民族要想站在科学的最高峰,就一刻也不能没有理论思维。"[40]一百多年以来,中国教育学已形成对国外教育学理论及其方法的依赖。从这个角度来讲,建构教育学自主知识体系最核心的问题就是中国教育拥有自己的思想理论。习近平总书记指出,在人类思想史上,没有一种思想理论像马克思主义那样对人类产生了如此广泛而深刻的影响——不仅深刻改变了世界,也深刻改变了中国。[41]马克思主义是现代哲学的杰出代表,是古希腊以来欧洲哲学遗产的优秀继承者和发展者,以其丰富性回应了社会发展中的重大现实问题,不仅解释世界,更重要的是改变世界。马克思主义在深刻改变中国的同时,也深刻地改变了自己——中国化时代化的马克思主义,是深深扎根中华沃土的"中国马克思主义"。马克思主义关于理论与实践关系的论述非常丰富,同时马克思主义强调实现每个人的自由解放和全面发展。正是马克思主义抓住了"人的全面发展"这一根本,才成为中国教育发展根本需要的科学理论。坚持以马克思主义为魂脉,不断开辟马克思主义中国化时代化的新境界,建构教育学自主知识体系的"思想自我"。要摆脱长久以来的理论不自信和学徒状态,"善于提炼标识性概念,打造易于为国际社会所理解和接受的新概念、新范畴、新标准,引导国际学术界展开研究和讨论"。[42]同时,优秀的传统文化资源是思想的源泉之一。发展至今的中国教育学扎根中国教育实践,构建自主知识体系需要全新的理念和深厚的文化资源作为有力支援。马克思主义为教育学自主知识体系建构提供了真理的力量,而中国传统文化则为自主知识体系提供了丰厚的思想土壤。自主知识体系是赓续传统文化的自主,不是消灭了传统文化的自主;是从中华大地教育实践中成长的,不是照抄照搬其他国家的;是文化更新的成果,而不是文化断裂的产物。[43]将马克思主义这一魂脉深植于中华优秀传统文化的根脉,推动教育学自主知识体系的建构。

最后,自主性也是一种原创性。对中国教育学来说,原创性不一定关涉学派创建、基本原理的突破等,也可以是问题的原发性、研究素材的原始性、结论的独特性和创新性,从中国独特的文化土壤、教育学实践和现实需要出发,以本国教育发展需要和问题为研究的本源,通过各种不同手段获取原始性素材,或做原始性(相对于验证性)的研究,进而得出在国内或国际范围内富有独特性和创造性的理论(或其他形态的研究成果)。[44]

强调原创性要把握好中国教育的特殊性和普遍意义,要理解好中国教育与世界的关系。一方面,要从世界来理解中国。中国是世界视域中的中国,"以世界为方法"不是以西方标准来衡量中国,它有另一重内涵,中国和欧洲国家、美国和其他民族国家都是世界的组成部分,要在世界版图中发现中国不同于其他国家的差异性和特殊性。以世界为谱系,在全球教育谱系中厘清中国教育在自身发展变化过程中展现出来的本质差异。近些年来中国教育学习西方教育理论和实践经验,摸索出一条自己的道路,具有鲜明的中国特色。另一方面,要从中国来理解世界,从特殊性中获取普遍性的规律。从世界来理解中国的教育,是为了更好地把握普遍的规律,进而在世界教育谱系中厘定不同民族和国家教育发展模式的特殊性。从中国来理解世界,是发现和总结中国的特殊经验对解决世界性问题具有的一般意义。

尊重教育领域中普遍价值的共识性认识,并在中国实践的基础上加以反思重构,寻求普遍性与特殊性的有机统一。中国教育有独特的环境、制度、历史、文化,有自己的国情和发展阶段,我们面临的是中国教育问题,解决的是中国教育矛盾,结果也必然是中国的,带有中国的印记,反映中国人的教育需要、性格和理解。中国教育也是世界教育的一部分,中国教育也要面对、解释和解决世界问题,善于与世界教育学对话、交流和交锋,改变过去研究发达国家的教育理念与实践只是为了研究和发展本国教育的状况,不只"以世界为方法,以中国为目的",也要"以世界为方法,以世界为目的"。中国教育学要走向世界,在世界中看中国,通过中国观世界,积极参与全球教育治理,构建全球教育共同体。

注释

[1] 李政涛,周颖.建设高质量教育体系与中国教育学的知识供给[J].教育研究,2022(02):83-98.

[2] 陈洪捷.高等教育学自主知识体系的建构与知识创新[J].苏州大学学报(教育科学版),2023(03):16-17.

[3] 董雅华,舒练.建构中国特色思想政治教育学科自主知识体系论析[J].思想教育研究,2023(02):48-55.

[4] 屈高翔,刚文哲.建构中国自主知识体系 服务教育强国建设[J].中国高等教育,2023(12):12-15.

[5][7] 周仕德,刘翠青.论中国特色教育学知识体系的新时代构建[J].中国教育科学,2023(01):16-27.

[6] 眭依凡,等.中国高等教育学自主知识体系的建构[J].高校教育管理,2023(07):1-11.

[8] 徐辉富.实践取向的中国教育学自主知识体系建设:内涵、目标与路径[J].苏州大学学报(教育科学版),2023(03):29-34.

[9] 刘振天.教育学的性质、性格、性能及其自主知识体系建设[J].中国教育学刊,2023(11):38-43.

[10] 虞崇胜.知识体系的形成须遵循其发展规律[J].探索与争鸣,2020(09):14-16.

[11][44] 叶澜.世纪初中国教育理论发展的断想[J].华东师范大学学报(教育科学版),2001(01):1-6.

[12] 余清臣,宋兵波.在教育学名词热潮背后——论教育学概念的创新[J].教育研究与实验,2018(03):17-22.

[13][19] 徐勇.事实与逻辑:成体系的概念建构[J].公共管理与政策评论,2022(06):9-11.

[14] 叶澜.转化融通在合作研究中生成——四论教育理论与教育实践的关系[J].教育研究,2021(01):31-58.

[15] 王宁.社会学本土化议题:争辩、症结与出路[J].社会学研究,2017(05):15-38+242-243.

[16] 侯怀银,时益之.我国教育学元研究的探索:历程、进展和趋势[J].中国教育学刊,2019(12):50-56.

[17] 边燕杰.论社会学本土知识的国际概念化[J].社会学研究,2017(05):1-14+242.

[18] 李金铨,张磊.以历史为经,以世界为纬——中国国际传播研究的想象力[J].国际传播,2016(01):45-53.

[20][22] 沟口雄三.作为方法的中国[M].孙军悦,译.北京:生活·读书·新知三联书店,

2011：130-133.

[21] 黄典林,安柯宣.超越本土实践：新闻传播学自主知识体系建构的实践取向及其潜在误区[J].现代出版,2023(04)：96-103.

[23][33] 李友梅.中国社会科学如何真正从"地方"走向"世界"[J].探索与争鸣,2017(02)：26-29.

[24] 费孝通.关于"文化自觉"的一些自白[J].学术研究,2003(07)：5-9.

[25] 刘京希.全球视野下的中国知识体系构建[J].探索与争鸣,2020(09)：11-13.

[26] 瞿保奎,郑金洲,程亮.中国教育学科的百年求索[J].教育学报,2006(03)：3-11.

[27] 吴晓蓉,张晓文.构建教育学话语体系的本土化省思[J].广西社会科学,2018(10)：203-209.

[28] 瞿葆奎.中国教育学百年(下)[J].教育研究,1999(02)：23-30.

[29] 项贤明.教育：全球化、本土化与本土生长——从比较教育学的角度观照[J].北京师范大学学报(人文社会科学版),2001(02)：32-41.

[30] 叶澜.回归突破——"生命·实践"教育学纲[M].上海：华东师范大学出版社,2015：1.

[31] 安富海.中国教育学本土化研究的困境和超越[J].教育研究,2019(04)：50-57.

[32] 侯怀银.论中国特色现代教育学体系的发展与创新[J].河北师范大学学报(教育科学版),2022(02)：3-1614-31.

[34] 王宁.迈向社会学中国化2.0版：挑战与路径[J].社会,2022,42(06)：46-56.

[35] 李政涛.走向世界的中国教育学：目标、挑战与展望[J].教育研究,2018(09)：45-51.

[36] 费孝通.反思·对话·文化自觉[J].北京大学学报(哲学社会科学版),1997(03)：15-22+158.

[37] 郑杭生.促进中国社会学的"理论自觉"——我们需要什么样的中国社会学？[J].江苏社会科学,2009(05)：1-7.

[38] 费孝通.对文化的历史性和社会性的思考[J].思想战线,2004(02)：1-6.

[39] 张旭,皇甫科杰.走向中国教育学——"生命·实践"教育学的当代践行[J].教育导刊,2018(02)：15-19.

[40] 中共中央马克思恩格斯列宁斯大林著作编译局.马克思恩格斯选集(第3卷)[M].北京：人民出版社,2012：875.

[41] 习近平.在纪念马克思诞辰200周年大会上的讲话[M].北京：人民出版社,2018：11.

[42] 习近平.在哲学社会科学工作座谈会上的讲话[M].北京：人民出版社,2016：24.

[43] 白刚.建构中国自主知识体系的三重内涵[J].南京社会科学,2023(10)：1-9.

作者简介

郭仕　浙江师范大学教育学院博士研究生,岳阳开放大学副教授,研究方向为教育基本原理

电子邮箱

guoshi1234@sina.com

Part2
历史研究

Chapter 5

中国教育学自主知识体系的成功探索：陈鹤琴"活教育"理论的生成

蔡连玉　苏　岩

摘　要：中国教育学自主知识体系的建构是当代中国教育研究者的时代使命，探索教育学自主知识生产的有效路径具有重要意义。陈鹤琴"活教育"理论作为中国教育学自主知识体系成功探索的典范，历经百年仍深具现实批判意义。深入研究"活教育"理论的生成，能够为中国教育学自主知识体系的成功探索提供必要的智慧。陈鹤琴的教育研究传承于中华传统文化，扎根于中国教育实践，"活教育"理论生成经历了孕育期、萌芽期和形成期三个阶段，具有传承性与时代性相统一、原创性与借鉴性相统一、理论性与实践性相统一的特征。陈鹤琴"活教育"理论兼具时代性、本土性和科学性，其生成所展示的正是中国教育学自主知识体系的一个成功探索过程。基于对陈鹤琴"活教育"理论生成的分析，可以认为，探索中国教育学自主知识体系需要：（1）继承中国传统，创造现代化的教育知识；（2）秉持中国立场，形成在地化的理论生成；（3）立足中国实践，构建循证化的研究范式。

关键词：中国教育学；自主知识体系；"活教育"理论；理论生成

一、引言

党的十八大以来，习近平总书记多次阐述构建中国自主知识体系的重要意义，强调"加快构建中国特色哲学社会科学学科体系、学术体系、话语体系，形成中国自主的知识体系"。[1]2022年4月习近平总书记在中国人民大学考察时指出，"加快构建中国特色哲学社会科学，归根结底是建构中国自主的知识体系"，[2]彰显了中国教育学自主知识体系创造的重要性和迫切性。在新时代背景下，中国教育学学科发展正面临新的机遇和挑战。教育学是中国特色哲学社会科学的重要组成部分，构建具有中国教育学自身特色优势的学科体系、学术体系和话语体系，是当今教育学界的时代使命。[3]

学界对中国教育学自主知识体系的研究正逐步深化，成果主要聚焦两个维度：一是中国教育学自主知识体系的理论阐释。研究大多从概念切入，认为中国教育学自主知识体系是指在中国产生的知识体系，把"体系""知识""知识体系"作为解析的关键词，[4]建构自己的概念系统，体现"自主性"和"中国性"。[5]具体来说，就是以原创性的研究为主，对中国教育领域观念、概念、命题等进行分析，进而总结提炼为"理论事实"，建立能够为人们所理解和掌握的知识系统，具有本土性、独立性、融通性、稳定性和创新性的特征。[6]二是中国教育学自主知识体系的构建遵循。学界普遍认同中国教育学知识体系的建构是为了解决中国问题进行的，需要利用传统的教育资源，回归到教育学传统中，突出人在教育实践中的重要地位，[7]在着眼于理论原创性的同时，要关注中国教育学的学科体系、学术体系和话语体系的构建。[8]具体阐释了中国教育学自主知识体系建构的重要观点。譬如，强调在与传统、实践和世界的对话中，[9]坚持中国道路的知识论，[10]聚焦本土教育实践，关注教育学学科的核心问题和核心概念，[11]探讨中国教育学知识存在的困境与难题，[12]把"知识"与"话语"联系起来，[13]遵循"以中国为方法"的社会建构路径，[14]以回应构建自主知识体系的时代要求。整体观之，现有文献以宏观理论论述为主，基于成功案例的中国教育学自主知识体系研究亟待加强。

20世纪20年代，中国教育是效仿西方教育的"跟跑者"，但为了改变中国教育的状况，彼时涌现出一大批教育家，他们试图通过各自的办学实践和教育研究活动，探索建立本土化教育学理论和知识体系。其中，陈鹤琴的"活教育"理论就是一个代表，其对中国教育改革实践产生了深远影响。理论生成本身就是教育知识生产的一种有效方式，陈鹤琴通过开展一系列教育实验、长期的教育观察，不断总结实践经验，于百年前创造了基于本土经验的"活教育"理论体系,其理论精粹历久弥新,于现时当下的教育实践仍深具生命力,是中国自主教育学知识体系成功探索的典范。对如何构建中国教育学自主知识体系此问可以有诸多回应,本文聚焦陈鹤琴"活教育"理论的生成,以丰富的经验数据为支撑,探索其生成的过程和特征,系统剖析一个中国教育学自主知识的生成范例,为探索当前中国教育学自主知识体系提供有益启示。

二、陈鹤琴"活教育"理论生成的过程

陈鹤琴是我国幼儿教育事业的奠基人与拓荒者。他把"建立适合中国国情、符合儿童身心发展的中国化、科学化的儿童教育"作为自己一生的奋斗目标,[15]在其教育实践中创建了中国化、科学化的幼儿教育理论体系和实践体系,逐步形成了"活教育"理论。其内容包括目的论、课程论和方法论、十七条教学原则、训育的十三条基本原则、学习的四个步骤和五指活动计划等。[16]具体言之,基于当时的历史背景,为解决中国的教育问题,陈鹤琴认为教育的目的是"做人,做中国人,做现代中国人",这是"活教育"理论的出发点;指出"大自然、大社会都是活教材"的课程论,从根本上批判了"书本万能"的观念,把书本移到大自然、大社会中,提倡尊重儿童的身心发展规律,鼓励儿童直接去研究、去学习"活的知识";倡导"做中教、做中学、做中求进步"的方法论,为更好地进行儿童课程改革,实地教授儿童知识和经验,强调"做"的重要性,并进行了一系列的儿童教育实践。基于儿童心理特点,陈鹤琴对"活教育"的教学原则作了系统的阐述,提出的十七条教学原则贯穿着"做"的精神,训育的十三条基本原则促使理论进一步实施,学习的四个步骤为理论提供了一个教学的完整过程,"活教育"的"五指活动"完成了初步实验。总之,"活教育"理论是一个完整的教育理论体系,既是陈鹤琴长期以来致力于中国化、民主化、科学化新教育探索的概括和总结,又有着深厚的理论基础,是中西文化与教育思想融合的产物,至今仍具有重要的创新意义和实践指导价值,其生成展现

出一个中国教育学自主知识体系成功探索的完整过程。

"活教育"理论的生成过程与陈鹤琴自己的教育实践是紧密联系的,可以分为孕育期、萌芽期和形成期三个阶段,并渐趋成熟。

1. "活教育"理论的孕育期

"活教育"理论是在我国特定历史条件下形成的,经历了长达二十年之久的孕育期。陈鹤琴生于浙江上虞(今绍兴市上虞区),自幼年便深受传统私塾教育的影响,打下了深厚的传统文化底蕴,他身处时代大变革之中,面临民族生存危机,立志救民报国,于是开始长期的科学研究实践,努力创造出适合中国国情的教育理论和方法。1919年,陈鹤琴学成回国后任南京高等师范学校教授,留学的经历促使他立志于逐渐探索出具有中国特色的理论。当时中国正深受传统封建教育影响,他以亲身经历感受到旧教育的落后局面,并且把当时的教育称为"死教育"。陈鹤琴下定决心要把死气沉沉的教育转变为"前进的、主动的、活泼的、有生气的教育",提出教师要"教活书,活教书,教书活",要使儿童"读活书,活读书,读书活",由此开始提倡"活教育"。[17]接下来,他积极投入改革旧教育创新教育的斗争,决定用教育推动社会前进,并以"求真求是"的科学精神和实验方法,全身心投入到儿童发展和教育的实地研究之中,开始了中国化新教育的实验探索。[18]陈鹤琴首先从研究儿童入手,把自己的长子陈一鸣作为个案研究的对象,从1920年开始进行808天连续跟踪观察与分析研究,通过文字与摄影记录,对儿童的身体、动作、言语、心理等身心全面发展的规律进行了深入的探索剖析,为后来确立"活教育"教学原则等提供了经验基础。1921年,陈鹤琴提出"儿童观、教育观",主张把研究儿童的生理心理特点作为教育儿童的"利器",从而为"活教育"理论体系的生成孕育了方法论基础。[19]

2. "活教育"理论的萌芽期

1923年,陈鹤琴开始了"活教育"的实践探索,创办了南京鼓楼幼稚园,开展以"试验"为基础的科学的幼儿教育研究,成为中国本土教育家创办的第一所幼稚园,是中国最早的幼儿教育试验中心。陈鹤琴在设置幼儿园课程的时候,侧重于在大自然中进行自由活动和游玩,而不再强调固定课程的学习,并且重视家庭对儿童教育的重要性,"这在中国是新鲜的事"。[20] 1925 年,陈鹤琴采用追踪方法研究儿童心理,并出版专著《儿童心理之研究》。[21] 为了更深入地对儿童教育进行研究,他与陶行知合办幼稚园,与张宗麟一起发表《我们的主张》,提出创办适合我国国情和儿童特点的 15 条意见,标志着中国化幼稚园的真正崛起。又发起成立中国幼稚教育研究会,创办专门研究幼儿教育的月刊《幼稚教育》(1928 年后改名为《儿童教育》)。[22] 1928 年,陈鹤琴起草《幼稚园课程暂行标准》,并受邀到上海任工部局华人教育处处长,为中国儿童办学达 11 年。[23] 1929 年,在上海成立了研究家庭教育、幼儿教育和初等教育等实际问题的中国儿童教育社。[24] 1934 年,陈鹤琴又一次踏出国门,到访 11 个国家考察教育情况,在此期间,他参观了很多学校,亲身体验了世界教育潮流的新趋势,汲取了先进的教育经验,这些都为他在中国推行"活教育"提供了动力。[25] 随后,他在上海对学校的教学和学习进行各方面改革,这些举措都一步步促进了"活教育"的萌芽发展。[26]

3. "活教育"理论的形成期

"活教育"的提法,受到杜威"进步主义教育理论"、德克乐利"生活学校"以及陶行知"生活教育"的影响。其中,陶行知"生活教育"理论的创立,对陈鹤琴是一个巨大的推动力量,在他的著作中进一步阐述和传播了"生活教育",甚至作为"活教育"理论的引证。[27] "活教育"理论的形成也是当时国内形势的发展以及环境的需要,并且与彼时教育改革紧密联系,同时也得到很多教育学者的支持。1937 年全面抗战爆发后,陈鹤琴在抗日后方继续开展教育工作。[28] 1939 年,他在上海正式提出了"活教育"的宣言和主张,在《小学教师》发刊词中重述了陶行知对传统"死教育"的批判,提出了与之相对的"活教育"思想。[29] 1940 年,陈鹤琴在演讲中宣讲"什么叫'活教育'",是"活教育"理论最早的表述,同时也揭开了"活教育"运动的序幕。[30]同年10月,陈鹤琴担任江西省立实验幼稚师范学校校长,开始"活教育"实验,[31]"活教育"的理论也正是在这所学校的实验过程中逐步得到丰富和完善。1941年,由陈鹤琴主编的《活教育》月刊在江西出版,标志着"活教育"理论开始形成。陈鹤琴在《活教育》发刊词中再次申明"活教育"的使命和宗旨,将"活教育"简要概括为用"活"的教师去教"活"的儿童,还逐一列举了"活教育"和"死教育"之间的十大区别,并且将"活教育"的内容概括为三大目标,确立了"活教育"理论的基本观点。同年3月,提出"活教育"教学原则十条,以后又陆续完善、充实至十七条。[32]至此,经过一系列的实验探索和理论总结,"活教育"理论正式形成了。虽然因为战争的影响也经历了校园的重建,但幼师作为实验基地一直没有停办,并且创立了幼儿师范教育体系,推动了中国化幼教事业的发展。1945年抗战胜利,陈鹤琴开始实施推广"活教育",完善发展其在江西的实验成果,"活教育"的有关步骤、原则方法得到具体运用。陈鹤琴先后正式出版著作《活教育的理论与实施》和《活教育的创造:理论与实施》,全面系统地阐述了"活教育"的"三大目标""四个步骤""五指活动""十大区别""十七条教学原则"和"十三条训育原则"等,标志着"活教育"的成熟。[33]随后,为适应新中国教育需要,陈鹤琴陆续恢复出版了《活教育》杂志,[34]将《活教育》杂志自第六卷第七期起更名为《新儿童教育》,[35]出版了《活教育:理论与实践》,对"活教育"理论与实践作了系统归纳和论述,[36]进一步发展形成了一套完整的"活教育"理论体系,并广为推广应用。

三、陈鹤琴"活教育"理论生成的特征

从整体来看,陈鹤琴"活教育"理论包括知识体系和理论体系,特色鲜明、内涵丰富,有着自己独特的表达方式,呈现出一种探索中国教育学自主知识体系的实践历程,是本土化教育思想探索的典范。其理论生成彰显了传承性与时代性的统一、原创性与借鉴性的统一、理论性与实践性的统一。

1. 传承性与时代性相统一

传承性是指能够深入挖掘和传承中国文化传统，推动优秀传统文化继承发展。时代性是指根据中国教育的现实需要，结合当前的发展形势，顺应时代的变化，不断更新认识，走向新时代生动实践。传承性与时代性相统一，为"活教育"理论的发展做好了关键的铺垫。首先，陈鹤琴"活教育"理论注重从传统文化教育的精华中汲取有益的滋养。"活教育"是为了能够打破中国几千年来封建传统的"死教育"，[37]针对旧中国教育的弊端提出来的一种新的变革，"是中国新旧文化的结晶，是扎根于中国的传统文化和国情的新教育"。[38]陈鹤琴在批判中国传统教育的同时，十分重视汲取其中的有益营养，他推崇中国优秀的传统文化及教育精神，在新教育实践过程中创造性地将传统教育的精华吸收到新教育的探索中，编写了大量中国化的教材、读物，弘扬中华民族精神，实现了"活教育"的传承性。[39]其次，陈鹤琴"活教育"理论产生于特定的时代背景中。陈鹤琴认为"传统教育是封闭的、狭隘的"。[40]为改变祖国积贫积弱的状态，针对传统教育因袭旧法、脱离生活、死读书本，将学校与社会、自然隔离，使得教育与现实生活严重脱离的现象，提出了契合时代要求的一套系统的教育理论及方法体系，彰显了时代性。因此，陈鹤琴基于对中国传统教育弊端的认识与清理，将传统文化和时代背景联系起来，把旧教育的特点归纳为一个"死"字，[41]不断探索教育的新路径，提出了"活教育"理论，他对教育与社会变革的追求，实现了传承性与时代性的统一。

2. 原创性与借鉴性相统一

原创性是指立足于对当前社会背景的把握，针对中国教育问题，提出具有创新性的概念和理论。借鉴性是指批判性地吸收世界其他国家的成功经验和理论，进而实现自我改进和完善。原创性与借鉴性相统一，为"活教育"理论的发展奠定了坚实的基础。毋庸置疑，陈鹤琴赴美留学期间深受世界新教育思潮的影响，[42]不仅充分吸收了欧美新教育的精神，而且深受杜威的进步主义和克伯屈的实验主义教育思想的影响。[43]回国后,他开始探寻适合中国国情的教育实践之路。就如陈鹤琴自己所言:"我们现在提倡的活教育是接受着世界新教育的思潮,并和杜威一样地在创造理论,也创造方法。"[44]陈鹤琴"活教育"理论是对欧美新教育思想进行冷静思考和全面审理的结果,汲取借鉴了欧美国家在儿童教育发展方面的先进思想和有益经验。需要强调的是,陈鹤琴立足国情,对西方教育思想进行了中国化改造,对先进思想的汲取并不是盲目照搬,而是在自身的实践中与中国国情相结合,进行着教育理论和教育方法的再创造。在教育上,他一贯反对抄袭外国、全盘洋化,但对国外先进的教育思潮和有益经验却始终注意研究,善于学习。与同时代的进步教育家一样,他接受的是现代教育发展的时代方向和时代精神,始终致力于适合自身国情的新教育的创造活动。[45]由此可以看出,陈鹤琴始终坚持立足自身,扎根中国教育实践,借鉴国外先进的教育思想,基于中国国情进行理论创造,经过长期实践探索提出了"活教育"理论,呈现出原创性与借鉴性相统一的特征。

3. 理论性与实践性相统一

理论性强调的是一种抽象的认知方式,用来揭示事物的本质规律。实践性是指为了解决实际问题,根据具体实际,参与到具体的实践活动中不断进行改进,在此基础之上构建理论。理论性与实践性相统一,为"活教育"理论的发展提供了科学基础。"活教育"的立意在于创造中国化的新教育。[46]陈鹤琴积极进行新教育科学实验,开展植根于历史的研究和实践。陈鹤琴坚持从中国教育实际出发,长期致力于儿童心理和儿童教育的科学实践与研究。"活教育"理论是通过不断实验和反思逐步形成的。在他看来,"活教育"的实验只能依靠努力研究,努力实践,从做中求进步,求结果。[47]经过长期的新教育探索和孕育,为了能够把"活教育"理论付诸实践,他创办了江西省立实验幼稚师范学校实验"活教育",是近代中国教育实验的经典案例。同时公开倡导"活教育"运动,在实践(经验)的基础上系统地提出"活教育"理论。随后在研究中不断运用教育学、心理学的理论完善实验成果,以求实精神在多项教育实验中加以验证。正是通过科学的儿童观和教育观指导,在探索中改革、在改革中创新、在创新中实践、在实践中发展,提出适合中国国情的儿童教育理论。具体而言,陈鹤琴注重实证研究,采用个案研究、调查法、实验法、行动研究法等对教育现场展开研究。[48]"活教育"理论是以儿童心理学研究、家庭教育研究、课程实验研究、师范教育实践研究等实证研究为基础,在教育实践中综合使用观察、日记描述、轶事记录、摄影等方式记录儿童成长、研究儿童心理发展的过程。他对长子陈一鸣的连续追踪观察与实验,完成了著作《儿童心理之研究》,正是开展实证研究的结果。陈鹤琴的"活教育"理论生成于理论性与实践性相统一,从明确教育目标、构建课程体系到改进教育实践的一系列中国化新教育探索,其理论和实践研究的成果直接服务于彼时的教育改革,产生了广泛而深远的积极影响。

四、陈鹤琴"活教育"自主知识体系成功探索的启示

通过对陈鹤琴"活教育"理论生成及其特征的分析,可以看出其经历了长期的发展过程,其间继承中国传统、秉持中国立场、立足中国实践,通过对已有知识与实践经验的现代化、在地化和循证化,实现时代性、本土性和科学性的有机统一。在上述分析的基础上,可以认为,作为中国教育学自主知识体系成功探索的典范,陈鹤琴"活教育"理论的生成为当前探索中国教育学自主知识体系提供了如图1所示的路径启示。

1. 继承中国传统,创造现代化的教育知识

探索中国教育学自主知识体系在时代性向度上强调深挖历史的积淀,传承和弘扬中华优秀传统文化,提炼当代价值,彰显文化自信。现代化是指由传统向现代转变的过程,始终立足中华优秀传统文化沃土,推动中华优秀传统文化继承创新。创造现代化的教育知识是探索中国教育学自主知识体系的重要内容。

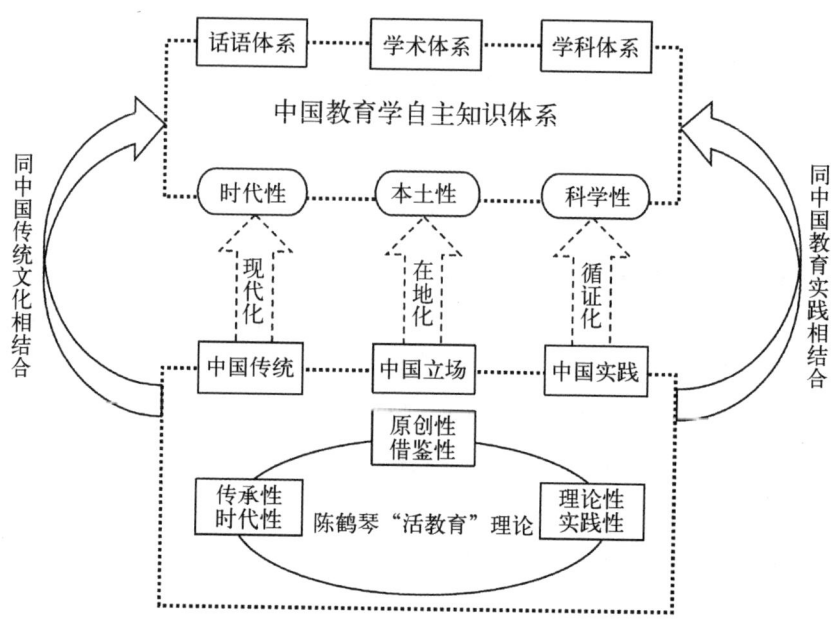

图1　"活教育"理论生成对中国教育学自主知识体系探索的路径启示

其一，需要实现传统文化的创造性转化。"活教育"理论在创造过程中批判摒弃传统教育的弊端，将传统教育的精华创造性地转化到教育实践中，是一种具有中国特色的新教育的独特创造。探索中国教育学自主知识体系，要弘扬中华优秀传统文化，不是简单地复制，而是要深入梳理挖掘中华优秀传统文化的当代价值，将我国传统教育思想的精华创造性地吸收进现代化新教育的探索。在中国传统文化中寻找并提炼中国教育道路的本土经验和历史借鉴，进行学理化阐释和学术化表达的同时，与当代中国社会发展相契合，形成当代的教育学思考，提出具有特色的、原创的教育理论，为现代化教育知识的生成提供丰裕滋养。

其二，需要关注当下现实教育问题。教育不能脱离中国实际，也不能脱离现实。陈鹤琴在教育实践中善于关注当下现实发展的问题，针对旧中国教育范式的弊端提出目的论、课程论和方法论等完整的新理论体系。当前中国教育学自主知识体系的创造，要基于教育知识，深入理解中国教育现实状况,深刻把握问题的根源,进一步厘清教育规律,在解决问题的实践中形成知识体系,从中华优秀传统文化中传承,对经验进行系统而科学的总结,创新教育实施路径,在面向当下教育问题解决过程中构建新理论。

其三,应面向中国式教育现代化建构教育学知识体系。"活教育"理论与百年前的新教育理念密切联系,其思想和内容体系与彼时教育近代化相契合。当下中国式教育现代化既追求中国特色,也有世界现代化的普遍特征,探索中国教育学自主知识体系需要面向中国式教育现代化实践。知识体系本身是一种传承,要立足中国式教育现代化的变革需要,以厘清历史发展为主线,继承并创新中国优秀教育传统,通过历史实践的轨迹,寻找出教育时代性的认知框架,在丰富和完善新的知识成果过程中充实中国教育学自主知识体系。

2. 秉持中国立场,形成在地化的理论生成

探索中国教育学自主知识体系本土性向度强调把握中国和世界的关系,在国际发展空间里,审视中国道路,与中国具体实际相结合。秉持中国立场指的是在创造过程中以中国经验为基础,而且是为了中国教育的发展。在地化是指扎根本地的环境,将教育与生活、地方和生态联系起来,在外来文化进入时能够尊重和保持本地的文化特色。形成在地化的理论生成是探索中国教育学自主知识体系的本土化保障,而中国教育学自主知识创造需要通过本土化来坚守中国立场。

首先,要站在中国立场研究教育问题。陈鹤琴的"活教育"理论关注世界教育发展趋势,立足中国独特的国情,为了中国的发展,不断反思幼儿教育中存在的问题。当前探索中国教育学自主知识体系,我们也应坚定中国立场,立足中国实际,而不应是罔顾中国国情,照搬他国知识体系,在与国外先进教育理论和经验互鉴对话中应彰显"自主",批判地吸收,在解决当前本土教育问题的过程中发展中国特色的教育理论。

其次,要重视教育学自主知识创造的"在地化"。陈鹤琴的"活教育"

理论强调教育的"在地化",他尊重儿童的生活经验和原有的认知基础,强调儿童成长的环境,提出了具有爱国特色并符合中国国情的教育理念。他强调中国教育的特点,并"不苟同于其他各国的教育目的"。[49]中国教育学自主知识体系的创造,既要结合当地实际问题和需求,又要以当地的问题、现象、经验和知识为基础,从生活中选取教育素材,结合所处的现实环境创造知识,经过长期不断实践的验证,生产出具有中国特色和广泛影响力的教育学自主知识体系。然而,需要强调的是,应在教育理论本土化过程中保持国际视野。陈鹤琴注重本土化教育情景观察,走出了一条基于本土、适合国情的中国幼稚教育发展之路,但是在此过程中始终保持国际视野。当前探索中国教育学自主知识体系,一方面要从本民族文化传统中吸取养分,基于本土国情,在教育实践中融入国外先进理念,并进行本土化的改造,达到融合与创新;另一方面,还应主动与国际教育学界对话,让中国教育经验与模式"走出去",不断提升中国教育的国际影响力,从而创建立足中国、面向世界的教育学自主知识体系。

3. 立足中国实践,重视循证化的研究范式

探索中国教育学自主知识体系在科学性向度上强调立足中国实践,运用科学的研究方法系统化地进行理论表达,推崇一种更具信度的方法论。循证化就是以事实为依据,从认知和经验中查找有效证据,并且通过实践不断检验的过程,用"科学方法"解决"中国问题"。构建循证化研究范式是中国教育学自主知识创造的核心方式。

第一,始终坚持科学精神,提升话语体系的说服力。陈鹤琴在教育实践中用科学的态度,不断检验和完善"活教育"理论,客观上树立了通过科学精神进行教育学自主知识创造的范例。真正的知识来自"做中学",探索中国教育学自主知识体系要根据时代变化和中国新实践,为原有知识体系增添新资源和话语元素,不能简单地做西方理论的"搬运工",而要用基于对中国实践经验的科学性研究来解读教育现象、分析教育问题,创新中国教育学的话语表达方式,讲好中国教育故事,提升话语体系的可信

度,让中国话语更有说服力,增强自主知识体系的国际传播和影响力。

第二,重视循证研究,强化知识创造的科学性。陈鹤琴进行了首例科学意义上的儿童活动个案研究,开创我国运用问卷调查法收集数据的先河。他倡导智力测验和教育测验等,提出真学问就是要通过事实来验证结论。探索中国教育学自主知识体系要聚焦真问题,做出真学问,综合运用多种实证研究(empirical research)方法进行反思与批判,探寻解决中国现实教育问题、改进教育实践的证据,并根据实践结果不断求证,从教育经验中提炼教育理论,基于中国化的实验与观察调研,强化教育学知识创造的科学性。

五、结语

"活教育"理论的生成过程呈现了陈鹤琴面向当年中国教育发展现状和需求进行的一系列实践探索,涉及儿童教育成长的各个方面,形成了比较完整的、具有影响力的自主理论体系。正是拥有这样的中国化情怀与立场,陈鹤琴成为中国近代儿童教育的开创者,他试图解决彼时教育存在的现实问题,并在这个过程中形成自己独特的概念范畴、理论体系和研究方法,生产了"接地气"的中国教育学自主知识,是近代中国教育学自主知识体系成功探索的典范。本文对"活教育"理论生成的分析,为我们探索中国教育学自主知识体系提供有益的路径启示。具体而言,需要将中国教育学自主知识体系同中华教育传统和中国教育实践相结合,继承中国传统,创造现代化的教育知识;秉持中国立场,形成在地化的理论生成;立足中国实践,重视循证化的研究范式,由此保障中国教育学自主知识体系的时代性、本土性和科学性。

然而,探索中国教育学自主知识体系是一个复杂的动态过程,而在中国教育理论发展的近现代史上,我国涌现了陶行知、陈鹤琴、蔡元培等诸多深具创造性的教育学者和教育家,学界持续挖掘众多大家的教育理论生成智慧,能够为中国教育学自主知识体系的成功探索提供更多的借鉴!

注释

[1] 本书编写组.党的二十大报告辅导读本[M].北京：人民出版社,2022：413.

[2] 中共中央宣传部.习近平新时代中国特色社会主义思想学习纲要(2023年版)[M].北京：学习出版社,2023：199.

[3] 周仕德.中国教育学自主知识体系的新时代书写[N].中国社会科学报,2023-08-31(004).

[4] 刘振天.建构教育学自主知识体系的前提性省思[J].中国高等教育,2023(11)：43-46.

[5] 郭丹丹.教育强国建设的理论供给——中国教育学自主知识体系建构座谈会综述[J].教育研究,2023(05)：157-159.

[6] 陈洪捷,侯怀银,余清臣,谭维智,徐辉富,周川.中国教育学自主知识体系建设(笔会)[J].苏州大学学报(教育科学版),2023(03)：15-39.

[7] 荀渊.教育学的知识构建传统与路径重建[J].南京师大学报(社会科学版),2023(05)：34-44.

[8] 冯建军.新时代十年：中国特色社会主义教育学体系建设成效[J].苏州大学学报(教育科学版),2023(03)：1-14.

[9] 丁钢.在世界教育理论发展中建构基于自身实践的中国教育学[J].教育研究,2023(07)：16-18.

[10] 周仕德,刘翠青.论中国特色教育学知识体系的新时代构建[J].中国教育科学(中英文),2023(01)：16-27.

[11] 眭依凡,陈洪捷,赵婷婷,侯怀银.中国高等教育学自主知识体系的建构[J].高校教育管理,2023(04)：1-11.

[12] 李政涛,周颖.建设高质量教育体系与中国教育学的知识供给[J].教育研究,2022(02)：83-98.

[13] 袁振国.教育学的历史转向——关于教育学世界一流学科建设的思考[J].教育研究,2023(05)：4-15.

[14] 满莹,柳海民.中国式教育现代化视域下中国教育学自主知识的社会建构[J].教育科学研究,2023(12)：12-19.

[15][17][31][37][41] 张凤琴.世界著名教育思想家陈鹤琴[M].北京：北京师范大学出版社,2012：1,12,161,16,86.

[16][23][24][26][29][32][33][38][39][40][43][45] 陈虹.陈鹤琴与活教育[M].长春：东北师范大学出版社,2010：52-55,15,18,45,21,48,49,42,40,38,35,37.

[18][19][21][22][34][35][46] 柯小卫.陈鹤琴传[M].南京：江苏教育出版社,2008：66,99,96,123,355,358,230.

[20] 陈鹤琴.陈鹤琴教育思想读本：活教育[M].南京：南京师范大学出版社,2012：168.

[25] 陈秀云,陈一飞.陈鹤琴全集(第六卷)[M].南京：江苏教育出版社,2008：239.

[27][42] 王伦信.教育家陈鹤琴研究[M].济南：山东人民出版社,2016：235,229.

[28] 郭亮.从拓荒奠基到幼教之父：儿童教育家陈鹤琴[M].南京：南京师范大学出版社,2012：97-99.

[30] 黄书光.陈鹤琴与现代中国教育[M].上海：上海教育出版社,1998：174-175.

[36] 王凌皓.陈鹤琴教育名著导读[M].长春：吉林文史出版社,2016：54.

［44］［47］［49］陈秀云,陈一飞.陈鹤琴全集(第四卷)[M].南京:江苏教育出版社,2008:270,270,274.

［48］虞永平.中国幼教之父:陈鹤琴[M].南京:南京大学出版社,2019:3.

作者简介

蔡连玉　教育学博士,浙江师范大学教育学院教授、博士生导师,研究方向为教育基本理论

苏岩(通讯作者)　浙江师范大学教育学院2023级高等教育学专业博士生,研究方向为高等教育基本理论

电子邮件

876982532@qq.com

Chapter 6

试论中国教育的思维方式及其变革之途[*]

宗国庆　蔡群青

> **摘　要**：教育的文化本质以及教育与文化的相互关系，促进教育变革之途的文化转向。作为文化核心的思维方式，则是这场变革的关键所在。基于教育的文化本质及其与所在文化语境的相互作用，通过深至作为文化核心的思维方式及其流变来研究教育思维方式。运用历史视角，从源头探寻中国文化思维方式与中国教育思维方式的演变历程。最后指出，思维方式变革之途在于多元协调的教育主体自觉、现实型知识分子的教育研究者文化身份自觉、显性与隐性兼顾的教育内容自觉和相互适应的教学过程自觉、服务中国特色社会主义现代化建设所需的教育价值自觉等教育全要素自觉的协同推进。
>
> **关键词**：教育思维方式；诗性思维；实用理性思维；批判理性思维；教育文化自觉

教育与文化具有相互作用关系。一方面，教育受文化导引与制约，从教育起点到教育终点，从教育的物质载体、制度规范或到观念与风尚，[1]无不如此，教育是一种文化过程与文化活动；[2]另一方面，文化通过教育得以保存、传递、改造与创新。[3]作为文化的核心，[4]思维方式亦在与教育的相互作用中制约着教育，并又通过教育得以传递与更新。深入探讨文化的核心——思维方式，既是教育理论何以可能的前提，亦是教育共同体的教育认识何以可能的前提，更是当今教育变革的文化之途何以可能的前提。

---

[*] 本文系江苏省"十四五"教育科学规划重点课题"新中国小学科学教科书中科学本质表征变迁研究"的阶段性成果（项目编号：B/2023/01/06）；南京信息工程大学人才启动经费项目（项目编号：2023r050）资助。

一、中国文化思维方式：诗性思维方式与实用理性思维方式

文化思维方式源于文化群体的社会实践活动。在人类群体相当长的一段时期，诗性思维占据主导。诗性思维是原始人类在适应和改造自然的过程中，把想象的联系跟现实的联系（将远的与近的联系、接触的与未接触的联系、有生命的与无生命的联系）混同起来的一种错误联想，亦可称之为巫术思维，[5]具有非逻辑、隐喻性、以己度物等特点。[6]它的本质是一种关于人或物之间存在着超距离的交感作用的信念。它的原则之一就是相信心灵感应。[7]不管东方或西方，皆如此。由于部落的兴衰有赖于巫术仪式的履行，巫师就成为十分有地位的公务人员，而且很可能成为首领与国王（如商王即巫师）。[8]因此，当巫术性质由个人转为公众后，这种思维方式对社会群体的制约与束缚就更深了。一直到西周时期，中国文化思维方式均是诗性思维主导。可举"天人合一"一例加以说明。

"天人合一"作为中国文化的核心精神，其实现途径最早由巫师掌握。巫师或采用物理性联系（如树与山），或用动物牺牲（包括活体动物或青铜器物上的符号动物），或以仪式法器（如血、玉与青铜器）、饮食舞乐等工具达到贯通天地的目的。[9]汉字起源就与这种巫术活动密不可分，而巫师极有可能就是文字的主要创造者（用于记录占卜结果与其他仪式活动等）。[10]汉字的象形特征就是这一思维方式的最好例证。

至西周初期，为统治需求，周公将殷商以来的原始巫术祭祀仪式加以改造制作，予以系统化、规范化与扩展化，形成了一整套的早期奴隶制的习惯统治法规——"周礼"，包括典章、制度、规矩与仪节。[11]以血缘父家长制为基础的等级制度是其核心，分封、世袭、井田、宗法等则是其扩展，而以孔子为代表的儒家则是这套"礼仪"的专职保存者、维护者与监督者。

至春秋战国，礼崩乐坏，代表氏族部落贵族利益的"礼""德"面纱逐渐被公开维护新兴奴隶主阶级剥削的意识形态和政治理论的法家思想撕毁。在外在权威已丧失力量和作用的情况下，孔子将诗性思维产物下的

"周礼"奠基实用理性思维,形成了实用理性统摄下的以血缘、心理、人道、人格相互作用构成的有机整体的仁学理论体系。[12]实用理性的这种统摄作用可从理性与实用两个方面加以认识。

理性包括:对待传统和事物秉持冷静与现实合理而非神秘狂热的态度(冷静清醒的态度);用理性引导、满足与节制情感欲望,而非走向禁欲或纵欲式的放任自流(理性引导情欲);追求人道与人格的平衡,而非虚无主义与利己主义(人我和谐);不诉诸外在宗教的非理性权威,却仍然可以拯救世界与自我完成(不迷信鬼神)。实用则包括:不在理论上对难以解决的哲学难题进行思辨抽象与争论,而是考虑如何在现实中加以妥善处理;不追求神秘的来世拯救与灵魂不朽,而是把"拯救"与"不朽"都放在此生的世间功业文章中。重要的不是言论与思辨,而是行动本身。[13]

通过教育系统的传递与再生产功能,孔子建立的由实用理性思维方式主导的儒家体系,得以跨越时空,保持强大的统摄与同化力量,日益渗透至中国文化(哲学、历史、科学、制度、风俗与行为方式、物质器具等)的方方面面,终于成为中国文化强固的群体思维方式。这种思维方式既阻止了反理性主义的泛滥,也排除了思辨理性的发展,始终保持一种清醒冷静而又温情脉脉的中庸心理:不狂暴、不玄想、贵领悟、轻逻辑、重经验、好历史,以服务于现实生活,保持现有有机系统的和谐稳定为目标,注重人际,讲求关系,反对冒险,轻视创新……[14]

我们应如何认识上述诗性思维与实用理性两种思维方式?两者各有何种特征,又具何种关系?结合前文论述,我们尝试作些初步探讨。

两种思维方式均是相应文化群体依托一定知识与思想(如诗性思维的仪式背景与实用理性的"仁"学思想背景)的社会实践产物。诗性思维在转变为实用理性之前,通过教育等活动主导了中国文化相当漫长的时期,后为适应社会与文化环境的变化而被改造转变为实用理性思维,其后,实用理性思维亦经由教育等活动主导了中国文化发展,并一直影响至今。

我们认为诗性思维与实用理性思维不存在等级与进化关系,两者分属两种思维方式类型,彼此平行发展,各司不同文化职能,在互相补充、互相渗透、相辅相成的动态关系中形塑了中国传统文化思维结构,奠定了中国传统文化的思维方式基调。[15]

二、中国教育思维方式及其变革

1. 文化思维方式与教育思维方式的关系

教育思维方式与文化思维方式不仅如教育与文化那样存在相互作用的密切关系,而且这种相互作用关系的实现建立在两种思维方式的一致性与否之上,即两者具有相互作用的一致性或非一致性关系。

具体而言,一定文化群体(阶级、职业、性别、学派等)可以通过由相应教育思维方式统摄的教育活动(教育主体、教育研究、教育内容、教育过程与评价等),进行由相应文化思维方式统摄的文化传递与文化革新。文化传递或文化革新依相应文化群体而定,一般而言,文化统治群体多寻求两种思维方式的一致性,将教育视为文化传递的工具;文化革新群体多寻求两者的不一致性,而将教育视为文化变革的工具。由于文化群体的属性可随时间而变化,即文化革新群体取得文化话语权后,为维护、巩固与强化统治基础,必然转变为文化统治群体(如封建地主阶级取代奴隶主贵族阶级统治,资产阶级取代封建地主阶级统治)。

由于思维方式具有稳定性与变化性的双重特征,所以(时间上的)前文化群体的(教育)思维方式并不会因被(时间上的)后文化群体取代而立即消失,相反,在相当长的时期内,新的(教育)思维方式可能都会打上旧的(教育)思维方式的烙印,而使一定时期内的文化群体(教育)思维方式表现为一种杂糅面向,由主导思维方式与非主导思维方式构成。

2. 中国教育思维方式及其流变

其一,诗性教育思维方式。

前文已指出,为适应恶劣的自然环境和调解彼此的社会关系以保群体繁衍之目的,氏族社会形成了由诸多习俗、仪式与禁忌构成的巫术文化(如理论巫术与应用巫术等)。[16][17]在这种文化氛围中,人们浸染着一种诗性文化思维方式与诗性教育思维方式,具有非逻辑、隐喻性、以己度物等特征,其语言是诗意的,多使用诗歌、神话、寓言、隐喻、意象、神谕与名言隽句等语言进行思维表征。[18]原始氏族社会时期,人神关系是其文化空间中的最重要关系,部落的兴衰祸福均与神的意志息息相关,所以对神极为恭敬,祭祀作为取悦神灵的一种方式,必然庄严肃穆,表现为礼仪、音乐、舞蹈与诗歌的相互统一。

随着生产力的发展,私有制出现,私人巫术("家为巫史")逐渐转变为公共巫术("绝地天通"),巫师逐渐由统治阶级担任,政教开始合一,贵族与奴隶之别产生。作为文化传递工具的教育必然为氏族显贵所把持,教育思维方式必然被赋予祭祀神性,表现为培养贵族的神性教育目的,礼、乐、舞、诗、书的教育内容,祭祀与教育地点合一的教育场所(如明堂)等特征。[19]我们可举其中的诗歌为例,阐释祭祀与教育的关系。

祭祀活动的极端重要性使得其言说语境必然不能是平庸的日常话语,为了凸显其言说的神圣与庄严,诗歌也就获得一种能够体现神圣性的修辞方式,如句式的整齐、言辞的简洁凝练、用韵、意象、隐喻、神话等。文字产生后,由于当时书写条件与交流方式的困难,只有具重大意义的事件才会被记录,所以诗性言说一旦获得书写形式,便自然具有某种权威性与神圣性。神性使诗歌得以进入书写,而书写又强化了诗的神性,人神关系孕育了诗歌。《诗经》中的《颂》即为例证。[20]因此,《毛诗序》有云:"正得失,动天地,感鬼神,莫近于诗。"

具有神性的"告于神明"的诗性言说方式经过无数祭祀活动的反复使用,渐渐渗透与泛化至贵族阶层文化活动的其他层面,包括社会公共活动与政治外交领域,表现形式如讽谏、朝会、聘问等。[21]朝聘盟会上多有赋诗(并与礼乐结合),赋诗外交是春秋时代政治外交生活中的奇特景观,对此《汉书·艺文志》有言:"古者诸侯卿大夫交接邻国,以微言相感,当揖让之时,必称《诗》以喻其志,盖以别贤不肖而观盛衰焉。"由此观之,在与礼乐的紧密结合中,直到春秋晚期,诗歌均扮演着"政典"角色,发挥着"政教"功能。[22]直到孔子的出现,才将诗教由"政典之教"转变为"性情之学",[23]并与礼乐共同奠定了儒家六艺教育的雏形,而这一切均起源于氏族社会的祭祀活动。[24]

其二,实用理性教育思维方式。

西周以后,周公等一代大思想家出,神(天)的观念与诗性思维逐渐动摇而走向人,由"天人之际"走向"人人之际"[25]。有鉴于商人专重祭祀而轻视现实社会规则的确立所导致的恶果,周公一方面改造和整理了各种祭祀之礼,继续强化人神关系;另一方面又制定了日常生活规范之礼,规范周人社会生活的方方面面。[26]孔子表面上企图恢复周礼,实则对其进行了文化改造与文化重建。孔子将诗性思维产物的周礼作为实用理性思维的奠基,形成了实用理性统摄下的以血缘、心理、人道、人格相互作用构成的有机整体的仁学理论体系。他剔除了周公体系中带有的神性残余而继承和发扬了其中的"人人之际"的人性思想:人是世界的主人。这是一种发现,一种觉醒。发现了人,就要"成人""立人"。如何才能"成人"?孔子说:"若臧武仲之知,公绰之不欲,卞庄子之勇,冉求之艺,文之以礼乐,亦可以为成人矣。"(《论语·宪问》)有勇有艺,并"文以礼乐"的成人即为君子。其实现途径从何而来?孔子转向了教育。

前文已述及,诞生于祭祀活动的礼、乐、诗常常是一体的,共同服务于人神关系,孔子基于"成人"目的,分别对其进行了改造。礼乐的改造表现为孔子将原以血缘和祖宗传统为基础的周礼改造为奠基于"仁"的"心性"之学上,以人内在的普遍自觉的道德意识、心理与人格赋予周礼新的转向,建立新的精神支柱。孔子对诗同样进行了改造。他在保留诗歌"政典之教"的社会政治功能的同时(如讽谏、朝会、聘问等),将诗从礼乐中独立出来,所以他说:"不学《诗》,无以言。""诵《诗》三百,授之以政,不达;使于四方,不能专对;虽多,亦奚以为?"(《论语·子路》)"诗可以兴,可以观,可以群,可以怨。迩之事父,远之事君。"(《论语·阳货》)他又赋予其"性情之学"的修身教化功能——温柔敦厚。他说:"人而不为《周南》《召南》,其犹正墙面而立也与?"(《论语·阳货》)意思是说,一个人只有学习了《周南》《召南》，才会懂得修身齐家的道理，才会做人，否则就会寸步难行。他又说："《诗》三百，一言以蔽之，曰：思无邪。"（《论语·为政》）"思无邪"原是说鲁僖公养了很多肥壮的战马，这并不带有道德评价意味，但是却被理解为"无邪思"之义。[27]《礼记·经解》有云："孔子曰：人其国，其教可知也。其为人也，温柔敦厚，诗教也。"

诗、礼、乐构成孔门教育手段的完整体系，孔子兼顾三者的和谐统一，"兴于《诗》，立于礼，成于乐"（《论语·泰伯》）。礼教是核心，诗教与乐教是辅助，诗必须"止乎礼义"，乐必须"通伦理"。两者共同服务于礼。"子所雅言，诗书执礼，皆雅言也。"（《论语·述而》）

礼的作用是晓之以理，明白人天生就有差别，要安分守己，承认贵贱之分；诗乐的作用是动之以情：君臣上下、父子兄弟之间要亲密无间，犹如一体。文艺不是审美，而是灌输伦理道德的工具，正是以文艺，也就是美，作为净化人心的手段，才能达到合乎礼的要求。而后能立于礼，成于乐。乐是最高境界，因为它可以消除个人主观成见而达人际和谐的目的。是故《礼记·乐记》有云："乐在宗庙之中，君臣上下同听之，则莫不和敬；在族长乡里之中，长幼同听之，则莫不和顺；在闺门之中，父子兄弟同听之，则莫不和亲。"这样，对于社会差异，人们就不是被迫接受，而是诚心诚意地认同，不仅认为必须如此，而且认为理应如此。这种建立在心性内圣上的严格的礼制法度与温柔敦厚的诗乐教化相统一的政治策略，根本上乃是一种融合社会价值与个体价值、形式与内容、理智与情感的努力。[28]这正是实用理性教育思维方式的特征所在。这种双向融合在孟子与荀子那里得到分离，前者沿着孔子的个体修身路线，开启了尊德性之路，后者因循孔子的社会政治教化手段，则开启了道问学先河。[29]

由孔子确立的儒家实用理性教育思维方式经由政治、经济与教育等系统的协同传递，得以跨越时空，保持强大的统摄（道家教育与墨家教育一直处附属地位）与同化力量（书院的产生即为儒家同化佛教教育的结果），日益渗透至中国文化所有方面，成为中国传统文化的群体思维方式。儒家教育的这种稳固地位直到近代西方教育尤其是西方科学教育裹挟下的坚船利炮的轰鸣才发生动摇。

其三,批判理性教育思维方式。

上文述及,孔子继承和发扬了周公思想中人的主体性,使文化思维从"天人之际"的神性转为"人人之际"的人性,这也就是实用理性思维方式,它具有实用、现实、和谐、伦理、中庸与整体特征。这就使其在人与自然的关系上注重人伦多于自然,注重整体多于分析,注重融合多于对立,注重实用多于思辨。职此之故,源于道家与墨家的中国古代自然科学,因非中国传统文化主干的儒家文化产物,多不受重视,处于边缘与尴尬地位,这从儒家六艺教育并无自然科学与技术科目就可见一斑。与此相对,源于希伯来文化和希腊文化的西方自然科学自诞生后就一直是文化主流,在科学技术与教育的双重奏鸣中大步前进。东方的实用理性教育思维方式与西方的批判理性教育思维方式的博弈之幕,终于在中国近代拉开了。

鸦片战争中被西方坚船利炮打醒了的近代中国,唤起了一批知识分子的忧患意识和治国平天下的责任感,开始睁眼看世界,寻找救亡图存的强国之路。坚船利炮背后的西方近代科学技术及科学教育首先影响近代中国。

从洋务运动到新文化运动,近代中国的科学观念与科学教育之路一直受到儒家实用理性思维方式的影响,这是必然结果,只是这种影响随时间逐渐减弱,先后走过鸦片战争与洋务运动、维新运动和清末"新政"(1840—1911)的萌芽阶段、新文化语境下(1911—1927)的形成阶段。科学观从"器物科学观""方法论科学观"转变为"文化科学观";科学价值观从"中体西用"的经世致用之学转变为"国民性改造"的文化之学;教育对象从文化精英转变为普通大众(如梁漱溟的乡村建设、黄炎培的职业教育、陶行知的生活教育等);教育目的从文化保存与传递转变为科学普及,使民众远离迷信与社会生产生活更为科学;教育方法从以记诵和讲授为主走向注重理论联系实际的实验教学。[30]这种转变赓续至今,使得中国文化与中国教育思维方式呈现一种传统实用理性思维与西方批判理性思维的无意识杂糅特征。言其无意识,是因其并未被其文化思维主体自觉到;言其杂糅,是因两者仍未达到有机协调程度。

3. 中国教育思维方式变革之途

如果我们欲变革当前这种（教育）思维方式，就应该使其从"无意识地杂糅"转变为"有意识地协调"，达到一种文化思维与教育思维的文化自觉。[31]这种文化自觉是包括教育主体、教育研究者、教育内容与教学、教育价值的全要素自觉，亦是包含文化自知、文化自信与文化自为等的全过程的自觉。

首先，教育文化自觉在于多元协调的教育主体意识自觉。面对新的国际国内形势，党的十八届三中全会通过《中共中央关于全面深化改革若干重大问题的决定》，提出"国家治理"及"国家治理体系和治理能力现代化"的重大命题，对马克思主义的国家学说进行了重大发展。将文化主体从单一统治主体（即国家）拓展为多元一体治理主体（国家与社会），在统一领导下多方利益相关者共同协作、合作管理社会公共事务。具体就是在中国共产党的领导下，国家政权、人民团体、社会组织和公民共同对社会公共事务进行管理，以实现人民幸福安康，社会和谐稳定和国家长治久安。[32]

不同于西方自由主义国家学说主导下的国家与社会二元对立的"小国家—大社会"的教育文化主体，我国的教育文化主体应建构于国家与社会的互动、互塑与相互协调的二元合一关系，指向一种"强国家—强社会"的多元协调主体。[33]也就是，民族国家范畴下的政权国家同中华民族国家与公民社会范畴下的公民个体及其团体的多元一体协调。它既是我国文化历史传统的应然逻辑遵循，亦是马克思主义国家学说中国化的重要成果，[34]又是对西方国家与社会关系理论的重大突破与创新，更是全面走向国家治理体系和治理能力现代化的重要基石。

其次，教育文化自觉在于现实型知识分子的教育研究者文化身份自觉。与西方超越型知识分子形象不同，我国的文化传统与当代社会境遇指向一种建设性、辅助性、参与性、教化性与辩证性的现实型知识分子的教育研究者文化身份形象。他们不是文化"客位"的冷峻旁观者，亦不沉溺于彼岸玄虚、空疏与抽象的理念思辨去寻道，而是认为"教育之道"就存于此岸世间和日用教育事务中。[35]应自觉作为教育文化"主位"的介入者、参与者、传承者与革新者,积极将其所学经世致用于辅助当权者的此岸现实教育建设、改革与实践,在建立外在事功中成就自己、超越自己、升华自己。[36]它发扬、改造并成型于传统小农社会的士的精神气质内核与中国近现代革命与社会主义现代化建设,实现了从封建性到现代性的知识体系转变、从依附性到独立性的物质基础转变、从特权化到职业化的社会身份转变、从社会底层脱离到密切联系群众的政治路线转变、从实用理性到实践调查与理论指导相结合的辩证思维方式转变。[37]

再次是显性与隐性兼顾的教育内容自觉和相互适应的教学过程自觉。重构教育内容体系、课程体系与呈现方式,并在相互调适取向下不断改进。不仅应将这种文化内容自觉作为隐性课程体现于课程结构,更应通过显性内容将其以系统整合式(以本土文化自觉为主题与活动)、要素附加式(以本土文化自觉为知识、方法、素材与案例)、问题解决式(以本土文化自觉为问题)与精神渗透式(以本土文化自觉为价值引导)等多种方式贯穿教育内容选择与结构组织。在兼顾国家与社会文化多元主体合一下,统筹推进历史传统文化与社会主义现当代文化、人文社会类教育文化与自然科学类教育文化、西方文化与本土文化的协同文化治理。而秉持既非灌输亦非忠实取向的相互适应教学文化观念实现教学文化自觉,需要注重基于学生立场,通过丰富、鲜活的历史世界与生活世界的文化本体与文化实践与学生遭遇相关,以唤醒学生兴趣与认知冲突,从而实现学生的学术成功与文化自觉能力培育。

最后是服务于中国特色社会主义现代化建设需要的教育价值自觉。为满足当代中国特色社会主义现代化事业建设需要,必须打破我国教育文化研究领域普遍盛行的西方话语霸权,建立本土教育文化自觉。这既是国家的宏观体追求,亦符合作为现实型知识分子的教育研究者的微观个体价值追求。即使将其置于世界历史时空谱系中观照,亦可透视出教育满足国家建设需求的政治图景,并努力在文化传递与文化创新的张力中保持动态平衡。

三、结语

当前学界将我国教育思维方式或逻辑理路界定为一种"重综合思维，着力于整体与关系的认识；形成互通互化的关系思维，并进行关系范型推演；运用时势运转的思维方式，关注转化过程中条件变化和关节点"。[38]这种论断静态地看待中国教育思维方式，认为思维方式在历史某关键期形成后就鲜少变化。但实际上，教育思维方式一直是动态发展、多元共存的复杂图景。在实用理性思维方式之前，我国教育的思维方式是诗性思维，如今则呈现诗性、实用理性与批判理性共存的多样化图景。本文基于教育的文化本质及其与所在文化语境的相互作用，通过深至作为文化核心的思维方式及其流变研究教育思维方式。运用历史视角，从源头探寻中国文化思维方式与中国教育思维方式的演变历程，最后指出思维方式变革之途在于多元协调的教育主体自觉、现实型知识分子的教育研究者文化身份自觉、显性与隐性兼顾的教育内容自觉和相互适应的教学过程自觉、服务于中国特色社会主义现代化建设需要的教育价值自觉等教育全要素自觉的协同推进。在全球化与信息化的时代背景下，重提教育与文化的关系话题，具有更加鲜明且重要的时代特征与战略意义。思维方式作为文化的核心，应该成为研究的首要问题。本文作为一种初探性尝试，仅作抛砖引玉之用，不足之处，还望方家指正！

注释

[1] 刁培萼.教育文化学[M].南京：江苏教育出版社,2000：23,前言2.
[2] 邹进.现代德国文化教育学[M].太原：山西教育出版社,1992：69.
[3] 丁钢.文化的传递与嬗变：中国文化与教育[M].上海：上海教育出版社,1990：代前言2,2.
[4] 侯玉波.文化心理学视野中的思维方式[J].心理科学进展,2007,15(02)：211－216.
[5] 詹鄞鑫.巫术起源论评议[J].华东师范大学学报（哲学社会科学版）,2008(05)：103－112,118.
[6][18][意] 维柯.新科学[M].朱光潜,译.北京：商务印书馆,1989：171－256.
[7][8][英] 弗雷泽.金枝[M].徐育新,等译.北京：大众文艺出版社,1998：85－87,30.
[9] 张光直.中国青铜时代[M].北京：生活・读书・新知三联书店,2013：491－494.

[10] 张光直.美术、神话与祭祀[M].郭净,译.沈阳:辽宁教育出版社,2002:68.
[11][12][13][14] 李泽厚.中国古代思想史论[M].北京:人民出版社,1985:8-10,29,30-31,306.
[15] [法] 列维·施特劳斯.野性的思维[M].李幼蒸,译.北京:商务印书馆,1987:301-307.
[16] [英] A. R. 拉德克里夫·布朗.原始社会的结构与功能[M].丁国勇,译.北京:中国社会科学出版社,2009:159.
[17] 李浩吾.教育史ABC[M].北京:知识产权出版社,2017:9.
[19][24] 张瑞璠.中国教育史研究(先秦分卷)[M].上海:华东师范大学出版社,1991:5-9.
[20][21][26][27][28][29] 李春青.诗与意识形态:西周至两汉诗歌功能的演变与中国诗学观念的生成[M].北京:北京大学出版社,2005:63,6,71,73,179,222-223,224.
[22][23] 赵新.君子的世界——先秦儒家的诗教与欲望[M].长春:吉林大学出版社,2014:11-12,62.
[25] 杨向奎.宗周社会与礼乐文明[M].北京:人民出版社,1992:367.
[30] 刘旭东,吴银银.中国近代科学教育思想的回溯、反思与观照[J].自然辩证法通讯,2011,33(04):90-93.
[31] 费孝通.费孝通论文化与文化自觉[M].北京:群言出版社,2007:201-202.
[32] 方涛.从"国家统治"到"国家治理"——马克思主义国家学说中国化的历史演进[J].中共天津市委党校学报,2014(04):30-35.
[33] 黄宗智.重新思考"第三领域":中国古今国家与社会的二元合一[J].开放时代,2019(03):12-36+5.
[34] 胡大木.强国家—强社会:中国国家治理现代化的结构模式与实现路径[J].学习与实践,2020(02):18-24.
[35] 余英时.士与中国文化(第2版)[M].上海:上海人民出版社,2013:606-607.
[36] 李泽厚.中国古代思想史论[M].北京:生活·读书·新知三联书店,2017:263-264.
[37] 王龙洋.从"士"到知识分子:"士"的现代转型[J].广西社会科学,2013(03):97-103.
[38] 叶澜.中国哲学传统中的教育精神与智慧[J].教育研究,2018(06):4-7.

作者简介

宗国庆　教育学博士,南京信息工程大学教师教育学院讲师,主要从事科学教育、教育文化研究

蔡群青　教育学博士,浙江师范大学教师教育学院田家炳德育研究中心讲师,主要从事教育基本理论、教育文化研究

电子邮箱

003729@nuist.edu.cn

Chapter 7

中国教育学自主知识体系中的西方理论本土化路径思考

——以马丁·特罗高等教育发展阶段理论为例*

季玟希

摘 要：建构中国教育学自主知识体系是繁荣哲学社会科学的必然选择，梳理近代以来中国知识界文化建构路径发现，中西汇通、文明互鉴的"古今中外法"可作为中国教育学自主知识体系理论建构的重要路径之一。以马丁·特罗高等教育发展阶段理论为例，西方教育经典理论在英国、日本与中国的本土化实践运用中表现出适应性与限制性，可见西方教育经典理论绝非"万能药"，中国教育实践应以教育学自主知识理论为指导和行动指南。中国学者的研究进展间接表明，以"古今中外法"推动西方教育经典理论与中国传统文化历史、中国社会主义实践深入融合，是中国教育学自主知识体系理论建构的可行路径。

关键词：教育学；高等教育学；自主知识体系；马丁·特罗；理论建构

建构中国教育学自主知识体系符合国家顶层设计与教育学科发展的双重需要，厘清理论建构的路径和范式是关键所在。基于顶层设计，2016年5月，习近平总书记在哲学社会科学工作座谈会上表示，"一个没有繁荣的哲学社会科学的国家也不可能走在世界前列"，"我国哲学社会科学还处于有数量缺质量、有专家缺大师的状况"，[1]我国的社会科学发展与经济社会发展程度不相匹配。当前，教育学还未形成与中国式教育现代化实践相适应的知识体系，主要表现为理论建构滞后于教育实践探索，难

---

* 本文系国家社会科学基金研究阐释党的十九届四中全会精神重大项目"构建服务全民终身学习的教育体系研究"（项目编号：20ZDA070）的阶段性成果。

以满足教育治理体系与治理能力现代化的时代需求。基于学科发展角度,确保教育学能够从其特殊视角提供属于该学科的知识,是其能够成为一门独立学科的最重要学理基础。[2]但由于教育学科发展历史与人才培育实际需要等原因,教育学科知识体系庞杂且存在许多异质性逻辑,直接影响教育学自主知识体系的严密性与同一性。本文就中国教育学自主知识体系建构这一主题,在理论建构层面对教育学知识进行甄别,并结合马丁·特罗高等教育发展阶段理论本土化修订过程,探讨中国教育学自主知识体系建构中的西方理论本土化路径。

一、中国教育学自主知识体系理论建构的发展方向

建构中国教育学自主知识体系的重点是推动现代教育科学研究范式、国际教育学科前沿理论与中国本土情况融合。进入 21 世纪以来,虽然中国教育学自主知识体系建设不能彻底摆脱环境依赖,也缺乏具有普适性的理论体系,但已然在诸多方面取得长足进步。一方面,在以清华大学、北京大学为代表的世界一流大学崛起进程中,中国学者在国际教育界的参与度日益提高,在国际学术论坛和国际教育学主流期刊发表中愈加频繁地出现中国学者,包括一些研究成果能够充实并发展国际教育学理论;另一方面,中国教育学科知识界已明显朝着现代科学主义发生转向,教育学科的科学化程度日益提升,无论是研究方法的科学性还是研究视角的交叉性,都实现了飞跃式发展。在肯定进步的同时,仍须正视体系建设散乱等不足。在此将梳理中国近代以来知识界文化建构的路径选择,并详细分析我国教育学自主知识体系构建的核心要义,以期明晰中国教育学自主知识体系路径选择与发展方向。

1. 中国知识界文化建构的路径选择

历史的车轮回转到中国近代,西方近现代文化的传入让我国陷入前所未有的文化危机,彼时中国知识界面临文化重构,经过近现代思想碰

撞，逐渐探索出三条路径。

其一，全盘西化路径。自晚清以来，西方列强侵入中国，很多人认为中国文化存在问题，主张全盘引进外来文化，试图将东方文化连根拔起，批判甚至摧毁传统文化。[3]陈序经断言"我们的唯一办法，是全盘接受西化"，即"百分之百全盘西化"。[4]胡适也表示"完全赞同陈序经先生的全盘西化论"，并认为中国知识文化建构要"充分世界化""一心一意走上世界化的道路"。[5]

其二，中国本位路径。辜鸿铭学贯中西，"生在南洋，学在西洋，婚在东洋，仕在北洋"，却疯狂热爱中国传统文化，并直言"全盘西化"只是知其然而不知其所以然，中国知识界文化建构始终应以传统文化为根基。[6]梁漱溟也认为中国文化建构方向应是坚持儒学的路，始终保持中国文化的主体性和本位性。[7]

其三，中西融合路径。基于社会进化论与现代文明视角，超越激进与保守的二元对立思维，主张中西融合的文化体系路径。严复认为应大力摄取西方先进思想，改革中国传统文化中的宗法传统，以期实现中西融会贯通。[8]毛泽东认为"古今中外法"是中西融合最重要的路径，其要义在于"在中国自己的基础上，批判地吸收西洋有用的成分"。[9]

基于近代以来中国知识界文化建构发展进程，第三条路径更符合中国实际情况，也成为沿用至今的文化建构选择。习近平总书记明确提出中国应加快建构自主知识体系，并指出应"以中国为观照、以时代为观照"。这可以视为"古今中外法"的当代发展方向。总体而言，兼收并蓄的"古今中外法"同时兼顾历史传统与时代要求，应作为中国自主知识体系的重要路径。

2. 中国教育学自主知识体系构建的核心

中国人文社会科学类自主知识体系的核心是构建具有普遍性的知识体系，并以"古今中外法"为基本路径，创建具有广泛影响力的重要理论。其中，教育学科自然也不例外。中国教育学自主知识体系构建的核心由体系本身的普适价值与有广泛影响力的重大理论两部分组成。

一方面,我们现有的教育学知识体系正是在中西交融、整理国故的基础之上建立起来的,[10]而构建中国教育学自主知识体系的本质要求应是在保留已有知识体系的基础上,对已有理论进行更新或本土化发展,进而建立起一种新的教育学知识体系。但需要注意的是,中国教育学自主知识体系应具有普遍性质,不仅能解释中国教育问题,更应关注到对世界教育的解释力,不能仅仅适用于中国。若建构的教育学自主知识体系无法被其他国家认可或使用,那这种知识体系的有效性将大打折扣。

另一方面,中国教育学自主知识体系最重要的是要有自主理论体系,理论体系是用于观察教育环境、解释教育现象,进而帮助人们应对教育问题的一套成熟理论。当前,虽然关于教育学的研究迸发如泉涌,但回归到理论层面的系统性研究实则不多。中国教育学自主知识体系建构的关键在于能够提出具有重大价值的理论,这成为判断成功的最重要标准。当前教育学界广泛使用的重大理论包括马丁·特罗(Martin Trow)的高等教育发展阶段理论、伯顿·克拉克(Burton Clark)的三角协调模型、马斯洛(Abraham Maslow)需要层次理论、潘懋元的教育内外部关系规律等。整体而言,当前教育学重大理论以外来理论为多数。理论的提出往往需要建立在规模宏大的研究基础之上,需要对国内外教育发展实践有充分的了解,也需要研究者具有长期的教育研究与实践经验。教育学自主知识体系建构重在形成具有优势的教育理论,这也成为自主性的重要表现之一。

根据前文"古今中外法"文化建构路径,无论是人文社会科学还是教育学自主知识体系,理论的生长都主要源自历史发展经验、学科内部规律、借鉴国外经典理论的本土化升级,而经典理论的诞生往往综合采用多条路径。马克思主义中国化结合中国近代以来的历史轨迹,以中国具体国情为出发点,将马克思主义基本理论与中国实际相结合,形成马克思主义中国化的理论成果,进而形成毛泽东思想,不断创新发展出邓小平理论、"三个代表"重要思想、科学发展观、习近平新时代中国特色社会主义思想。自新中国成立以来，几代领导人坚持以马克思主义解决中国实际问题，将外来经典理论注入中国特色新活力，不断实现马克思主义中国化崭新飞跃。马克思主义中国化的成功实践体现出"古今中外法"在人文社会科学领域的重要价值。"集体行动理论"[11]"意境理论"[12]也是运用"古今中外法"的案例。本文基于中国教育学自主知识体系理论建构视角，以马丁·特罗高等教育发展阶段理论在中国的发展为例，进而展现国外经典理论本土化和建构教育学自主知识体系的具体路径。

二、马丁·特罗高等教育发展阶段理论的本土化发展阶段

建构中国教育学自主知识体系是一个宏大的命题，教育学科的理论体系构建具有区别于其他社会学科的特性。其中，马丁·特罗高等教育发展阶段理论及其在以英国为首的欧洲大陆、日本以及中国的本土化发展过程颇具典型性和代表性，可以从侧面反映出国外理论的本土化结构演绎。

1. 高等教育发展阶段理论 1.0：基于美国史实的高等教育精英化、大众化与普及化

马丁·特罗高等教育发展阶段理论是典型的学术舶来品。1973年6月，美国社会学家马丁·特罗教授在"中等后教育的未来结构研讨会"上发表《从精英向大众高等教育转变中的问题》，基于美国高等教育的发展史实，正式提出高等教育发展阶段理论，以高等教育毛入学率15%以下、15%—50%之间、50%以上为划分依据，将高等教育发展阶段分为精英阶段、大众阶段和普及阶段，并从规模、功能、观念等11个维度论述三个阶段从量变到质变的全过程。[13]此观点一经提出便受到国际学界的高度重视，不仅我国高等教育发展路径分析基本沿用此理论与分析方法，西方教育论坛以及国际教育组织均受此理论影响，尤其是西方学者与政府在制

定本国的高等教育发展政策时,几乎都会引用此理论关于大众化的思想框架,并在此框架之上做到更新与完善。1974年联合国教科文组织出版的《统计年鉴》中增加高等教育毛入学率作为一项重要的统计项目。由此可见,高等教育发展阶段理论不仅成为美国高等教育重要发展阶段的标志性理论,同时在统计意义上具有一定的适当性,在统计数字的衡量下实现世界范围内的高等教育发展。但是,高等教育发展阶段理论是百分百适合所有国家的高等教育发展规律吗?所有国家都可直接采用此理论来衡量高等教育发展阶段吗?答案实则不然,甚至可以认为此理论在一定程度上忽略了高等教育发展的国别差异内涵。随后学界逐渐发现此理论的局限性,并以英国、日本等国的高等教育实际发展情况为例加以辨析。

2. 高等教育发展阶段理论2.0:基于英国、日本高等教育发展规律对理论的修正

高等教育发展阶段理论在解释英国、日本高等教育发展进程中体现出理论与现实发展的不适切性,体现出此理论在一定程度上忽略高等教育发展的国别差异,具体表现在两方面:一方面,此理论中关于高等教育发展阶段的划分标准主要源于对已有事实展开的逻辑推断,由于缺乏大规模的实证分析调研,本身便带有一定的局限性。而三阶段的划分逻辑需要满足一个基本前提,即认同高等教育发展是从小到大的一条平缓上升的曲线,然而这与英国、日本为例的高等教育发展情况不相符。另一方面,精英化、大众化、普及化的相关概念从案例中抽象形成特征,并加以理想化处理最终形成。例如,精英化阶段主要以德国高等教育发展为模式,大众化阶段主要以美国高等教育发展为模式,而关于高等教育发展进程的分析集中反映美国的经济情况与社会文化。可以认为,高等教育发展阶段理论的提出有着极强的现实基础,本质上属于美国的高等教育发展路径,在解释英国为主的西欧国家和日本的高等教育发展进程中具有不适应之处,因此该理论已作两次修正与补充。

其一,高等教育发展阶段理论在欧洲的修正。

1963年,英国政府发布《罗宾斯报告》(Robbins Report),明确英国高等教育发展要走向大众化,并提出在高等教育发展规模上要实现1980年将高等教育毛入学率提升至17%的发展计划,[14]因此该报告为英国高等教育快速向大众化阶段发展的一个里程碑。英国政府推崇"双重制",设立全国学位授予委员会等,在拓宽高等教育发展体制上积极做出一系列改革,终于在1963—1972年间实现高等教育规模的翻倍增长。1973年马丁·特罗高等教育发展阶段理论正式提出时,英国高等教育毛入学率已超过15%,即已进入高等教育大众化阶段。若按照马丁·特罗的理论,英国的高等教育在进入大众化阶段后应呈现平稳的持续性增长,然而在实际中英国高等教育大众化发展速度不均衡,甚至在70—80年代出现了较长的波动期,直至90年代才又实现突飞猛进。波动期的主要成因在于,英国高等教育发展的全部费用几乎都是由政府承担,这与美国的高等教育发展模式大不相同。70年代的经济危机使英国政府倍感财力负担,因此削减高校办学经费,进而使英国高等教育发展在此阶段内呈现波动式缓慢发展。纵观英国高等教育整体发展,也呈现时快时慢的特征,并不是平滑的曲线,而是一条跳跃的曲线。

在高等教育发展阶段理论构建与英国现实发展的冲突之下,1978年马丁·特罗在瑞典召开的"过程与结构"高等教育研讨会上发表《精英与大众高等教育:美国的模式与欧洲的现实》,承认其理论的局限之处,说明对欧洲高等教育发展历程将按照美国式发展走向的预测是一个明显的错误,并修正其关于高等教育量变与质变的统一性观点。英国的高等教育发展没有走美国道路是在多重原因下形成的,包括社会制度、高等教育观念、文化习俗等。正如德国哲学家莱布尼茨(Gottfried Wilhelm Leibniz)所说,"世界上没有两片完全相同的树叶",各国在高等教育发展进程中存在显著的国别差异,不仅在英国,在欧洲各国的高等教育发展进程中均呈现不同的发展特点,因此以美国模式推论上升为一个普世性结论,稍显偏颇。

其二，高等教育发展阶段理论在日本的修正。

第二次世界大战后，日本政治制度从君主立宪制转变为责任内阁制，并积极探寻高等教育的办学模式、层次、学科结构等方面的变革路径，直接促进日本向高等教育大众化发展。1976年，喜多村和之、天野郁夫将照马丁·特罗高等教育发展阶段理论引介至日本。[15] 20世纪70年代日本高等教育毛入学率已达到15%以上，按照此理论划分标准，已正式进入高等教育大众化阶段。然而，日本学者在运用此理论考察日本高等教育发展实践时发现，此理论在应用于日本实际情况时存在局限性。第一，市川昭午教授认为，日本高等教育大众化规模的扩大必须呈现向研究生层次教育延伸的发展特征。在此基础上，1995年，市川昭午发表《大学大众化的构造》，并提出高等教育发展必然将从较低层次向较高层次延伸，进一步丰富补充了高等教育发展阶段理论的深层次内涵。第二，有本章教授认为日本高等教育发展在其政治、经济、社会、文化等因素的共同作用下，呈现出区别于高等教育发展阶段理论的特征，既不符合高等教育大众化阶段性的整体特征，又不同于高等教育普及化阶段的质变趋势。在此基础上，1997年，有本章发表《后大众时期学术机构改革的跨国研究》，并将日本高等教育发展的这一阶段定义为"后大众阶段"，并认为其处于大众阶段后期与终身学习阶段的初期。以上两种观点的提出，反映出马丁·特罗高等教育发展阶段理论与日本高等教育发展实践不完全适切，该理论对于高等教育如何从"精英化"过渡到"大众化"缺少解读，仅以美国作为特例的解释力显然不足，即该理论缺乏对高等教育发展阶段的连贯性解读和预测。[16]

1998年，马丁·特罗在日本召开的"日本高等教育研究学会"上发表《从大众高等教育走向普及》，对高等教育普及化阶段的内涵作新解说，认为数量上更多的学生进入不同高校学习属于旧普及高等教育概念，而新普及高等教育不在于人数多寡，而在于参与程度和参与质量，这一观点与打造终身学习社会相似。马丁·特罗高等教育发展阶段理论在新一次的补充发展中认识到对普及化高等教育阶段认知的局限与不足，高等教育发展的最终阶段应是向学习型社会迈进，不应再注重高等教育毛入学率，而应以参与广度和参与质量作为评价标准。

3. 高等教育发展阶段理论 3.0：中国对高等教育发展阶段理论的引入与矫正

早在 20 世纪 80 年代，中国学者已开始接触并使用马丁·特罗提出的高等教育大众化理论。[17] 90 年代后期，此理论经过系统诠释，广泛应用于中国高等教育界。无论是学术研究，还是我国高等教育改革与发展的相关文件，都可以看到该理论对中国高等教育政策制定与实践带来重要影响。在了解高等教育发展阶段理论在日本、英国及欧洲国家的不适用性后，马丁·特罗在 1999 年实地考察日本、英国及欧洲大陆部分国家后，在《从大众高等教育走向普及：美国的优势》一书中再次对理论进行修正。[18] 在此情况下不禁思考：该理论在中国的应用过程中是否也应作调试和修订？实际上，中国高等教育发展本身存在鲜明特色，加上该理论本身存在局限与不足，便在传播使用的过程中出现诸多不适应的情况。马丁·特罗高等教育发展阶段理论是基于特定历史背景的理论推测，没有经过统计工具的科学验证，认为高等教育发展是从量变到质变的一条平缓上升的曲线，根据此理论以高等教育毛入学率划分出"精英化、大众化、普及化"发展阶段，消弭了高等教育演进的国别多样化与系统差异性。我国高等教育发展路径兼具平缓式发展与跳跃式发展，甚至有时是相互交替进行的，并不是呈现出简单的从量变到质变的过程。

其一，中国高等教育发展路径在制度设计中的阶段性表现。

基于制度设计与实践中的指标变化两条逻辑脉络考察，我国高等教育发展路径在制度设计中有三个主要的阶段性表现：（1）新中国成立后，高等教育呈现出全盘向苏联学习的特征，制度实际上实现差异化收缩。尤其是 1952—1954 年院系大调整之后，我国高等学校中私立大学、教会大学、带有民国政治标志的大学纷纷消失，而业余大学、夜大的出现标志着高等教育受众群体的拓展,此时,高等教育发展阶段不能仅以马丁·特罗高等教育发展阶段理论中的精英阶段来简单概括,而同时带有大众化的阶段特征。(2)改革开放后,我国高等教育兼具美欧的发展特点,同时具有精英化、大众化、普及化的阶段特征。在这一时期,传统高校办学模式开始向美国学习,包括美国大众化院校办学模式,具体外在特征由苏式的"系—教研室"转向美式的"院—系"。这段时期学习型社会的影响也使高等教育发展带有普及化的成分。1977年,英国时任首相希斯(Edward Heath)向邓小平推荐英国开放大学的办学模式。在将英国经验与本土特征相结合之后,我国的高等教育发展道路主要呈现出普及化特征：1979年中央广播电视大学正式成立,并于2012年更名为国家开放大学;1981年实行高等教育自学考试,个人自学、社会助学、国家考试三位一体相互结合。从国家顶层设计、高校办学模式、办学实践经验三者来看,中国高等教育发展在改革开放后兼具精英化、大众化、普及化特征。可见,中国的高等教育发展道路不是在精英教育阶段通过简单的量变到质变实现高等教育大众化、普及化,而学习化社会、大众化教育、普及化教育早在改革开放初期便埋下根基。(3)当前我国高等教育为自主探索发展阶段,走中国特色社会主义高等教育发展道路,而高等教育普及化的顺利实现很大程度上得益于高校分类体系构建。从《关于"十三五"时期高等学校设置工作的意见》明确提出高等教育分为研究型、应用型、职业技能型三大类别,到《国家职业教育改革实施方案》将教育系统划分为职业教育与普通教育两大类,高校分类制度设计在我国高等教育发展中起到重要作用,是一项具有中国特色的重要制度设计。

其二,中国高等教育发展路径在指标方面的变化表现。

中国高等教育发展路径在实践中有三个显著的指标性变化表现：(1)20世纪90年代以来,我国高等学校数量和招生数量呈规模扩张趋势。尤其随着2002年《中华人民共和国民办教育促进法》的出台,以民办本科院校为主的民办学校在几年间开启大规模扩张。以马丁·特罗高等教育发展阶段理论为划分标准,此阶段我国高等教育便已正式进入大众化阶段，但此大众化带有极强的本土特征，不能与马丁·特罗的"大众化"理论简单画等号。本土特征集中体现在以社会需求为主导的职业性、高等教育体制的多样性，以及高等学校办学力量构成逐渐走向以社会力量为主。（2）21世纪之初，国家深刻认识到我国高等教育体制的多样性发展，相继出台规定高职、本科、民办高校（含独立学院）、公办高校等不同层次和不同类型高校设备管理的标准和要求，促进高等学校设置逐步实现由分层管理向分层分类管理转变，进一步推动实现我国高等教育体制的严谨性与规范性。随着2000年《高等职业学校设置标准（暂行）》与2016年修订的《中华人民共和国民办教育促进法》的出台，我国高等教育发展迎来指标性变化，并选择坚定不移走中国特色的高等教育大众化发展道路。（3）2020年12月，教育部高等教育司司长在教育部新闻发布会上明确表示，我国高等教育毛入学率已由2015年的40%提升至2019年的51.6%，按照马丁·特罗高等教育发展阶段理论的划分标准，我国高等教育正式进入普及化阶段，并以高等教育多样化、学习化、个性化、现代化为四个表现特征。但是，以中国高等教育发展进程对普及化的要求来看，我国高等教育发展遇到了瓶颈，即"身子进入普及化，脑子停留在大众化，习惯停留在精英化"。可见，现阶段我国的高等教育普及化仍是不全面的普及化，亟待实现高等教育的更高质量发展，培育更高质量人才。

总体而言，国别差异集中表现在高等教育发展路径的不同形态上。其中，美国高等教育的发展之路是从量变到质变的过程，整体呈现相对平滑的上升发展轨迹；欧洲大陆地区的英国、法国、德国的高等教育发展属于一种结构性布局与要素设计上的调试，整体呈现相对跳跃的发展轨迹；日本高等教育发展阶段从"后大众阶段"向学习型社会迈进，更多关注高等教育的参与广度和深度。中国高等教育的发展路径与美国的平滑式发展、欧洲的跳跃式发展和日本的延伸式发展均有不同。正如前文所述，我国高等教育发展兼具平滑与跳跃，甚至有时是交替进行的，不是简单的从量变到质变的过程，所以马丁·特罗的高等教育发展阶段理论一定程度上不适用于对我国高等教育发展进行总结或预判。国内已有不少学者认为此理论具有参考价值，但也存在现实问题，在结合中国实际的过程中进行了解读与重构。胡成功、张相乐认同马丁·特罗高等教育发展阶段理论在日本修订后的思想，即普及高等教育的关键不在"入学"而在"参与"，也赞同天野郁夫强调的普及高等教育中的"普及"意在"万人参与"，认为其颇具有建设学习型社会的意味，可统筹规划、协调推进我国高等教育大众化、普及化建设与建设学习型社会。[19] 黄福涛认为，马丁·特罗高等教育发展阶段理论对预测和解读高等教育发展数与质的关系作出了很大贡献，但这一理论带有明显的局限性，中国应明确高等教育普及化最终目的与影响因素是什么，在此理论基础上构建具有中国特色的理论学说，摸索中国高等教育普及化发展道路。[20] 邬大光、胡艳婷认为，马丁·特罗高等教育发展阶段理论存在理论局限，在运用于中国高等教育发展中也存在诸多"水土不服"，需要回归原点解析内涵并剖析不足，重构大众化理论的"中国图示"。[21]

三、高等教育发展阶段理论本土化对建构教育学自主知识体系的启示

虽然马丁·特罗高等教育发展阶段理论只是西方教育理论本土化的一个缩影，但由于此理论的多学科知识属性、广泛国际影响力，以及与中国本土的结合和探索，其本土化的过程也显示出教育学在积极推进西方理论本土化发展和建构中国教育学自主知识体系过程中可能遇到的问题，具有代表性和参照意义。

1. 西方理论对中国教育现实具有一定解释力，但也存在"水土不服"

虽然马丁·特罗高等教育发展阶段理论在各国本土化实践中表现出明显的局限性，但它着实引起重视高等教育发展规模与转型研究的浪潮，

以阶段性特征为主要切口对高等教育发展进行阶段性划分,此理论对包括中国在内的不少国家和地区的高等教育相关政策制定与出台、高等教育研究与结构调整、高等教育走向趋势预测等产生长久影响,可谓在理论层面与实践层面均具有划时代意义。事实上,很多经典理论探索人类共同性问题,在异质性情境下进行不断演化与修正,在中国也颇具解释力和参考价值。因此,构建中国教育学自主知识体系绝不能闭门造车,而应重视充分吸收国际教育学的优秀理论成果。

但西方教育学优秀理论在应用于我国时也会出现"水土不服"的现象,"水土不服"的根源在于理论的"不完善""不适应",绝非"不正确"。正如奥斯特罗姆(Elinor Ostrom)所言,经典理论不能被视为标准蓝图,更不是现实中的"万能药"。[22] 依据马丁·特罗高等教育发展阶段理论,当今我国高等教育已正式进入普及化的初级阶段,但入学率不能与质量画等号,我国高等教育仍面临许多现实问题。比如,高等教育公平性应进一步提高,正视高等教育层级趋势加剧现象;[23] 高等教育人才培养与社会需求不完全匹配,部分专业过度培育甚至出现"高学历、低就业"问题等。[24] 这便揭示了许多经典教育理论在中国实践中的普遍困境,尽管在粗线条的框架中具有解释力,但在对细节问题进行应用和预测时不尽如人意。因此,不可盲目迷信西方教育经典理论,构建中国教育学自主知识体系理论极具必要性和迫切性。中国本土学术研究可为教育经典理论的丰富和发展作出中国贡献,尽管兼备数量、质量、系统的"中国教育学派"尚未完全成型,但雏形已现。国内教育学研究者以中国国情与现实情况为出发点,在建构中国教育学自主知识体系的同时,也对国际教育学术研究作出贡献。

2. 注重将西方理论转化为中国教育学自主知识体系中的理论构成

对中国教育学自主知识体系理论建构的重要价值,学界已有普遍共识,但总体进展不尽如人意。以马丁·特罗高等教育发展阶段理论为例,国内教育学研究大多仍处于理论的本土化探索阶段，尚未有效上升为中国教育学自主知识。虽然两者在一定程度上具有一致性，但本质存在巨大差异，本土化探索是通过对理论的修正与调整，以期增强理论对我国实践的可解释性，它仍然依赖国际教育学的框架，属于从外向内的知识理论灌输。构建中国教育学知识体系则是在充分理解国际教育理论基础上，打破原有的框架限制，进而形成独立的知识体系，处于从内向外的知识理论生产。正因为国内学术研究还未形成独立的知识体系，理论仍然受困于国际研究的基本范式，使得许多西方教育经典理论无论怎样本土化，对中国教育实践的指导仍然十分受限。当前我国立足于新时代中国特色社会主义历史方位，加快建构中国特色哲学社会科学体系，尤其是加快中国教育学自主知识体系的理论构建已成为学界共识与时代命题。我国已有关于西方教育经典理论的本土化研究可为后续中国教育学自主知识体系理论建构奠定有利基础，以前文所述"古今中外法"为思路，未来可着重在以下两方面持续发力。

一方面，推动西方教育经典理论与中国传统文化历史实现高度融合。近代以来西方列强入侵中华，一时间我国政治、经济、文化体系崩盘，社会秩序一度混乱。1895 年，有识之士以救亡图存的爱国之心创立中国教育史上第一所新式大学，即北洋大学堂，正式拉开近代高等教育的序幕。相比于西方国家，我国真正意义上的高等教育起步较晚、底子较薄弱，并不是从量变到质变的平缓发展，而可谓在挫折中前进，在困境中发展。直至改革开放后，我国高等教育发展恢复秩序，更是在政府、高校和社会多方共同努力下，在 21 世纪初期，仅用 17 年时间便实现从高等教育大众化到普及化。我国高等教育发展虽然与西方国家高等教育发展阶段具有相似之处，但同时极具自身特殊性，急切需要扎根中国大地，解决中国问题，构建中国理论。

另一方面，推动西方教育经典理论与中国社会主义实践实现深度交融。很多西方教育经典理论和前沿理论带有明显的国别烙印，应用于中国实践时往往存在诸多不合理处，此时便应以我国实际情况为基础对理论进行拆解与重塑。以马丁·特罗高等教育发展阶段理论为例，暂且不论此理论的15%与50%的数字指标并没有经过严谨的科学统计论证,在欧洲、日本等国家实践中也证实理论的局限与不足,仅基于我国特殊国情,也不能轻易使用此指标对高等教育阶段进行简单划分。作为一个超级人口大国,我国拥有着远超美国的人口体量,而相同的数字指标下呈现出差异巨大的具体学生数量,这之间的巨大差距不能被数理计算忽略。正如马丁·特罗所言,15%和50%的数字指标是区分不同高等教育发展阶段变化形态而产生的主观认知,核心目的在于预测高等教育因数量变化而产生的各种转变。根据前文我国高等教育发展路径变化,高等教育发展在精英化阶段时存在大众化阶段特征,改革开放后的高等教育兼具精英化、大众化和普及化特征,当今高等教育也呈现出不完善的普及化基本特征。潘懋元、谢作栩持有相同看法,并认为基于"量"的指标来看,我国高等教育在尚未到达大众化阶段的时候,就已经具备大众化阶段甚至普及化阶段的部分"质"的特征。[25]结合中国社会主义具体实践情况,需要思考原有的数字指标是否应经过压缩或重新定义才能适用于中国,以毛入学率为高等教育阶段划分标准是否具有绝对意义,如何进一步发挥此理论对中国的预测价值。

总而言之,马丁·特罗高等教育发展阶段理论的实例为中国教育学自主知识体系的理论建构提供了有益参考,其理论路径应以"古今中外法"为根本遵循,其逻辑主线应以中国式教育现代化为基本国情,重点将提出问题、阐释理论、方法分析的知识生产全过程有机统一,梳理中国教育学的自身知识脉络、知识边界以及知识轮廓。在全面建设社会主义现代化强国的新时代,为中国教育学自主知识体系的秩序厘清与重塑提供现实契机,生成具有中国经验、解释中国成就的原创教育学理论,是回应时代呼唤的必然选择。因此,立足新的历史方位,中国教育学自主知识体系的理论建构不单单是教育学科研究直面西方理论中心的积极尝试,更是紧密围绕我国需求,发展教育学术新形态的伟大事业,有利于拓展中国教育学研究知识边界,为教育促进社会经济发展提供理论基础与持续动能。

注释

[1] 习近平.在哲学社会科学工作座谈会上的讲话(2016年5月17日)[M].北京：人民出版社,2016：2.

[2] 项贤明.教育学知识及其辨治[J].教育研究,2021(02)：45-55.

[3] 钱玄同.复林语堂[J].语丝,1925(23).

[4] 陈序经.中国文化的出路[M].北京：中国人民大学出版社,2005：81.

[5] 胡适.充分世界化与全盘西化[M]//胡适作品精选.秦立夏,周罡,选编.武汉：长江文艺出版社,2005：541.

[6] 辜鸿铭.辜鸿铭讲论[M].天津：天津社会科学院出版社,2014：2-5.

[7] 梁漱溟.梁漱溟全集(第四卷)[M].济南：山东人民出版社,1991：72.

[8] 严复.论世变之亟[M]//王拭.严复集(第一册).北京：中华书局,1986：3.

[9] 毛泽东.毛泽东文集(第七卷)[M].北京：人民出版社,1999：83.

[10] 陈洪捷.建构高等教育学自主知识体系需要明确的三个问题[J].中国高等教育,2023(07)：3-4.

[11] 王亚华,王睿.建构中国自主知识体系的理论认识和路径思考——以集体行动理论为例[J].上海交通大学学报(哲学社会科学版),2023(08)：7-20+60.

[12] 罗钢.意境说是德国美学的中国变体[J].南京大学学报(哲学·人文科学·社会科学),2011(05)：38-58.

[13] Martin Trow. Problems in the Transition from Elite to Mass Higher Education[Z]. Paris：OECD, 1973.

[14] Lord Robbins. The University in the Modern World[M]. Toronto：Macmillan Company of Canada Limited, 1966：138-157.

[15] マーチン・トロウ.高学歴社会の大学―エリートからマスへ[M].天野郁夫,喜多村和之,訳.東京：東京大学出版社,1976：87-91.

[16] 天野郁夫,陈武元,黄梅英.日本高等教育的大众化与特罗"理论"[J].高等教育研究,2001(06)：6-15.

[17] 滕大春.谈谈美国战后高等教育大众化的问题[J].外国教育,1981(05)：15.

[18] Trow, M. From mass higher education to universal access：The American advantage[J]. Minerva, 1999(04)：303-328.

[19] 胡成功,张相乐.从"普及高等教育"到"学习化社会"——马丁·特罗高等教育发展思想探析[J].高等教育研究,2015(09)：1-11.

[20] 黄福涛.马丁·特罗高等教育发展阶段理论的检视与反思[J].高等教育研究,2022(03)：33-42.

[21] 邬大光,胡艳婷.解构与重构：对马丁·特罗大众化理论的再认识[J].复旦教育论坛,2023(03)：5-30.

[22] Elinor Ostrom, Marco A. Janssen, John M, Anderies. "Going beyond Panaceas"[J]. Proceedings of the National Academy of Sciences, 2007(39)：15176-15178.

[23] 李春玲.教育不平等的年代变化趋势(1940—2010)对城乡教育机会不平等的再考察[J].社会学研究,2014(02)：65-89.

[24] 李春玲.80后大学毕业生就业状况及影响因素分析——基于6所985高校毕业生的调

查[J].江苏社会科学,2012(03):45-53.

[25] 潘懋元,谢作栩.试论从精英到大众高等教育的"过渡阶段"[J].高等教育研究,2001(02):1-6.

作者简介

季玟希　湖南大学公共管理学院助理教授,主要研究方向为教育政策、高等教育基本理论

电子邮箱

1539433556@qq.com

Part3
学科视角

Chapter 8

中国教育管理学知识体系的基本特征与建构路径

苏君阳

摘　要：加强教育管理学自主知识体系建设对于推进我国教育管理学知识创新，提升教育管理学在全球话语体系中的地位，保障和促进我国教育事业高质量发展具有重要意义。教育管理学知识包括思想性知识、制度性知识与实践性知识三种形态。中国教育管理学知识体系的特征主要表现在三个方面：以中国教育管理学话语为主导，服务和满足中国教育改革与发展需求，批判性吸收国外教育管理学知识成果。推进中国教育管理学知识体系建构主要有队伍建设、科学研究与管理保障三重路径。

关键词：中国教育管理学；知识体系；基本特征；建构路径

2016年5月，习近平总书记主持召开哲学社会科学工作座谈会并发表重要讲话，提出要"着力构建中国特色哲学社会科学"，构建具有中国特色、中国风格、中国气派的学科体系、学术体系、话语体系，其核心要旨是"用中国理论解决中国问题"。2022年4月习近平总书记在中国人民大学考察时强调，加快构建中国特色哲学社会科学，归根结底是建构中国自主的知识体系。

教育管理学是一门社会科学，具有科学的一般属性，同时也具有社会的属性。因此，教育管理学知识体系既具有在科学意义上形成的不论哪个国家的教育管理学都具有的相同属性，也有区别于其他国家与社会的在回应和解决本土实践问题过程中形成的特殊性。当前我国已进入中国特色社会主义新时代，建构具有中国气派与风格的教育管理学知识体系，对于保障和促进教育事业高质量发展具有非常重要的意义与价值。

一、教育管理学知识的基本形态

不同类别学科知识体系的内容构成是不同的。自然科学知识体系主要由原理、公式、命题、论证、实验(工程)技术、研究方法等知识内容组成。人文社会科学知识体系主要由思想(原理、理论、主张)、制度、实践等方面的知识内容组成。概括起来,社会科学的知识主要有三种形态:思想性知识、制度性知识与实践性知识。教育管理学虽具有人文学科属性,但其本质上属于社会科学,因此同样有思想性、制度性与实践性三种知识形态。

1. 思想性知识

思想性知识是教育管理学知识体系的核心内容,很多制度性知识和实践性知识都是根据思想性知识生成的。教育管理学思想性知识形态的存在与形成,主要与教育管理学科的性质和功能定位有关。从学科性质来分析,教育管理学是一门实践性与应用性很强的学科,因此教育管理学知识生产的目的不仅仅是解释教育管理现象与问题,更重要的是使得生产的知识能够应用于实践,解决实践中面临与存在的问题。正如马克思所言:"哲学家们只是用不同的方式解释世界,问题在于改变世界。"[1]教育管理学研究的问题包括两种类型:(1)实然性问题——教育管理世界的真实性与实际情况是什么样的问题;(2)应然性问题——应建构什么样的教育管理世界,即理想的教育管理世界是什么样的问题。

人的行为包括理性行为与非理性行为两种类型。教育管理行为是人的理性行为,而不是非理性行为。理性行为皆是在一定的正确思想与观念指导下形成的。所谓思想与观念,就是人们之于某一事物和活动形成的看法与主张。教育管理学中的思想性知识内容主要是在回答教育管理世界应然问题过程中形成的。思想性知识内容是在教育管理目的驱动下形成的,这类知识生产的目的是为教育管理实践行为与活动的开展提供科学的、合理的依据与导引,改造教育管理世界中不合理的现实秩序,使其能够达到至善至美的理想境地。思想性知识内容既有指向于长远未来的,也有指向于当下现实的,两者皆是在应然世界中建构和形成的。其中,指向未来长远的教育管理思想性知识内容常常伴有一定的理想主义色彩,一些知识由于忽视了现实的可行性,因此用其指导很难解决教育管理实践中的当下问题。指向当下现实的教育管理思想性知识内容,其在形成过程中不仅需要考虑必要性问题,还必须考虑现实可行性。一般情况下,能够解决实践问题的指向当下现实的教育管理思想性知识内容皆具有三个方面的特性——科学性、必要性与可行性。

教育管理学思想性知识内容本身也存在着诸多的表现形态。从其回应问题的性质来分析,可以将教育管理学思想性知识内容分为原理性知识与理论性知识两种形态。前者主要是对教育管理实践领域中的基本问题进行回答时形成的认识主张。后者则主要是在对教育管理学中基本问题以及教育管理实践中的非基本问题进行回答时形成的认识主张。从知识内容显隐程度来分析,可以将思想性知识内容分为内隐性与外显性两种形式。内隐性思想知识内容是不能被明确表达出来的,通常只存在于个体的意识观念中,但其对个体的行动却有着重要影响。外显性思想能够被明确表达出来,而且不仅仅存在于个体的意识观念之中,而且也会存在于群体、族群甚至整个社会的意识观念之中。

教育管理学思想性知识内容不仅可能会影响到教育管理的制度安排,而且也可能直接会对组织管理和个体实践行动发挥它的作用与影响。教育管理学思想性知识既具有经世致用的,也有些仅为当世所用的。因此,很多教育管理学思想皆具有鲜明的时代性特征。我国目前已进入中国特色社会主义新时代,习近平新时代中国特色社会主义思想是人文社会科学自主知识体系建构的根本性指导思想,教育管理学自主知识体系的建构应该以这一思想为核心,凸显教育管理学知识的中国属性。教育管理学思想性知识对一国的教育管理制度安排以及教育管理实践活动的开展皆具有非常重要的指导意义与价值。

2. 制度性知识

制度性知识是教育管理学非常重要的一种知识形态。在任何一个组织中开展的管理活动都需要有一定的制度基础与依据。因此,教育管理学研究的一项重要任务与使命就是生产出能够保障人们过上美好教育生活的知识,进而有效地保障和促进教育质量的不断提升。目前,在教育管理学领域中对于制度性知识的研究已经形成两门相对独立的学科——教育政策学与教育法学。客观而言,这两门学科皆是为了满足能够生产出更有价值的教育管理制度知识而产生和形成的。制度是规范性知识的主要形态,法律法规与行政规章皆属于制度形态范畴。制度性知识不仅是教育管理学一种重要的知识形态,同时也是教育管理学思想性知识产生的一种重要基础。

制度性知识是教育管理学在回答教育管理行为应该怎么办的问题,即应然世界中的问题而形成的。大凡在一个群体或组织内部皆会有制度的存在。同思想性知识一样,制度同样也是人类理性认识的产物。制度的形成不仅是完成一个群体或组织秩序建构和发展目标的需要,也是解决群体或组织内部冲突以及实现人类社会某一意志的需要。教育制度性知识同样也是如此。教育制度是通过让人们的行为形成某种统一性从而实现教育理想与意志所作出的规范性安排。因此,任何一种教育制度设计都是有其目的与动机的,绝大多数教育制度设计的目的与动机都是善的。但是,在教育管理实践中并不具有善的动机的教育制度就一定能够对实践或现实产生积极的、良好的影响,因为很多行为结果往往都是在多重因素交互作用影响下而产生的。在实践过程中如果对某个因素控制不力,都可能会在某个环节上出现问题,进而导致教育制度的失败。思想性知识在形成过程中可以超越或突破时空的限制与影响,而制度性知识则是基于一定的时空条件而形成的。在制度设计过程中,不论是哪一种要求,只有切合了时空因素特征后才能够有效地发挥它的作用与影响。时空是制度设计重要的背景因素,任何一种制度在设计过程中都不能不考虑时空因素的影响,因此教育制度性知识具有很强的时空性与境遇性特征。

制度性知识有别于思想性知识的主要特征不是时空性与境遇性,而是规范性。规范性是教育制度性知识的本质性特征,其同时也是区别思想性知识的重要标志。因此,教育管理制度的生成不仅存在着科学性要求,而且也存在着很强的规范性要求。在教育管理学中,存在着多种多样的制度性知识。从制度颁布主体的不同,制度性知识可以划分为法律制度性知识、法规制度性知识、规章制度性知识以及其他规范制度性知识。从制度实施与遵守的方式来分析,制度性知识包括正式制度性知识与非正式制度性知识。从制度与当下现实之间的关系来分析,制度性知识分为现实制度性知识与历史制度性知识。从制度规范与约束力来分析,制度性知识可以分为刚性制度性知识与柔性制度性知识。不论是哪种制度性知识在教育管理实践以及研究中皆具有重要的存在意义与价值。

教育管理学中的制度研究目的主要有:(1)总结、概括和提炼教育制度的有关理论;(2)进一步完善和改进现行的制度。教育管理学诸多叙事与话语体系皆直接或间接地与制度性知识之间有着不同的关联。

3. 实践性知识

"管理活动根本上是为了让人类的生产造物等活动与行为更加有序和有效。"[2]教育管理学研究的最终目的不是生产教育管理理论知识与制度知识,而是改造教育管理实践,提升教育管理质量,更好地保障和促进教育事业的发展。因此,教育管理学自主知识体系的建构,应该基于或立足于教育改革与发展的实践需求,以生成能够解决教育事业发展进程中存在和面临的实践问题的知识。教育管理学知识体系除了包括理论性知识、制度性知识以外,还包括实践性知识。实践性知识是与思想性知识、制度性知识相区分的在实践活动中以自组织状态而存在的一类知识。

在教育管理世界中存在的知识大部分都属于实践性知识,但能纳入教育管理学知识体系中的实践性知识是少之又少的。因为能够被纳入教育管理学中的知识,都是那些最有价值的、能够被系统化的知识。教育管理学实践性知识大多都不具有系统性,是属于碎片化的,其需要进一步概括、归纳、总结后才可能被纳入教育管理学知识体系之中,而且一些实践性知识在经过概括、归纳与总结以后,就可能会发生知识形态的转化,即由实践性知识形态转化成为理论性知识形态与制度性知识形态。此外,很多教育管理实践性知识皆是以内隐状态而存在的,很难被明确地表达出来,这也是教育管理学实践性知识难以被纳入教育管理学知识体系另一重要缘由。

教育管理学实践性知识主要有两种类型:一种是物质世界中的实践性知识;另一种是精神世界中的实践性知识。物质世界中教育实践性知识不具有能动性,而精神世界中教育管理学实践性知识则是具有能动性的。物质世界中教育管理学实践性知识会受到主观世界中教育管理学实践性知识的影响,从而会产生新的教育管理学实践性知识。物质世界中教育管理学实践性知识是精神世界中教育管理学实践性知识形成与建构的基础,而精神世界中教育管理学实践性知识形成以后,对物质世界中教育管理学实践性知识又产生了一定的反作用。物质世界中的教育管理学实践性知识在受到精神世界中教育管理学实践性知识反作用后,既可能生成新的物质世界中教育管理学实践性知识,也可能形成精神世界中新的教育管理学实践性知识。此外,在这个过程中还可能会生成教育管理学理论性知识与教育管理学制度性知识。

教育实践性知识是导致各国之间教育管理学知识体系差异的根本缘由,因为教育管理学另外两种知识形态——思想性知识、制度性知识,多是在教育管理实践知识基础之上而形成的。因此,各国之间教育管理学知识体系的差异从根本上来说是由教育管理学实践性知识的差异决定的。教育管理学实践性知识具有情境性、具体性、碎片化、动态性等特点。因此,教育管理学实践性知识的差异不仅存在于国与国之间,而且也存在于一国之内的不同区域之间。教育管理活动有宏观、中观与微观之分,相应的教育管理学实践性知识也存在着宏观、中观与微观之别。一般情况下,教育管理活动愈微观,那么其知识形态之间存在的差异也就愈大。

二、中国教育管理学知识体系的基本特征

清末以前,教育管理在我国并不是历朝历代一项独立的行政职能,它是隶属于朝廷内务行政的一种职能。[3]尽管当时我国已自主建立起诸如视学、官学、私学、科举考试等学校与教育管理制度,但由于教育管理职能不具有独立性,教育管理研究并未得到重视,也没有很好地开展,其知识形态多为经验化、制度化的,难以形成完整的知识体系。清末以后,教育管理逐渐从一般行政中独立出来,并由此开启了教育管理学知识体系建设的步伐。我国教育管理学知识体系建设初期,主要是介绍国外教育管理学知识,建构适合那个时代教育改革与发展需求的制度性知识。因此,初期阶段在我国教育管理学知识体系中,不论是思想性知识(包括对国外思想性知识的介绍)还是实践性知识,都不是很丰富,有的甚至处于空白状态。后来,随着教育管理职能独立性的增强以及对教育管理实践研究重视程度的提升,实践性知识体系逐渐形成,但理论性知识体系仍然比较薄弱,自主的理论性知识体系更为如此。党的十八大以来,习近平总书记强调传承和弘扬中华优秀传统文化,建构中国自主知识体系,因此建构中国教育管理学自主知识体系成为教育管理学术研究的重要使命。建构中国教育管理学自主知识体系既要能够与其他国家教育管理学知识体系进行对话与交流,更要扎根中国本土教育管理实践,打造和形成自身的教育管理学话语体系。

1. 以中国教育管理学话语体系为主导

任何一个学科都有其自身的话语体系。概念与术语是构建一门学科话语体系的重要前提与基础。"知识体系的历史起点不是学科,而是一系列概念、名词、公式、范畴、理论、方法、范式。"[4]在一门学科的概念与术语中,既存在一些全世界都通用的概念与术语,也存在一个国家特有的概念与术语。因此,话语体系不仅存在学科间的差异,也存在国家、社会间的

差异，尤其是人文社会科学。我国教育管理有着几千年的历史，形成了一套独特的概念与话语体系，诸如书院、视学、学规、学堂、私塾、司业、训导、教谕、学政、进士、举人等。这些概念与话语体系对于我国教育管理学思想性、制度性与实践性知识的研究与发展起到的作用是毋庸置疑的。到了近代，由于受西方价值观念和我国新学改革的影响，很多的概念与术语现只是存在于教科书中，并未在实践中得到很好的传承与发展。

不同国家教育管理学话语体系的差异，不仅体现为各国专有的概念与术语的差异，也体现为概念与术语所表达的思想、制度与实践等方面的差异。教育管理学发展过程在一定意义上说，就是一个新的概念与术语体系不断生成的过程。马克思说："一门科学提出的每一种新见解，都包含着这门科学的术语的革命"[5] 目前，随着教育管理学思想性、制度性以与实践性知识不断地演进和发展，教育管理学已由一门独立的学科逐渐发展成为一个比较庞大的学科体系，如教育领导学、教育政策学、教育法学、教育督导学、教育财政学、教育政治学，等等。不论是哪一学科，其基本概念、术语以及基本原理等都不会在国与国之间产生太大差异，否则，这门学科就可能会失去它的科学性基础，难以将其称为科学。但是，一门学科所包含的理论、制度与实践则可能会在国与国之间产生程度不同的差异。中国教育管理学应主要由中国教育管理学思想性知识、中国教育管理学实践性知识与中国教育管理学制度性知识组成。中国教育管理学思想性知识与国外的不同主要体现在理论性知识方面，而不是体现在原理性知识方面。中国的教育管理学实践性知识与制度性知识应是基于我国国家治理与社会发展需求形成的，因此其必然也与世界上其他国家之间存在的差异而有所不同。中国的教育管理理论从根本上说是基于中国教育管理实践形成的，但是在这个过程中可能也会受到国外教育管理理论的影响。狭义上，中国教育管理理论不仅是基于中国教育管理实践形成的，而且也是由中国的学者提出和创生的具有中国文化、实践基因的体系。因此，中国学者研究国外教育管理实践问题而创生的理论以及国外学者研究中国教育管理实践问题创生的理论，严格意义上讲都不能称之为中国教育管理理论。

中国教育管理学应该是以中国教育管理学话语体系为主导的,为此,就必须改变在先前教育管理学知识体系建构中存在的一些问题,诸如过多地介绍和阐释国外教育管理理论,机械地运用国外教育管理理论来解释和解决中国教育管理实践与问题,忽视对我国本土教育管理实践经验的概括与总结,等等。其他国家教育管理学知识在中国教育管理学知识体系中只是必要的补充,是中国教育管理学知识体系建构之用,而不是之体。

2. 服务和满足中国教育改革与发展需求

任何一门学科知识的生成都有它的目的。教育管理学作为一门实践性、应用性很强的学科,其知识生成的目的主要有三个方面:第一,使得已有的科学知识与经验能够得到很好传承;第二,满足教育管理专业人才培养的需求;第三,满足和服务本土教育管理改革与实践发展的需求。因此,中国教育管理学知识体系的建构应该是以服务中国教育事业发展、解决中国教育改革与实践中存在的问题为使命,通过不断进行自主建构和创新逐渐形成与完善的。"一切划时代的体系的真正的内容都是由于产生这些体系的那个时期的需要而形成起来的。"[6]因此,不论是在国与国之间以及一国之内的不同时期,教育管理学知识体系皆可能存在着不同程度的差异。而导致这种差异的形成主要与各国的教育管理学知识体系的建构服务和满足本国的教育改革与发展需求有关。

教育改革与发展是同一个国家、社会的政治、经济与文化等整体发展战略需求密切相关的。当前,我国已经进入中国特色社会主义新时代,正在向第二个百年奋斗目标迈进。《中国教育现代化2035》中清晰地描述和规划了未来十几年我国教育改革与发展的宏伟目标与行动路线,到2035年总体实现教育现代化,迈入教育强国行列,推动我国成为学习大国、人力资源强国和人才强国,为到本世纪中叶建成富强民主文明和谐美丽的社会主义现代化强国奠定坚实基础。党的二十大报告明确指出,深入实施科教兴国战略、人才强国战略、创新驱动发展战略。坚持教育优先发展……坚持科技自立自强……坚持人才引领驱动……加快建设教育强国、科技强国、人才强国,坚持为党育人、为国育才,全面提高人才自主培养质量,着力造就拔尖创新人才,聚天下英才而用之。党的二十大报告与《中国教育现代化2035》对教育管理学知识生产提出了一系列要求。今后我国教育管理学自主知识体系的建构,一方面需要总结我国优秀的教育管理经验与历史传统,另一方面更需要积极回应我国当前与未来我国教育改革与发展的实践需求。中国教育改革是在中国共产党的领导之下的,这是我国与其他国家教育领导体制的不同所在。我国教育管理学知识体系的建构,一方面需要遵循科学知识生产的逻辑要求,另一方面也需要充分地考虑我国政治、行政、管理改革与发展的实践需求。

在教育管理学自主知识体系建构过程中,服务和满足我国教育改革与发展需求的知识主要包括三个方面:(1)教育发展战略与教育政策知识。教育发展战略知识内容不仅包括科教兴国战略、教育优先发展战略、教育强国战略,而且也包括人才强国战略、创新驱动发展战略等知识内容。教育政策知识内容包括各级各类教育政策知识内容。(2)教育改革与教育政策执行知识。其内容主要包括落实全面贯彻立德树人根本任务、实现教育高质量发展、建构高质量教育体系、推进教育治理体系与治理能力现代化、深化中高考制度改革以及教育评价改革等方面的知识。(3)学校办学质量与效能提升知识。其内容主要包括办学质量标准与评价、学校内部治理现代化、学校领导效能的提升、学校管理改进、教师专业化发展水平提升,等等。上述每一方面知识内容都会涉及思想性、实践性和制度性三类知识内容。

中国教育管理学自主知识体系建构不能脱离我国本土教育改革与发展的实践需求。不同时期我国教育改革与发展的实践需求是不同的,教育管理学自主知识体系建构面临的任务也是不同的。一国教育管理学自主知识体系建构只有能够服务和满足本国教育改革与发展实践需求,才能够拥有更加强大的生命力与发展活力,才能更好地发挥其在人才培养以及促进教育事业发展中的作用与价值。

3. 批判性吸收国外教育管理学理论与价值观念

任何事物都不是孤立存在的，皆与其他事物存在千丝万缕的联系。事物之间的联系有的属于自然性联系，有的属于社会性联系。同类事物之间的自然联系基本是相同的，否则就难以成为同类。社会性联系通过人的主观建构形成，因此不仅会因建构物的不同而不同，也会因时空的不同而不同。教育管理学知识体系内部存在的联系既有自然性的，也有社会性的。社会性联系有的纯粹属于主观建构的，有的则是在自然性联系基础上形成的。教育管理学知识体系中的自然性联系不会存在国家与社会的区别，而社会性联系则会因国家、社会以及时代的不同而不同。善于发现教育管理学知识体系中的自然性联系，是我国教育管理学者的重要使命，同时也是提升我国教育管理学国际地位的重要途径。积极发现和建构教育管理学知识体系中的社会性联系是我国教育管理学者的根本使命，同时也是中国教育管理学区别于其他国家教育管理学的重要标识。

中国教育管理学自主知识体系建构，不论是自然性联系知识的建构还是社会性联系知识的建构，皆不能忽视对国外教育管理学知识精华的借鉴与吸收。国外积累了丰富的教育管理学知识，尤其是具有自然性联系的知识，皆是人类社会共同的财富，这些知识不论在哪个国家都有其实践应用价值。一些具有社会性联系的知识，虽然在我国教育管理实践中不具有应用价值，但可能对理论研究和实践具有一定的启发的意义与价值。在推进教育管理学自主知识体系建构的过程中，首先要克服"国外的月亮是圆的"这种思维方式与认识偏见。其次要对国外教育管理学知识生产取得的成果给予应有的尊重，并予以批判性吸收与借鉴。批判地吸收和借鉴国外教育管理学知识精华，既是完善和创新教育管理学自主知识体系的需要，也是提升教育管理专业人才培养质量以及更好地解决教育改革与发展面临的实践问题的需要。在我国的国家与社会治理历史上，在中国的传统文化基因中一直存在着融合、共生的价值理念，这是中华文明能够延续至今并在历史上能够取得辉煌灿烂的成就的重要根由之一。批判性借鉴和吸收国外教育管理学研究成果知识，不仅是构建中国教育管理学知识体系的需要，其在我国文化土壤中也具有较强的文化适应性传统。

改革开放以来，我国在政治、经济、文化以及科学技术等领域取得了突飞猛进的发展，不能不说与对西方先进的科学技术、文化的学习和引入有一定关系。人类社会在发展过程中存在着一些共同的原则与价值追求，违背这些原则与价值追求，不论哪个国家、哪个社会都很难解决发展上的问题。教育管理学知识体系虽然存在诸多的国别与地域差异，但它之所以能够成为一门学科，必然存在一些超越国别、地域局限的共同原理、规律与规则。这些共同的原理、规律与规则，一方面需要我们能够进行原创性的发现与构建，另一方面也需要对各国已取得的成果加以批判地吸收和借鉴，以更好地服务于保障和促进本国教育事业发展的需要。因此，在推进教育管理学自主知识体系建构的过程中，对于国外教育管理学知识既不能有拿来主义的思想，也不能搞学术封闭，这都不利于教育管理学知识体系的建构与发展，也不利于促进我国教育事业的发展。此外，在推进中国教育管理学自主知识体系建构的过程中，需要减少和摆脱对发达国家教育管理知识体系的依赖，并在全球教育管理学知识体系构建中贡献中国的智慧与经验。

三、中国教育管理学知识体系建构的基本路径

随着全球化时代的到来，跨国学术交流与对话活动的日趋频繁，国外已形成的成熟的教育管理学知识体系必然会对我国教育管理学知识体系建构产生无法回避的影响。因此，如果对外国教育管理学知识体系不能采取批判性的继承，就很容易导致我国建构的教育管理学知识体系自主性的弱化。教育管理学自主知识体系尽管主要是以研究人员为主体建构起来的，但是相关部门及其管理人员对教育管理学自主知识体系建构也具有非常重要的影响。教育管理学自主知识体系建构主要有双重路径：一种是外在性的管理保障路径；另一种是内在性的生产路径。因此，在教育管理学自主知识体系建构过程中，首先需要建立一支高水平具有创新精神的教育管理研究队伍，以保障其能够创造性地开展教育管理科学研究活

动。此外,也需要建立有利于促进教育管理学知识生产与创新的平台和制度体系,以为我国教育管理学自主知识体系顺利建成提供可靠的保障。

1. 队伍建设路径

教育管理学自主知识体系建构得如何,关键是取决于教育管理专业研究人才队伍的建设水平,因此知识体系的建构首先需要做好专业研究人才队伍建设工作。教育管理专业研究人才队伍包括三类人员:Ⅰ类人员——以从事教育管理研究为主要职责的人员;Ⅱ类人员——承担教育管理研究与教育管理人才培养双重职责的人员;Ⅲ类人员——主要从事教育领导与管理实践工作的兼做教育管理研究的人员。在教育管理学知识体系建设中,Ⅲ类人员最多,Ⅱ类次之,Ⅰ类最少。Ⅰ类人员主要关注的是教育政策研究,Ⅱ类人员偏重于教育管理理论研究,其同时也关注教育实践与教育政策研究。Ⅲ类人员主要关注的是教育管理实践研究。Ⅰ类与Ⅱ类人员是教育管理学自主知识体系建构的主体,但Ⅲ类人员在教育管理学自主知识体系建设过程中发挥的作用也不可忽视。Ⅰ类、Ⅱ类、Ⅲ类人员在教育管理学自主知识体系建设过程中各有优势,但也都存在着一定的局限。其中,对教育管理学自主知识体系建构起主导作用的是Ⅱ类人员。Ⅱ类人员不仅是一定时期教育管理学知识生产的中坚力量,而且也是教育管理专业人才培养的重要主体。未来教育管理学知识体系建设水平,主要是由教育管理专业人才培养状况决定的。

为了提升教育管理学自主知识体系建设水平,今后需要采取以下四个方面的举措:(1)扩大Ⅰ类与Ⅱ类人员队伍的规模,为中国教育管理学自主知识体系建构提供较为充分的研究人才保障。Ⅱ类人员队伍规模扩大会受到教育管理专业毕业生就业市场需求影响,因此其规模扩张会存在着很大的限度。目前,Ⅰ类研究人员队伍规模扩张有较大的空间。在Ⅰ类研究人员队伍规模扩张过程中,一方面应该重视和加强国家层面的教育管理(政策)研究机构建设,适当地扩大这类研究人员队伍的规模;另一方面还应积极推进服务地方政府教育决策制定需求的地方教育管理

(政策)研究机构的设立与建设工作。(2)提升Ⅲ类人员的研究素养与研究成果的科学化水平。Ⅲ类人员的研究成果常常带有经验主义与实用主义特征,其研究成果的系统性以及专业性都有待提升。将项目管理以及行动研究理念引入管理实践中,对于提升Ⅲ类人员的研究素养以及专业化水平具有非常重要的意义与价值。(3)建立多重机制积极推进Ⅰ类、Ⅱ类、Ⅲ类人员之间的对话、交流与合作,弥补各类人员在教育管理学自主知识体系建构中存在的不足与局限。(4)注重对教育管理专业人才知识生产能力的培养。为提升教育管理专业人才知识生成能力,今后在人才培养过程中应该注重提升所培养人才以下四个方面的水平:(1)教育管理专业知识掌握水平;(2)科学研究方法论素养与方法技能水平;(3)批判创新思维与能力水平;(4)知识渊博水平与通识能力水平。这四个方面的能力培养到一种什么样的水平,对未来教育管理学知识体系建设水平将会产生决定性的影响。

此外,还应重视和加强对教育管理人员家国情怀的培养,提升从事教育管理研究人员的国家、民族认同水平,使其能够更好地为国家、民族与社会发展贡献自己的智慧与力量。为此,今后在教育管理专业人才培养过程中,就需要加强中国传统文化、中国教育管理历史、中国教育管理哲学以及中国教育管理改革实践等课程开设。开设这些课程,让所培养的人才能够对我们国家、民族与文化有深刻的了解,以此促进他们对国家、民族以及社会认同水平的提升,使其能够坚定地致力于研究中国教育改革与发展问题,创新中国教育管理学理论,更好地服务于我国教育改革与教育事业发展的需求。

2. 科学研究路径

科研路径是我国教育管理学自主知识体系的建构一条非常重要的路径,没有教育管理科研工作的开展,就不会有教育管理学知识体系的建构与形成,更难以有自主知识体系的建构与形成。教育管理学自主知识体系的建构在本质上是一种知识生产过程,是一个在已有知识体系基础上进行科学性、合理性审视,并根据时代发展需要不断地对知识进行再生产与创新的过程。

在科学研究过程中,首先需要摆脱和放弃封闭性知识生产观念,这样才能够更好地发挥科学研究的价值与功能。知识体系建构与发展的过程,不仅是一个对知识进行自主生产与创新过程,而且也是一个打破一些文化上的隔阂与偏见,推进人类社会的认识不断进步与发展的过程。因此,在自主知识体系建构过程中,其自主含义包括两个方面:回应本土实践自主发展的需求;能够持续地进行自主创新与发展。"自主知识体系的创建意味着改变因循他人、模仿他人、依赖他人的知识生产和文化创新的模式,而代之以基于主体性突破基础上的自我创新并求得更大的知识生产和文化创造之跃进。"[7]此外,在教育管理学自主知识体系建构过程中,还需合理地、适当地吸收和借鉴国外教育管理学知识精华。"中国自主的知识体系不是封闭起来闭门造车、自我欣赏,而是要吸收人类文明的一切优秀成果,以开放的胸怀接纳世界各国的先进知识、思想和文明精华。"[8]

教育管理学自主知识体系建设任务主要不是在于传播教育管理学知识,而是发现和探明教育管理的基本原理与规律,总结和概括各国的教育管理经验,并在认识论、价值论基础上去建构知识之间内在联系的过程。推进我国教育管理学自主知识体系的建构,一方面需要在整个世界教育管理学知识体系建构中彰显和贡献我国学者的智慧与力量,另一方面需要充分发挥教育管理学知识在我国人才培养以及指导实践问题解决的作用与功能,推进教育管理事业的不断发展。这里需要强调的是教育活动本身具有一定的意识形态性质,因此不论哪一种类型的教育管理知识在传播与生产过程中皆有可能会产生意识形态的渗透与植入。为此,今后在借鉴和吸收国外教育管理知识精华的过程中,应需充分考虑意识形态的差异以及本土文化的适应性与可行性。否则,不论国外的教育管理制度与实践经验有多么先进,其被引入后都很难对教育事业发展产生积极的影响,有的甚至还会产生消极的反作用。

建构中国教育管理学知识体系需要充分发挥科研组织、科研人员的作用,并大力提升科研组织与科研人员学术创新能力与水平。科研组织与人员学术创新能力与水平的提升,一方面与科研人员接受的学术训练有关,另一方面也与一个国家、社会以及单位组织内部的科研氛围有密切联系。科研人员接受的学术训练直接决定着科研人员的学术素养水平,科研人员的学术素养水平直接决定着教育管理学知识生产与创新水平。科研人员的学术素养包括很多方面,其重要的不可或缺的学术素养主要有三个方面:科研热情、科研责任以及科研创新精神。科研氛围主要是由国家、社会与单位内部对待科研人员以及科研工作的态度决定的。良好的科研氛围具有宽松性、激励性与创新性三个方面的特征。在推进教育管理学知识体系建构过程中,需要大力提升科研人员的素养水平,创造良好的科研组织氛围。

此外,推进教育管理学自主知识体系建构需充分借鉴其他学科研究成果,在学科交叉与实践创新领域中,不断地推进教育管理学知识体系的研究与发展。不论是教育问题,还是管理问题的解决,皆需要综合运用到各门学科的知识,因此,推进学科的交叉与融合,不仅是实现教育管理学自主知识体系建设的需要,而且也是解决教育问题以及教育领域中管理问题的需要。

3. 管理保障路径

知识生产是建立在个体能动性基础之上的,教育管理学的知识生产过程实际上是教育管理研究者个体能动性发挥的过程。个体的能动性有的是基于个体的动机、兴趣、偏好产生的一种自觉性,而有的则可能是通过政府、高等学校、研究机构等外在约束与激励产生的一种行为驱动性。此外,由于很多教育管理学知识的生产仅仅依靠个体的劳动是难以实现的,其往往需通过知识生产者之间共同合作才能够得以完成。因此,在推进教育管理学知识体系建设过程中,就需要充分地发挥组织管理的保障与促进作用。

其一,要建立相对完善的教育管理研究组织网络。教育管理研究组织主要有两种类型:Ⅰ类组织——主要设置在高等学校内部,其兼顾人才培养与科学研究双重职能,但以人才培养职能为主。高等学校内部设置的教育管理学院（系）即属于此类组织。Ⅱ类组织——这类组织有的被设置在高等学校内部，有的独立于高等学校进行设置，但不论前者还是后者皆以开展科学研究为主，人才培养职能为辅。Ⅰ类组织应该以生产教育管理学思想知识为主，教育管理制度与实践知识为辅。Ⅱ类组织应该以生产制度性知识与实践性知识为主，思想性知识生产为辅。今后，一方面需要做好教育管理学科学位点的布局，提升Ⅰ类组织的建设水平；另一方面需要积极开展Ⅱ类组织建设，并根据工作需要在各级政府层面设立服务于决策咨询的研究机构。

其二，要给予教育管理学自主知识体系建设充足的财力支持。建立中国教育管理学自主知识体系，除了需要相对完善的研究组织网络保障，还需要有充足的教育管理研究经费的投入作保障。否则，教育管理学自主知识体系建设是难以取得预期成效的。先前教育管理研究经费投入中存在两方面的问题：经费投入的总体水平不高与经费投入的比例结构不合理。后者主要表现为用于教育决策、教育政策研究的经费投入比例较高，而用于教育管理理论研究的经费投入比例较少。因此，在教育管理学术研究领域中便出现了重政策与管理实践研究，而忽视理论研究，尤其是基础理论研究的现象。今后，在推进教育管理自主知识体系建设过程中，一方面需要加大经费投入总体水平，另一方面需要建立合理的经费投入比例结构，适当地扩大教育管理基础理论研究经费的投入比例。

其三，要建立有利于教育管理研究人员进行自主知识生产与创新的科研成果评价制度。目前，在我国的科研成果评价制度中存在着学科本位与单位本位两种取向，其既不利于跨学科、跨单位间合作研究的开展，更不利于实现教育管理学知识生产的创新。教育管理学是一门交叉性、综合性科学，其知识生产与创新需要不同学科之间、不同单位人员之间展开充分的交流与合作。今后，在推进教育管理学自主知识体系建设过程中，需要在科研成果评价制度中推进以下四个方面变革：第一，对不同类型的科研成果给予不同的评价。对于理论研究成果，应重在对其创新价值与实践解释力进行评价。对于实践与政策研究成果，应重在对其应用价值进行评价。第二,积极鼓励开展跨学科与跨单位研究,建立对通讯作者以及其他序位作者贡献在单位科研考核与绩效评估、奖励中给予合理承认制度。第三,建立科学的同行评价制度。影响因子高的研究成果未必就是学术研究创新质量高的成果,对科研成果质量的评价不能单纯地以期刊或论文的影响因子为标准,而应将其与外单位同行评价结合起来。第四,强化聘期考核制度,取消年度科研评价考核制度。年度科研考核评价不符合科研成果产出的规律要求,研究人员可以进行年度科研工作中述职,但不宜作合格与否的评价,更不应作等级性评价。

注释

[1] 苏联教育科学院.马克思恩格斯论教育(上卷)[M].华东师范大学《马克思恩格斯论教育》编译小组.北京:人民出版社,1985:97.

[2] 盛昭瀚.扎根中国实践是我国管理学研究的优良品格[J/OL].管理工程学报,2024(02):1-7.

[3] 程湘帆.中国教育行政[M].福州:福建教育出版社,2008:5.

[4] 冯果.论中国法学自主知识体系之概念体系的建构[J].武汉大学学报(哲学社会科学版),2023,76(06):101-111.

[5] 马克思.资本论(第1卷)[M].中共中央马克思恩格斯列宁斯大林著作编译局.北京:人民出版社,1975:34.

[6] 马克思恩格斯全集(第3卷)[M].中共中央马克思恩格斯列宁斯大林著作编译局.北京:人民出版社,1960:544.

[7][8] 朱承,沈湘平,王泽应.构建中国自主知识体系与建设中华民族现代文明笔谈[J].哲学分析,2023,14(05):170-184.

作者简介

苏君阳　教育学博士,北京师范大学教育学部教授、博士生导师。现任北京师范大学教育管理学院院长、北京师范大学教育督导研究中心主任、北京师范大学教育学部教育家书院副院长,兼任中国教育发展战略学会家校协同专业委员会理事长、中国教育学会教育督导分会副理事长

电子邮箱

sujunyang@bnu.edu.cn

Chapter 9

中国自主知识体系与新型举国体制高等教育*

苏 明

摘　要：中国高等教育自主知识体系根源于中国高等教育实践。我国高等教育的长期探索和巨大成就必然有一定的机制性解释，这些解释的集合构成中国高等教育自主知识体系，新型举国体制高等教育是中国高等教育自主知识体系的重要内容。新型举国体制高等教育是中国特色社会主义市场经济体制下高等教育发展的基本行动模式，强调马克思主义实践观下的高等教育内外部规律和政府对高等教育的领导和规划，有为政府、有效市场和高等教育规律协调统一，集中力量完成高等教育战略性发展目标。新型举国体制高等教育能够对国家整体发展产生积极影响，能够助力构建中国高等教育自主知识体系，促进高等教育高质量发展，推动实现关键核心技术科技攻坚，实现产业升级。

关键词：新型举国体制；高等教育规律；自主知识体系；市场；政府

一、引言

长期以来，我国高等教育学研究始终存在一种倾向：对国外高等教育的比较研究中重视其经验和理论，而相对地忽视其存在的问题；对国内高等教育的本土研究中重视其存在的问题，却相对忽视本土化经验和理论的总结提炼。我国哲学社会科学的学科类别、学术逻辑、话语表达、方法路径、概念体系等基本上都是西方的舶来品，一方面用中国的发展数据去验证西方理论的正确性，另一方面用西方理论来指导解决中国发展的问

---

* 本文系2023年度全国教育科学规划国家青年项目"新型举国体制高校科技攻坚的制度优化研究"（项目编号：CGA230335）的阶段性成果。

题。但是，任何高等教育理论的产生都具有独特的国家环境，如果只是机械地、教条地将理论搬运到其他国家，或多或少都会出现"水土不服"的问题。高等教育理论的本土化创新不是带有民族情绪或情结的口号，也不是向传统思想的回归，而是高等教育理论应对"水土不服"，更好地指导本土高等教育实践的必然要求和理性选择，也是向世界传递中国高等教育方案的必然路径。[1]

根本上来说，包括高等教育学在内的哲学社会科学具有不同于自然科学的特殊性，哲学社会科学的理论体系并不是一种能够超越国情、放诸四海而皆准的普遍原理，然而西方中心主义的哲学社会科学话语体系长期掌握现代化的话语权，将西方经验和理论神话，并形成了一元现代性的分析框架，不同文化下的现代化路径和经验被有意无意地忽略、排斥甚至批判，严重影响了后发国家的理论自信，对后发国家走符合自身国情的道路产生负面影响。越来越多的国家案例表明，多元现代性才是更符合历史事实的分析框架，伯顿·克拉克（Burton Clark）从美国、苏联、日本、法国等国家高等教育发展模式的比较中发现，不同国家政府、市场、学术对高等教育的影响程度并不相同，并没有一个统一的高等教育"西方模式"，各国的高等教育都具有很强的国家特色。

中国高等教育知识体系的自主性建立在我国高等教育道路自主性的基础上，新中国成立后，我国高等教育主要向苏联和美国学习，但是这种学习是基于我国国情进行有目的、有选择的学习，并不能否定我国高等发展的自主性。[2]我国高等教育虽然以苏联和美国为师，但是我国高等教育的大众化道路不同于苏联和美国。相比于苏联，我国高等教育大众化有更多市场力量的参与，而相比于美国，我国高等教育大众化具有更多政府主导的特征。事实上，中国共产党一直警惕本本主义和教条主义，毛泽东在《改造我们的学习》中强调一切从实际出发，坚持实事求是的原则，坚持马克思主义理论与实际相结合的基本原理，而不是"言必称希腊"，生吞活剥地谈外国，仅充当留声机的作用。

但是，由于种种原因，我国走出了中国特色的高等教育道路，却缺乏中国本土化的高等教育理论和概念,理论和实践出现了分离的现象。邬大光教授一直强调高等教育理论的本土化建设,他曾组织了一个课堂活动,把学生分为两组,A组学生写10个高等教育知识体系中源自西方的概念,B组学生写10个源自中国本土的概念,其结果是,A组学生很快就完成了任务,而B组学生仅有1个概念符合邬大光教授的要求,即"高等教育学",国外没有独立的高等教育学科,这是一个中国独有的概念。这个课堂活动的结果令人深思,起码从概念创新的视角,我国高等教育学的自主知识体系建设存在很大的不足。

任何自主知识体系都必须提炼出具有标识性的概念,否则,原创理论、自主知识体系构建只会成为空洞的口号。[3]在分析中国高等教育学自主知识体系时,难免会产生一个疑问:中国高等教育学自主知识体系中是否存在这样一个具有标识性概念?这个概念至少应该具有两方面特征:是一个源自中国的概念;是对中国高等教育发展实践经验和机制的高度凝练,能够有效回答如何实现高等教育现代化的问题。

党的二十大报告中的教育部分特别强调了新型举国体制,笔者认为"新型举国体制"会是一个非常适合作为我国高等教育现代化发展道路的标识性概念。虽然它并不是高等教育学专有的概念,但是能够较好地反映我国高等教育发展的特色机制,能够较好地解释我国作为后发国家何以在极其落后的基础上迅速取得高等教育普及化和科技攻坚等成就,甚至能在一定程度上解释我国高等教育一些机制性问题的成因。赵婷婷等同样认为,新时期的举国体制是中国特色高等教育道路的重要特征,只是在这方面我国高等教育学知识体系的构建存在滞后性。[4]新型举国体制高等教育的内涵分析是中国高等教育学自主知识体系构建的重要内容。

二、概念缘起与领域迁移

新型举国体制高等教育是一个跨学科概念借用和移植而形成的词汇组合,举国体制与新型举国体制的概念都最早源自体育领域,是对体育后发赶超现象的机制或制度解释而形成的高度概括性词汇，概念指向的不是物而是某种特定机制的成功实践。由于举国体制与新型举国体制具有很强的机制普遍性和学科穿透力，举国体制与新型举国体制的概念逐渐被运用在科学学、管理学、政治学等其他学科之中，也开始受到高等教育学界的关注，而且举国体制与新型举国体制的研究重心也逐渐从体育学向其他学科转移。作为学科移植而来的概念，要理解新型举国体制高等教育，需要通过跨学科的历史追溯探究举国体制与新型举国体制的概念缘起和实践变迁。

1. 举国体制的概念缘起

举国体制是一个源自中国的概念。1982年新德里亚运会中国体育代表团夺取61枚金牌，首次超越日本成为亚运会金牌最多的国家。当时中国改革开放才刚刚起步，而日本是世界经济第二强国，中国何以在综合国力存在巨大差距的情况下获得金牌数量的优势，成为世界关注的议题。民间将此归结为中国体育体制的优越性，并将这种体制称为举国体制。"举国体制"一词开始传播开来。同年，国家体委在经验总结中指出："在我国体育纳入国家计划，能够运用社会主义制度的优越性，实行集中统一的领导，调动各个地方和各个方面的积极性，按比例、有重点地分配财力、物力，就能够在经济比较落后的情况下，使体育上得更快一些。"[5]这也被视为对举国体制最早的权威解释，举国体制的核心就是国家计划和政府领导。两年之后的洛杉矶奥运会，新中国第一次参加奥运会就夺得15枚金牌并且位列世界奖牌榜的第四位，这使民族士气受到很大鼓舞，"举国体制"几乎成为耳熟能详的词语。2000年中国体育代表团在悉尼奥运会上取得历史性突破，以28枚金牌的成绩排在世界奖牌榜的第三位，时任国家主席江泽民在接见中国体育代表团时明确指出，美国体育靠经济实力，俄罗斯体育靠原来的基础，中国体育的成功靠的是举国体制。[6]虽然汉城奥运会的失利以及向市场经济过渡引发了诸多对计划性体育举国体制的批评，但是举国体制作为一种后发赶超的制度经验受到国家最高领导人的认可,"举国体制"一词终于成为官方和学术用语,对举国体制的学术研究开始大量出现。关于体育举国体制的争议也尘埃落定,取而代之的是如何进一步完善举国体制的问题。

2. 新型举国体制的概念缘起

"新型举国体制"同样是源自我国的一个概念。传统体育举国体制受到诸多质疑,一方面,体育举国体制以金牌为唯一目标,在竞技领域消耗大量政府财政,却无法发挥促进全民健身的作用,违背了体育发展的初衷;另一方面,体育举国体制的底层逻辑仍然是计划经济的逻辑,在市场经济的新阶段,体育举国体制显然需要进行制度改进。面对这一状况,如何完善体育举国体制成为各界关注的议题。事实上,在20世纪90年代初,由于体育经费不足和体育部门管办矛盾突出,我国开始探索体育体制改革,要建立与社会主义市场经济相适应的体育体制,但还没有提出新型举国体制的概念,也没有表述新型举国体制的内涵,只是指出了方向。

2001年国家体育总局对举国体制的内涵和未来发展进行总结,认为:"举国体制的实质就是发挥社会主义集中力量办大事的优越性,利用我国土地辽阔、人口众多的特点,把丰富的体育资源挖掘出来、充分利用起来,通过竞争和协同,提高我国竞技体育的综合实力,现阶段依然要充分发挥举国体制的优势,在实践中不断总结经验,并认真研究在社会主义市场经济中如何全面、正确地实施。"[7]虽然其中并没有提新型举国体制的概念,但指出了新型举国体制的基本特征。一方面,新型举国体制并不是对举国体制的全盘否定,也存在对举国体制的优势继承;另一方面,新型举国体制不是一种人为设计好的制度,而是一种探索性、实践性的制度,是举国体制在中国特色社会主义市场经济下的制度进化,这也符合我国制度发展"摸石头过河"的总体思路。2001年鲍明晓将新型举国体制明确为一个学术性的概念,认为新型举国体制就是社会主义市场经济条件下的举国体制,是相对于传统举国体制和西方国家社会自治型体育体制的一个比较概念,保留传统举国体制的长处并吸收市场体制的优势,既发挥政府的主导作用，又不排斥社会和市场的作用，实现政府机制和市场机制的有机融合。[8]新型举国体制与举国体制的概念不同，虽然"举国体制"一词是由中国人创造且针对中国现象提出的概念，可是举国体制并不是一个我国特色的制度，它与苏联的体育体制并没有本质上的不同。而新型举国体制是具有中国特色的概念，是社会主义与市场经济融合的结果。

3. 新型举国体制在高等教育的领域迁移

无论是举国体制还是新型举国体制，其概念都源出体育领域，初期也主要应用于体育领域。但是从领域比较来看，体育与国家和政府的关系并不特殊，每个领域都坚持党的统一领导，如果体育是举国体制，那么教育、科技、医疗同样是举国体制。因此，举国体制的相关研究和概念运用逐渐突破体育领域，受到科学学、政治学、管理学和高等教育学的关注。2009 年钟书华率先把举国体制的概念从体育领域迁移到科技领域，认为科技领域才是举国体制制度运用的主要领域，不同于体育举国体制仅仅局限在社会主义国家，科技举国体制突破了意识形态的分割，是世界主要国家重大科技发展的必要制度，美国、日本等政府同样在重大科技攻坚中发挥了主导性的作用，大科学项目的公共属性和市场失灵决定了必须发挥政府的主导作用。[9]2008 年北京奥运会结束之后，体育领域的举国体制逐渐淡化，而科技领域的举国体制愈加受到重视，同年 10 月，刘延东在国家科技重大专项组织实施推进会上指出，要完善和创新举国体制，发挥政府主导作用，在国家层面建立多部门协作机制和合作大平台，科技新型举国体制成为我国科技攻坚中备受重视的一种制度安排。

随着我国进入社会主义市场经济，按照市场化改革的构想以及西方发达国家的经验，市场中的科技企业应该成为科技进步的主力军，但是我国的市场发展相对落后，市场中的企业在研发上的投入总额和投入比例都远低于发达国家，市场机制难以发挥推动科学技术发展的作用，而国外的先进技术通过市场也难以引进。2009 年中国科技部政策法规司司长梅永红提出，要根据我国的具体国情重提举国体制，中国科学技术水平相对落后、投入不足、尖端和领军人才匮乏，这种情况下更不能分散力量，而是要在重点领域形成更加协调统一的举国体制，这与发挥市场配置科技资源的基础性作用并不相悖。[10]新型举国体制的研究中心领域从体育转移到科技，关键核心技术受制于人成为新时代我国高质量发展亟须突破的难题，新型举国体制被视为破解该难题的一把制度钥匙。2019年2月，习近平会见"嫦娥四号"科研人员时提出，"嫦娥四号"是我国新型举国体制的又一生动实践，之后"嫦娥五号"等重大科技项目也被视为新型举国体制的重大成果。比较特殊的是C919大型客机项目，它意味着新型举国体制科技攻坚的科技领域不再限于国防等公共领域，而且面向市场中的关键核心技术。

由于高等教育与科技具有密切的联系，科技领域对新型举国体制的重视也迁移到高等教育领域。2022年教育部印发《关于加强高校有组织科研 推动高水平自立自强的若干意见》指出，要推动高校充分发挥新型举国体制优势，加强有组织科研，全面加强创新体系建设，着力提升自主创新能力，更高质量、更大贡献服务国家战略需求作出部署。虽然高等教育学界对举国体制或新型举国体制的研究较少，但举国体制却是新中国成立后高等教育的基本制度，新中国成立后我国高校科研的主力被转移到庞大的科学院系统，但是清华大学等诸多高校也有力地参与了举国科技任务。[11]即使不考虑科技和高等教育的种种关联，举国体制也是我国高等教育的核心制度，高等教育中的"211工程"、"985工程"、"双一流计划"、扩招计划、"长江学者奖励计划"乃至招生规模、学科设置等，其发展始终在政府的领导和规划下前进，国家层面和地方层面对高等教育的五年规划不断续接，高校真正的自主空间非常有限。事实上，我国高等教育举国体制并不是完全把高等教育作为一个独立系统进行规划，更多的是把高等教育和科技连接在一起，以"任务带学科"的方式实现科学发展和高等教育的协同，首先根据国民经济发展的需要和科学发展的方向确定国家重要的科学技术任务，再以任务为导向把各个科学部门的力量汇集到统一的目标下，并带动关联部门的发展。[12]

新型举国体制高等教育是传统举国体制高等教育在社会主义市场经济条件下的制度进化，强调有效市场、有为政府和高等教育规律的结合，其中市场既是科学技术的需求方，也是科学技术的供给方，而高校主要为科学技术的供给方，政府主要是科学技术的需求方和科技政策的制定者。一般认为高等教育具有人才培养、科学研究和社会服务三大职能，但是在我国的实用主义环境中，高等教育唯一的目的就是社会服务，而人才培养和科学研究本质上都是社会服务的间接形式，在科学技术是第一生产力和生产力就是一切的认识中，高等教育的社会服务主要体现在推动科学技术和生产力的发展上。更准确地说，在马克思主义视角下，社会的进步主要是生产力的进步，生产关系等一切要素既是为生产力服务的，也是由生产力决定的。在审视政府、市场和高校的关系时，并不能把高校、市场、政府视为独立的体系，而应该把三者视为以生产力进步为共同目标下的协作体系，高等教育目的不在于高等教育，而在于生产力，而在于科学技术，这也是马克思主义高等教育哲学的独特之处。

三、新型举国体制高等教育的内涵与特色

改革开放以来，我国高等教育发展主要有两个关键节点：一是20世纪80年代初的地方大学建设；二是20世纪末以"211工程""985工程"为重点的研究型大学建设。前者是中央政府动员地方政府和社会各界力量兴建地方大学，使我国大部分地级市都拥有至少一所高校，主要解决我国高等教育的数量问题，使我国在短短40年中从一个高等教育供给严重不足的国家，转变为高等教育普及化国家。后者由中央财政对重点研究型大学进行倾斜性支持，大幅提升重点研究型大学的科研经费，主要解决我国高等教育的质量问题。地方大学建设和研究型大学建设共同造就了我国高等教育现代化的基本格局。高等教育的发展成就很大程度上要归功于政府财政的支持。国际高等教育比较研究发现，除美国之外，世界主要国家的高质量大学普遍都是公立大学，政府是高等教育的主要供给者，虽

然美国有大量高质量的私立高校,但这些私立高校也能从政府机构获得大量科研经费。

对后发国家来讲,其薄弱的市场无力支持高质量的大学建设,高等教育能够实现数量和质量高速增长的主要原因在于政府对高等教育的重视和规划,只有如此,才能保障总体经费短缺情况下的高等教育财政投入。甚至可以认为,政府规划才是我国高等教育持续发展的主要原因,在很长时期的唯 GDP 发展绩效观中,高等教育由于其投入大见效慢的特点而面临经费投入边缘化的困境。[13]如果中央政府不在规划中明确高等教育的具体目标并作为各级政府的考核要求,高等教育就会缺乏数量提升和质量提升的财政基础。根本来说,在政府规划的视角下,高等教育并不单纯是一个高等教育议题,也是一个政治议题。高等教育本身就是一种政绩,政府对高校具有直接、统一的领导权,这种政治性是高等教育能够从政府获取丰富资源的前提。

除了政府对高等教育的重视和直接领导,新型举国体制高等教育集中力量办大事还隐含三个条件:第一,对高等教育外部规律的认识。不可否认,政府具有集中力量办大事的能力,但高等教育何以会成为政府眼中的"大事"是高等教育举国体制何以形成的基础,这根本上取决于对高等教育外部规律的认识,明晰高等教育和社会经济之间互相促进、互相制约的关系,从社会系统整体的角度把高等教育视为生产力发展和科技发展的主要动力。第二,对高等教育内部规律的认识。政府能够集中力量办大事,却不一定能够集中力量办成大事,我国 20 世纪 50 年代高等教育"大跃进"就以失败而告终,高等教育的内部规律是高等教育能够具有相对独立性的根本原因,社会对人才和科技产生需求,但是这种需求的满足必须建立在更加清晰认识人才发展规律和科学发展规律的基础之上。第三,基于内外部规律的高等教育科学规划。高等教育的内外部规律需要通过规划才能实现协调统一,在以经济建设为中心的环境中,我国高等教育人才大部分流进市场领域,但是我国高等教育并不是主动地适应市场,更主要是积极地响应政府的规划,往往是政府在经济调查、趋势研判、国际比较的基础上制定规划,再由高校具体落实,政府成为连接高等教育和市场的中介。

高等教育的规律极为复杂,高等教育不是一种自然物而是社会生成物,高等教育规律本质上就是高等教育内外要素的各种关系,这种关系具有生成性。[14]要素先于关系存在,不同高等教育中各种要素的定位和职能存在差异,使得高等教育系统中各种关系的生成也具有差异性。简单来说,不同政府、不同市场和不同高等教育会生成不同的高等教育外部关系,而高等教育系统内部各种要素的不同,也会致使生成不同的内部关系,这种关系是一种实践导向的关系,并没有自然科学意义上的对错可言。高等教育的规律甚至是难以描述的,世界各要素之间存在线性或非线性的因果关系,高等教育内外部要素也必然存在这种线性或非线性的因果关系,但是学界又没法对这些关系进行清晰准确的说明。事实上,我国高等教育学科的建设和高等教育规律的探索都是以马克思主义的实践观为根基,当我们分析高等教育应该如何发展或者高等教育的规律为何时呈现和依据的并不是简单的关系性描述,而是结合大量事实的分析。[15]把实践作为高等教育发展应然性的唯一依据,一切从实际出发,不断试验和纠错,这是我国能够走出特色高等教育道路的根源,也是我国高等教育学科能够持续发展的根源。

总体上,新型举国体制高等教育是中国特色社会主义市场经济体制下高等教育发展的基本行动模式,强调马克思主义实践观下的高等教育内外部规律和政府对高等教育的领导和规划,把有为政府、有效市场和高等教育规律协调统一,集中力量完成高等教育的战略性发展计划。世界主要国家的政府都会或多或少地干预高等教育,以法国、德国高等教育为代表的"国家设施型"大学会受到政府的较多干预,教师薪资等大学管理事项都不是由内部控制,而以美国为代表的"独立法人型"大学自主权更高,其内部重大事务主要由董事会决策,[16]虽然宪法中并没有明确美国联邦政府对大学董事会的管辖权,但是政府被宪法授予的权力也能够渗透进高校,造成事实上的影响。

西方政府也普遍制定各自的教育和科学发展规划,但是这并不能否定我国高等教育举国体制的特殊性。一方面,我国高等教育与欧洲大陆国家的高等教育、美国高等教育并不完全相同,高等教育特征的差异必然导致高等教育生成关系的差异;另一方面,我国政府与高校的权力关系与西方高校有根本性的不同。譬如,美国大学的校长任命是由董事会决策,欧洲大陆高校的校长任命是由教师团体遴选决策,学校最高领导的任免是一种内部事务,而我国高校校长都是由政府任命,更加强调政府的统一领导,这与苏联非常相似。我国政府对高校具有更强的管理能力,能够直接干预院系重组、学校搬迁等学校重大事件,能够对高校进行巡视和监督。而西方政府干预学校发展主要是以项目制的方式,通过设置项目利诱高校为政府服务,本质上是一种市场机制的政府购买行为。在新型举国体制高等教育中,我国政府虽然仍然具有通过行政手段直接管理学校的能力,但是也愈加倾向通过项目制引导高校竞争性发展。

举国体制和新型举国体制的最大特征就是党和政府的统一领导,即使进入市场经济的新阶段,政府对高等教育的直接领导也毫无动摇,尽管西方政府也会干预高校事务和制定高等教育规划,但是并不足以称之为高等教育举国体制。曼哈顿工程、阿波罗计划等美国大型工程项目的运作模式可以被视为科技举国体制,就在于它们同样具有政府直接领导的特征,项目的最高领导人均为政府官员。总体上,新型举国体制可以被视为中国特色高等教育的一个自主概念,与苏联相比,市场进入举国体制的系统之中,突出举国体制的"新型",而与欧洲和美国相比,突出政府对高校的直接领导。某种程度上来说,独立性和协同性是高等教育的一体两面,如果强调国家整体的规划和协同,就必然会损失独立性,各个国家高等教育的独立性和协同性具有不同的侧重。

四、新型举国体制高等教育的发展意义

我国正面临高等教育由大变强的关键转型期,以模仿引进为主的依

附式高等教育跟跑模式,必须向自主创新驱动的高等教育并跑和领跑模式转变,转型过程中必然会吸收更多的发展资源,也需要承担更多的战略性责任。社会各系统不是互相独立的,而是具有普遍的联系,高等教育的创新引领也不是高等教育独立的创新过程,而是国家创新体系协同创新的结果,现代科技创新的高复杂性决定了创新不是原子化的独立过程而是网络化的合作过程,是生产、分配、应用各种知识主体之间一整套复杂关系的结果。[17]高等教育强国不可能仅通过高等教育系统的内部治理来实现,而需要通过新型举国体制协调统一政府机制、市场机制和高等教育规律。从新型举国体制系统论的视角,不谋全局者不足以谋一域,需要先以全局谋一域,再以一域带动全局,新型举国体制高等教育的发展意义也不局限于高等教育领域。

1. 知识意义:助力中国高等教育自主知识体系的构建

在马克思主义实践观中,经验一定来自实践,而知识和理论则是经验的进一步提炼总结,理论来自基于历史的实践,同时又对未来的实践起指导作用。中国为何会存在自主的知识体系,归根结底是因为中国走出了特色的实践道路,不是盲信国外的经验和理论,而是遵循实事求是的原则,走符合我国发展国情的道路。不论是抗战时期"农村包围城市"的斗争路线,还是改革开放后社会主义国家发展市场经济,都是史无前例的中国方案。中国高等教育没有照搬照抄苏联或美国,伯顿·克拉克认为美国高等教育分权、自治、竞争性的优势是欧洲集权管理模式为主的高等教育所不可比的,[18]但他忽略的是,美国高等教育发展的关键转折是第二次世界大战时期美国高校参与了科技举国体制,大幅提升了高等教育的办学经费和科学家的社会地位。分权、自治、市场并不能为美国高等教育高质量发展提供充分的解释,在自由主义思潮中,赠地学院、基金制度、科技举国体制等政府对高等教育发展的作用被有意无意地弱化了。西方经典的学术自治和市场化办学的理论都建立在政府与学术、市场存在冲突且不可兼容的前提之下,但是20世纪末以来,战略型政府、有为政府、市场增强型政府、发展型政府等新的政府理念都意识到,政府是社会发展不可或缺的一环,甚至具有主导地位。[19]政治是一个非常广泛的范畴,有责任推进社会各领域的整体发展,只有厘清"政府—最终责任人"和"高校—受委托人"的角色关系,才能理解为何政府会是高等教育现代化的最大推动者,才能理解新型举国体制高等教育的政府动机和作用。中国高等教育自主知识体系本质上是对中国式高等教育现代化经验的描述,以政府主导和规划为核心的新型举国体制是中国高等教育自主知识体系的核心。

2. 自身意义:高等教育高质量发展的制度保障

新型举国体制以国家计划的方式推进"确定目标—组织规划—加大投入—完成任务"的总体流程,在目标确定的过程中,政府注意力是一种稀缺的资源,为了推进社会整体的高质量发展,政府需要通过举国体制的方式把资源相对集中地配置在关键领域。高等教育是整个教育体系的高端和龙头,也是实现中国式现代化发展的最具战略性力量。[20]高等教育在国家整体发展中处于引领地位,需要优先保障高等教育的高质量发展,再以高等教育为动力推动社会各领域的高质量发展。新型举国体制高等教育一方面能够保障高等教育从系统外部汲取充足的发展资源,把高等教育作为需要集中力量优先发展的大事,分类型高质量发展研究型、职业型等高等教育;另一方面也能够促进高等教育的有组织化发展,打破跨院系、跨学科、跨区域、跨行业的合作壁垒,集中优势资源攻克国家战略性任务。在过去的短短 20 年中,我国高等教育的论文数量和质量都得到极大的提升,中国科学技术信息研究所发布的《2023 中国科技论文统计报告》显示,我国已经成为世界学术论文产量最高的国家,而且在高水平国际期刊的发表数量和被引用次数均是世界第一,同时也是学科引用数量前 1‰论文最多的国家,这表明我国高等教育学术生产的数量和质量都有很大的提升。日本科技政策研究所发布的《科学技术指标 2022》也得出相似的结果,中国的研究人员数量、论文数量、被引频次 TOP10%论文数量、被引频次 TOP1%论文数量均超过美国。但是在学术发表领域繁荣的同时,我国在大科学领域仍然与美国存在很大的差距,面向国家战略的高校大规模协同攻坚仍存在较大的提升空间。根本上来说,高质量的高等教育并不等同于论文发表上的高质量,也不等同于教学的高质量,而是要具有高质量服务国家战略的综合能力,高等教育需要在新型举国体制下吸收国家战略性资源为国家战略服务。

3. 科技意义:推动实现关键核心技术科技攻坚

关键核心技术科技攻坚是我国新时代面临的主要问题,也是新型举国体制应用的主要领域。2022年习近平主持召开中央全面深化改革委员会第二十七次会议,审议通过《关于健全社会主义市场经济条件下关键核心技术攻关新型举国体制的意见》,健全关键核心技术攻关新型举国体制,要把政府、市场、社会有机结合起来,科学统筹、集中力量、优化机制、协同攻关。2021年国家发展和改革委员会公布《"十四五"时期教育强国推进工程实施方案》,高等教育的建设目标就是要加快"双一流"建设,加快破解"卡脖子"关键核心技术。关键核心技术具有技术地位高壁垒性和垄断性、攻关过程高投入性和长期性、突破机制独特性与系统性、创新成果准公共物品性和持续性等特征。[21]这些特征决定了落后的市场机制难以解决高壁垒、高投入、系统性、准公共性的科技攻坚问题,必须整合以高等教育为主体的国家创新体系进行联合突破。在西方"小院高墙"的科技封锁中,我国关键核心技术受制于人的问题突显,无论是国内还是国外,都有大量的高校参与关键核心技术攻坚的案例,高校主要致力于基础研究而不是只能致力于基础研究,应用型技术研发不仅能够提升高校科研团队的社会认可度,而且能够增强研发团队在校内存在的合法性。譬如,清华大学核能与新能源技术研究院没有本科生,承担的研究生教学也较少,论文发表受限制,正常情况下,这种机构在高校难以存在,可是它通过参与高温气冷堆国家科技重大专项,能够以服务国家战略弥补在教学和科研上的相对不足,从而巩固了在顶尖大学的存在地位。[22]

4. 产业意义：以高质量高等教育助力实现产业升级

新型举国体制高等教育的发展经费主要源于政府，而政府的财政收入又源于市场，如果新型举国体制高等教育不能助力实现产业升级以获取更多的利润，那么政府就无法获取充足的税收以支持高质量的高等教育，高质量的高等教育就难以持续，或者只能局限在少数高校的高质量发展，而不能实现高等教育整体的高质量发展。先发国家高质量高等教育可持续发展的底层逻辑是，首先通过先发高等教育实现人才质量和科技质量的领先，然后通过关键核心技术垄断产业链中的上游高利润产业，并将低利润的下游产业转移至后发国家以削减成本，通过高额利润支持高质量的高校和研究机构以维持先发国家与后发国家的技术差距，最终实现高质量高等教育和高质量产业的循环发展。传统举国体制科技攻坚主要局限在军事领域，这种科技攻坚更多的是为产业繁荣奠定国防安全的基础，而难以直接推动产业的升级，新型举国体制高校科技攻坚开始涉及芯片等市场领域，能够助力打破先发国家的技术垄断和封锁，实现高端产业和高质量高等教育的协同发展。尤其在我国人口老龄化和土地财政危机的情况下，低端制造的人口红利逐渐消失，而政府以土地财政为核心的高等教育等公共物品供给方式也面临很大的挑战，必须探寻高质量高等教育为最终支撑的科技兴国之路和产业强国之路。新型举国体制高等教育耗资巨大，要实现可持续发展就必须通过高等教育以直接或间接的方式助力产业发展，在由政府—市场—高等教育为核心节点的国家创新网络中，通过新型举国体制实现政策规划—科学研究—技术研发—技术应用的协调统一，形成产业引领型的高质量创新。[23]

五、结语

哲学社会科学研究有四种讲法，即"照着讲""接着讲""对着讲""自己讲"。其中，"照着讲"是对域外经验和理论的照搬全抄，没有任何理论创新，"接着讲"是在理解既有理论基础上的续接和发展，"对着讲"是在理论比较基础上的批判和创新,"自己讲"则是自成一家的综合创新。[24]新型举国体制高等教育可以视为一种"接着讲"的过程,是对苏联举国体制高等教育的借鉴和发展,也是对美国市场机制高等教育的借鉴和发展。新型举国体制高等教育也可以视为一种"对着讲"的过程,摒弃了苏联举国体制高等教育的纯政府机制,也摒弃了美国市场化高等教育的弱政府机制。新型举国体制高等教育还可以视为一种"自己讲"的过程,通过概念创新、议题设置实现更好的自我认识、自我讲述和自我发展。当前学界对中国高等教育自主知识体系的研究主要集中在如何构建中国高等教育自主知识体系的方法论方面,这应该属于"如何讲"的范畴,但是中国高等教育自主知识体系构建更应该是一个向后看的过程,需要在历史中挖掘经验和理论。中国高等教育自主知识体系根植于中国自主的高等教育实践,我国高等教育的长期探索和巨大成就必然存在一定的机制性解释,这些解释的集合就构成了中国高等教育自主知识体系,新型举国体制高等教育就是中国高等教育自主知识体系的重要内容,未来需要加强新型举国体制高等教育的研究。

注释

[1] 邬大光.高等教育理论创新与本土化[J].中国高等教育,2006(09):11-13.

[2] 苏明,蔡映辉.国家主义与地方大学高质量发展[J].国家教育行政学院学报,2022(08):50-60+95.

[3] 杨保军.论当代中国新闻学自主知识体系之"概念体系"的建构[J].新闻界,2023(05):4-15.

[4] 眭依凡,陈洪捷,赵婷婷,等.中国高等教育学自主知识体系的建构[J].高校教育管理,2023,17(04):1-11.

[5] 王猛.王猛同志在一九八零年全国体育工作会议上的工作报告[C]//体育运动文件选编(1949—1981).北京:人民体育出版社,1982:150.

[6] 郝勤.论中国体育"举国体制"的概念、特点与功能[J].成都体育学院学报,2004(01):7-11.

[7] 袁伟民.袁伟民同志在2001年全国体育局长会议上的讲话[C]//2001年全国体育发展战略研讨会文集.2001:364.

[8] 鲍明晓.关于建立和完善新型举国体制的理论思考[J].天津体育学院学报,2001(04):48-51.

[9] 钟书华.论科技举国体制[J].科学学研究,2009,27(12):1785-1792.

[10] 本刊编辑部.我国重提科技创新举国体制[J].创新科技,2010(06):30.

[11] 刘超,代玉.论知识生产"举国体制"的兴起——国家、竞争与"计划科学"的演生[J].清华大学教育研究,2023,44(03):11-23+33.
[12] 樊春良."科技创新举国体制"是什么?[J].民主与科学,2010(04):37-42.
[13] 刘晖,马浚锋.竞争型政府:中国高等教育规模扩张的一种解释[J].华东师范大学学报(教育科学版),2022,40(10):42-53.
[14] 李枭鹰.论高等教育的关系属性[J].教育研究,2014,35(09):33-38+46.
[15] 《光明日报》特约评论员.实践是检验真理的唯一标准[J].政策,2018(12):13-16.
[16] 余继,闵维方.高等教育体制对大学创新能力的影响——基于欧美的比较研究[J].北京大学教育评论,2018,16(03):73-88+189.
[17] 王春法.关于国家创新体系理论的思考[J].中国软科学,2003(05):99-104.
[18] 朱彦臻,蒋凯.制度主义透镜下的当代高等教育图景——伯顿·克拉克的高等教育理论[J].高等教育研究,2022,43(09):92-109.
[19] 王勇,华秀萍.详论新结构经济学中"有为政府"的内涵——兼对田国强教授批评的回复[J].经济评论,2017(03):17-30.
[20] 吴岩.中国式现代化与高等教育改革创新发展[J].中国高教研究,2022(11):21-29.
[21] 胡旭博,原长弘.关键核心技术:概念、特征与突破因素[J].科学学研究,2022,40(01):4-11.
[22] 刘震,崔曦元.高校在国家关键核心技术突破中的有组织科研机制研究——以清华大学核研院高温气冷堆技术攻关为例[J].清华大学教育研究,2023,44(02):21-29.
[23] 朱瑞博,刘芸.构建新型举国体制推动产业高质量发展[J].上海经济研究,2022(03):11-19.
[24] 冯务中.哲学的四种讲法及其相互关系[J].理论与改革,2006(02):33-35.

作者简介

苏 明 公共管理学博士,汕头大学高等教育研究所副教授、硕士生导师,广东省习近平新时代中国特色社会主义思想研究中心汕头大学基地特约研究员,研究方向为高等教育与科技发展

电子邮箱

mingsu@stu.edu.cn

Chapter 10

中国研究生教育学自主知识体系：价值、结构与建构*

郑　刚　郑莉娟

> **摘　要：** 中国研究生教育学自主知识体系的建构遵循"内在自觉—发展自信—走向自主"的演进逻辑，揭示了学科坚守与创新并进的发展规律，具有独特的价值意蕴，能够为研究生教育学学科建设赋能、为学术研究增能、为话语自主蓄能，全面推动"三大体系"建设。加快建构中国研究生教育学自主知识体系建构，需要把握"三大体系"的结构要素与内容。完善学科体系应遵循学科特点及发展规律，建设学术体系应促进理论与实践互动生成，优化话语体系应合理表述和讲好中国研究生教育学故事。构建中国研究生教育学自主知识体系应强化研究生教育学理论研究创新，夯实研究生教育学学科体系基础；着力提升研究生教育学学术体系质量，争取研究生教育学国际话语权。
>
> **关键词：** 中国；研究生教育学；自主知识体系

作为学历教育的金字塔顶端，研究生教育肩负高层次人才培养和创新创造的重要使命，是国家发展、社会进步的重要基石。现阶段，中国高等教育已经进入普及化阶段，研究生教育特别是博士研究生教育开始承担国家拔尖创新人才培养任务，这使得研究生教育学成为社会迫切需要且具有广阔发展前景的现代学科。[1]

实际上，在高等教育学范畴中，研究生教育的新问题、新情况已难以得到有效回应，研究生教育的研究已成为一门问题的学科，具有清晰的学

---

* 本文系国家社会科学基金"习近平关于教育工作重要论述的思想体系研究"（项目编号：19XKX011）的阶段性成果。

科边界。2022年习近平总书记在考察中国人民大学时发表的讲话中强调,"加快构建中国特色哲学社会科学,归根到底是建构中国自主的知识体系"[2]。党的二十大报告指出,"加快构建中国特色哲学社会科学学科体系、学术体系、话语体系,培育壮大哲学社会科学人才队伍"。[3]研究生教育学作为中国特色哲学社会科学的重要组成部分,是建构中国自主知识体系的要件,也是加快建设研究生教育强国的重要支撑。

建构中国研究生教育学自主知识体系,是中国研究生教育学学科在长期的理论研究与实践探索互动中,自觉结合中国本土场域,以中国为观照、以时代为观照,立足中国研究生教育实践,解决中国研究生教育问题与矛盾而生成主体论、知识论及方法论相统一的知识体系。新时代进一步加强对中国研究生教育实践经验和发展规律的总结,推进研究生教育科学理论研究,建构满足中国研究生教育实践需要的自主知识体系,已然成为学术界需要回答的重大现实问题。

一、中国研究生教育学自主知识体系的价值意蕴

"研究生教育的快速发展,正在突破高等教育的学科域限,需要把研究生教育作为一个独立的学科领域来进行研究。"[4]构建中国研究生教育学自主知识体系是研究生教育学走向独特且独立的"研究生教育科学"的应有之义,能从根本上推动"三大体系"建设高质量发展,也是增强中国研究生教育学国际影响力的时代需要。

1. 推动研究生教育学学科体系趋向完善

学科体系是中国研究生教育学自主知识体系的重要组成部分,它规定了一门学科知识的整体框架。构建中国研究生教育学自主知识体系能为研究生教育学学科发展赋能,主要从推动研究生教育学分支学科建设、研究生教育学组织机构扩充、研究生教育学专门人才培养三个方面来建立一个解释力强的理论体系,更好地实现研究生教育发展的价值。

第一,构建中国研究生教育学自主知识体系,有助于研究生教育学分支学科体系建设。学科体系是专业领域知识的结构化组织,是由若干相互联系的事物和相互作用的分支学科构成的具有特定功能的整体,凭借各要素、各系统之间的"弱关系"维持运行。[5]这种"弱关系"就是学科设立及分支学科建立的目的与价值,即以完成高层次复合型人才培养为根本目的,以推动研究生教育学学科高质量、内涵式建设为重要目标,以增进学科对研究生教育的指导性为价值遵循。建构中国研究生教育学自主知识体系一方面能够为新时代研究生教育学学科建设提供发展坐标,加强研究生教育学原理、研究生教育史、研究生教育哲学等元研究以及基于实践需要引入的研究生教育管理、研究生教育社会学、研究生教育心理学等分支学科研究,从而逐步推动研究生教育学学科系统化发展;另一方面还能够从多学科视角对研究生教育学的范畴研究、研究范式、研究理论等有待进一步达成共识的基本理论问题进行积极审视,不断促进研究生教育学分支学科体系的完善与优化。

第二,构建中国研究生教育学自主知识体系,有助于研究生教育学组织机构扩充。随着学科知识膨胀,知识不断细分,学科逐渐分化,学科研究活动逐渐分化,研究组织的扩充,大学中的院系和专门性的研究机构逐渐形成。[6]组织机构是一门学科得以创立并不断发展的核心力量。实际上,学科知识内容的生成与发展依托组织机构对知识内容的生产与创新,这是促进学科发展的重要力量。从国家和世界范围来看,组织机构的扩充得益于知识体系的完善与成熟。建立一个自主知识体系,使研究生教育学向科学化迈进,就意味着既要推动将整体的研究生教育学作为研究对象的组织机构建设,又要推动将研究生教育学分支学科和研究生教育学学科内容作为研究对象的组织机构建设,应该在更高层次、更大范围内动员更多学界人士开展相关理论问题的探讨,实现研究生教育学的真正独立,使研究生教育学成为教育的智慧之学,成为教育实践服务之学。

第三,构建中国研究生教育学自主知识体系,有助于研究生教育学专门人才培养。知识体系是一门学科安身立命的根基,研究生教育学能否在中国特色哲学社会科学中站稳脚跟,核心在于研究生教育学自主知识体系能否坚持"为党育人、为国育才"的底色。全面贯彻党的教育方针、落实立德树人根本任务,创建符合高层次人才培养规律的教材体系、课程体系,并贯穿研究教育教学全过程、贯通人才培养全方位,从而建构起中国研究生教育学自主知识体系,回答"培养什么人、怎样培养人、为谁培养人"这一根本问题。就此而言,中国研究生教育学自主知识体系有助于总结出符合研究生教育规律、教书育人规律、创新型人才培养规律的科学认知,培养出一大批传承中华优秀传统文化、投身建设中国特色社会主义事业的合格接班人,特别是为攻破重大难题,解决"卡脖子"问题提供重要的高层次人力智力支持。鉴于此,构建中国研究生教育学自主知识体系以拔尖创新人才培养为价值旨归,从专业方向和特色、学术骨干和带头、人才培养和课程教学、科学研究和学术交流等方面着手,全面提高我国人才自主培养质量。

2. 推动研究生教育学学术体系高质量发展

建设世界一流强国,实现中华民族伟大复兴,必须依靠学问,依靠科技、教育和人才。[7]中国研究生教育学自主知识体系的价值意义是将中国问题作为学术研究起点,形成具有中国特色的研究生教育理论研究,着重解决中国研究生教育实践中的现实问题。中国研究生教育学自主知识体系中蕴含丰富的学术新观点、新命题、新理论,尤其是原创性、主体性学术理论成果为研究生教育学走向高质量发展提供重要支撑。

第一,构建中国研究生教育学自主知识体系,有助于推动研究生教育学的理论创新。自主知识体系的建构需要重视理论知识的原创性,而不是亦步亦趋,这就要求我们必须摆脱照搬模仿西方学科范式的学徒思维,实现中国性与自主性、创新性与创造性的统一。[8]知识体系的内核是理论,创新的关键在于系统的理论研究必须建立在对正确理论和方法的坚守上,用中国自主的指导思想和学科理论来解释中国问题,建构理论体系,才具有真正意义上的原创性与主体性。构建中国研究生教育学自主知识体系以提高原创性与主体性为目标,知识产出要改变过去"跟学"状态,走向"领学"状态,要在原来仿制知识体系上原创具有引领力的中国研究生教育学知识体系。[9]众多研究者认为,构建中国研究生教育学知识体系,有助于形成属于自己的标志性概念、范畴及理论,只有这样才能在世界交流中获得平等对话的机会,传播好中国研究生教育学声音。

第二,构建中国研究生教育学自主知识体系,有助于形成研究生教育学学术成果。从功能层面来说,构建中国研究生教育学自主知识体系能够解决本土知识理论创新不足的问题,以研究生教育实践的问题为导向,通过系统归纳、整理与提炼,将研究生教育学研究中有价值的成果上升并转化为本土化理论知识。学术研究成果本质上揭示了本学科研究领域的系统性理论知识,是自主知识体系建构的力量之源。事实上,中国研究生教育学自主知识体系绝不是空洞抽象、形而上的知识体系,而是与现实的研究生教育实践和人民群众紧密联系的领域。中国研究生教育学自主知识体系要聚焦研究生教育重大问题,必须在社会变革中把握好时代问题,以学术研究形式回答和解决时代问题。所以说,中国研究生教育学自主知识体系的建构,一方面有助于推动一系列高质量学术研究成果的涌现,实现研究生教育学学术知识体系的创新完善,使研究生教育改革实践不断取得新的成就;另一方面能够加快研究生教育学术共同体塑造,形成学术研究合力,推动研究范式、研究话语的创新发展。

3. 提升研究生教育学话语体系影响力

国际学术话语权是国家文化软实力的体现。争取国际话语权要求必须从国家战略的高度构建中国的话语体系,使关于不同具体问题的话语表达能被广泛接受和认同,即建设有"说服力"的话语体系。[10]构建中国研究生教育学自主知识体系为话语体系提供具有预测力、解释力、引领力的话语内容,为在国际舞台上讲好中国研究生教育学故事储蓄能量。

第一,构建中国研究生教育学自主知识体系,有助于提升中国研究生教育的国际影响力。中国研究生教育学自主知识体系是研究生教育学中国理论的话语阐释。在这个意义上，首要的是站稳中国立场，坚定文化自信和教育自信，深刻把握中国教育文化发展的历史坐标和文化使命。中国已经成为世界研究生教育"大"国，从1949年在学研究生629人突破到2022年的333.2万人，[11]已累计培养1 000多万硕士和博士，有力支撑了国家重大战略实施和经济社会发展。但是，当前我们还未真正实现知识生产体系从经验到原创的质变，尚未获取与世界学界平等对话的话语权，中国研究生教育学缺乏向其他国家贡献中国研究生教育经验和中国方案的能力和自信。随着中国高等教育的迅猛发展以及国际影响力的不断扩大，加快建构体现"中国性"的研究生教育学自主知识体系，有利于用中国的教育话语向世界展开知识阐释，更好地将中国经验、中国方案转化为国际社会的价值共识和理念认同，真正掌握教育话语的"谁来说"与"说什么"。

第二，构建中国研究生教育学自主知识体系，有助于形成研究生教育学标识性概念与范畴。任何学术问题的研究都得从基本概念或基本范畴着手。研究生教育学之所以有必要成为一门学科，关键在于"它与其他学科之间的差异"，也就是用普通教育学理论或高等教育学理论解释不了当前研究生教育现象及其规律。[12]可以说，构建中国研究生教育学自主知识体系的过程，也是学科自身重新审视核心问题、产生概念范畴和理论体系的过程。在凝练核心问题的同时，一代代学科人进行深入研究与积累传承，通过建构学科标识性概念来夯实自主知识的基础。[13]中国研究生教育学自主知识体系可以用更准确、更具穿透力的语言来讲述好中国研究生教育学故事，即阐释研究生教育学概念、清晰研究生教育学范畴、传播研究生教育学表述来争取研究生教育学的中国话语权。鉴于此，新概念、新范畴的提出是中国研究生教育学自主知识体系建设的核心内容，它使言说内容更为丰富、完整、清晰，有助于传播好中国研究生教育学声音。

第三，构建中国研究生教育学自主知识体系，有助于传播推广研究生教育学话语表述。构建中国研究生教育学自主知识体系要处理好中国性与世界性之间的关系。中国性指扎根中国大地、发展中国特色研究生教育及其理论体系,在中国语境下创生具有标识性的研究生教育学概念,阐释好"培养什么人、怎样培养人、为谁培养人"的理论,自觉传承中华教育优秀传统文化,这是研究生教育学中国道路的实践表达。世界性则指将研究生教育学的理论成果转述为国际语境下的表达,并选择合适的话语方式,使这些学术成果能够被国际接受和认同。因此,中国研究生教育学自主知识体系并不是封闭和盲目排外,而是具有开放性、包容性,寻求与世界的平等对话。自主知识体系的建构能够推动提炼出研究生教育学标识性概念,并打造易于被国际社会理解和接受的研究生教育学新概念、新表述,并在世界范围内广泛传播和积极推广。

二、中国研究生教育学自主知识体系的结构要素

构建中国研究生教育学自主知识体系既是中国研究生教育实践积累在"学科自信""学术自信""话语自信"上的客观要求,也是向世界展示中国研究生教育学知识身份认同和影响力的必然要求。作为中国自主知识体系的重要组成部分,中国研究生教育学自主知识体系也有一个逻辑自洽、范畴清晰的结构框架,主要包括学科体系、学术体系、话语体系,三者相互承载、互相依托,共同建构了一个完整的有机系统体系。

1. 完善学科体系:遵循学科特点及发展规律

学科体系是构建中国研究生教育学自主知识体系的基础内容。学科体系的基本内容包含学科发展历史、学科起点、不同层次类型的子学科。[14]学科发展历史赋予学科发展的历史底气,学科起点指明学科发展的前进方向,不同层次类型的学科服务学科发展的现实需要建构具有中国特色的研究生教育学自主知识体系,最终才能实现研究生教育学学科的自主发展。

第一,探寻学科知识逻辑,廓清研究生教育学学科体系脉络。"研究生教育学的出现,既是教育学实践发展取向的应然结果,也是教育知识积

累与分化的必然体现。"[15]在学界,研究者基本形成一个共识,即围绕"前沿知识"的教育实践是研究生教育学的逻辑起点,[16]研究生教育学学科作为一门应用性学科,知识的应用价值是研究生教育学知识体系的基础和来源。研究生教育学教材、著作等是自主知识体系构成的主要内容。薛天祥主编的《研究生教育学》、李煌果等主编的《研究生教育概论》、耿有权主编的《研究生教育学导论》等研究生教育教材,以科学方法论为指导,介绍研究生教育相关概念及基本情况,总结出研究生教育学的逻辑起点是学习和创造知识。[17]《中国研究生教育70年》《研究生教育学导论》等著作的出版,为总结研究生教育发展有益经验、完善学科理论体系提供了重要的参考资料。综上所述,在构建中国研究生教育学知识体系的过程中,纵向上以研究生教育学的元理论、发展质量、规律为基本框架,横向上则以原创性、经验性、总结性的学术成果为补充,既体现鲜明的实践取向,又彰显研究生教育学知识的中国特色。

第二,坚持学科发展自立,推动研究生教育学元研究及分支学科建设。研究生教育学元研究的任务是探讨该学科中具备一般性、普遍性、基础性等特征的元问题。[18]研究生教育学自产生之日起即面临的"身份认同"表明,研究生教育学的发展需要我们对研究生教育学的基本概念、原理进行深入探究,形成更成熟的研究生教育学理论体系。具体来说,一方面,要丰富研究生教育学的基本概念,形成属于自身学科的概念群。中国研究生教育学学科具有"后发外生型"发展特质,特别需要了解研究生教育学背后涉及的一系列概念范畴及其逻辑关系,拓展研究生教育学概念范畴的内涵与外延。另一方面,要完善研究生教育学分支学科系统,推动学科自立发展。完整的分支学科系统将囊括研究生教育学涉及的全部方向和领域,在此基础上形成的每一门分支学科都将为研究生教育学学科建设发力,助推研究生教育学形成自主的知识体系。

第三,强化跨学科协同发展,拓展研究生教育学交叉学科边界。推进大学科建设是学科高质量发展的重要趋势,[19]不同的学科具有不同的特质,学科边界的清晰度与可渗透度也不一样。任何一门学科研究领域都不可能以完全封闭的状态存续,哲学社会科学领域更是如此,部分学科如应用型学科与通论型学科等,相较于其他学科更具有渗透性,研究生教育学就属于该类学科。作为一门具有强实践性倾向的新兴交叉学科,研究生教育学高度重视与不同学科知识的交流与互动,还需要处理好自身与各交叉学科的关系。研究者必须意识到研究生教育哲学、管理学、政策学等学科并不是哲学、管理学、政策学等学科在研究生教育学领域的应用,要突出学科属性,即各交叉学科是属于研究生教育学的学科,秉持"大学科"理念。

2. 丰富学术体系:促进理论与实践互动生成

学术体系是加快构建中国研究生教育学自主知识体系的推动力。学术体系的建设与知识的系统化、自主化相辅相成,知识体系是学术体系的基础,为学术体系建设提供有力的知识支撑。[20] 丰富研究生教育学学术体系要做到理论与实践的紧密结合,聚焦中国研究生教育重大问题,回应中国研究生教育改革实践的时代需求。

第一,强化问题意识,彰显研究生教育学的学科特色。坚持问题导向,强化研究生教育的"中国问题"意识,[21] 这在中国研究生教育学自主知识体系建设中具有先导意义。从学科知识生成逻辑来看,实践性是研究生教育学的鲜明特色,这说明仅在学理建设层面发展研究生教育学是不够的。研究生教育学是一个运用多学科方法探索研究生教育规律、解释研究生教育现象、解决研究生教育问题的"智识公域"。[22] 自1981年恢复建立学位制度以来,中国研究生教育学知识积累日趋丰富,与社会经济发展的重大机遇相适应、与高素质人才的实践需要相适应。面对实践性鲜明的学科,需要对中国研究生教育实践进行全面总结、提炼,特别是要开展"自下而上"的理论构建。近些年,研究者聚焦我国研究生教育重大时代问题进行学术探索,主要包括专业学位研究生、研究生培养质量、研究生导师、研究生教育管理等现实问题,彰显出具有中国特色研究生教育实践特征的研究生教育学。

第二，立足实践现实，产出研究生教育学的原创性学术成果。研究生教育学是一门植根实践、指导实践的社会科学。[23]建构中国研究生教育学自主知识体系以提高知识的原创性和主体性为目标，重视高质量学术成果的产出。原创性知识的生成是基于中国研究生教育发展中的现实问题，具有重要的现实指导意义。长期以来，我们缺乏有意识地对实践经验进行理论原创性提炼，导致研究生教育学知识体系的原创性孱弱，尽管在学术成果数量上较为丰富，但是高质量的学术成果依然匮乏。促进中国研究生教育学向高质量发展，需要提高学术研究水平。自主知识体系的建构主要包括：培养高素质专门学术研究人才，以高素质研究人才推进知识创新；应用新方法新范式，推进研究生教育学知识的生产和创新，形成研究共同体遵循的模式与框架；发展高水平学术期刊体系，为研究生教育学学术争鸣提供平台，为研究生教育学繁荣奠定理论基础。

第三，打造学术共同体，促进研究生教育学的学术传承。研究生教育学的发展需要培养专业人才。自2015年天津大学首设"研究生教育学"硕士点、2016年北京理工大学设立"研究生教育学"博士点以来，中国研究生教育学学科初步形成"本科—硕士—博士"一体化的专门人才培养机制，尤其是全国学位授权点的日益增多促进了该学科学术研究的代际传承。随着中国高等教育进入普及化阶段，"双一流"战略持续推进，研究生教育学学科建设迎来重大机遇的同时，也面临着诸多挑战。知识的生成创新、学科的繁荣发展离不开学术争鸣，需要多元相关利益主体作为研究者参与学术体系建设，形成高度自觉的学派意识、学派思维，树立学术共同体观念。同时，还需要不同层次、不同类型的研究者对学术观点、学术问题、学术理论进行自我建构，丰富研究生教育学的学术成果，从而促进学术争鸣。

3. 优化话语体系：合理表述和讲好中国研究生教育学故事

话语体系是学术体系的反映、表达和传播方式，是构成学科体系之网的纽结。[24]没有话语体系，学术体系和学科体系就没有生命力，话语直接影响话语客体对话语内容的理解、认同与同化程度。要讲好中国研究生教育故事,就一定要扎根中国大地,面对和解决中国研究生教育发展中的现实问题与尖锐矛盾,进而推动中国研究生教育走向世界。

第一,扎根中国教育传统文化,服务人民群众。实践是研究生教育学自主知识体系生成的逻辑起点,实践性是研究生教育学的鲜明特征。话语体系是由不同文化群体编织的意义之网,带有鲜明的文化特征。[25]这是因为不同的教育学知识结构与历史文化背景投射不同话语主体的认知观念与思维情感,所以凝聚话语主体的价值共识是讲好中国研究生教育学故事的关键所在。一方面,在话语内容上,研究生教育学话语体系建设必须立足本民族优秀传统文化与教育传统文化,积极挖掘和总结中国研究生教育经验资源,这样才能增强话语主体对中国现实研究生教育语境的情感认同,并通过个性化的理论研究和话语阐释好问题;另一方面,在话语主体上,讲好中国研究生教育学故事还要立足中外学界共同关注的教育热点议题,坚持服务人民的话语价值共识,通过通俗易懂的内容与表达方式,让广大人民群众能够理解和掌握,使研究生教育学学术研究话语能够有理说得出、说了传得开。

第二,扩大话语国际影响力,促进互鉴交流与对话。中国研究生教育由"边缘"逐渐走向世界研究生教育的"中心"位置,研究生教育的国际吸引力、影响力日渐凸显。"如何传出去"既是中国研究生教育学内在知识创造性转化与外在批判性重建的自我觉醒,也是彰显话语自信的关键问题。扩大话语国际影响力,话语内容要凝聚国内外学者对研究生教育发展中重大问题的共同价值认识,既包括中华民族对美好教育追求的共同期待,也包括国际社会对研究生教育秩序和理念的共识,这样才能避免中国研究生教育学陷入"自话自说"的尴尬境地。据教育部官方统计,2018年来我国留学的硕士和博士研究生共计8.5万。[26]从中外合作办学情况上看,经教育部批准的硕士及以上教育合作办学机构数从2010年的11个发展到2022年的73个,合作办学项目从原来的37个扩大到110个。事实证明,争取国际认知与认同是研究生教育学话语体系的关键环节。这些话语传播载体的丰富与拓展,充分说明中国研究生教育学成为专门理论研究的必要性,为中国研究生教育学自主知识体系的建构提供可能性。

三、中国研究生教育学自主知识体系的建构路向

构建中国研究生教育学自主知识体系是研究生教育学学科发展自主意识被唤醒的表征,是向世界彰显中国研究生教育学理论自信、学科自信、学术自信及话语自信的过程,也是新时代中国研究生教育强国建设的必由之路。中国研究生教育学自主知识体系以其独特的属性特征、内容资源、结构功能,成为推进中国式教育现代化的适切选择。

1. 强化研究生教育学理论研究创新

创新是自主和引领的前提,有了知识上的创新,才可以建构我们自主的知识体系。[27]目前中国研究生教育学理论很大程度上还依赖理论进口,习惯用"洋理论"来解释研究生教育现实问题,还缺乏"自主"的知识和知识体系。近年来,"双一流"建设高校承担了全国超过80%的博士生和近60%的硕士生培养任务。[28]尤其是国家自然科学奖第一完成人在国内获得博士学位的比例从69%上升到74%。此外,我国还在一些"卡脖子"的关键核心技术上实现突破,如载人航天、探月探火、航母入列等一系列国家重大工程取得重大成果。[29]这些阶段性成果的背后是高新知识发挥着重要的推动力,是研究生教育特别是博士生教育扮演着我国知识生产和创新主力军的角色。

从学科发展历史来看,强化中国研究生教育学理论创新必须坚持两方面内容:一方面,要坚持理论创新的"本土化"主体性。在立足中国和国际研究生教育现实问题的基础上,教育学科知识生产的所有努力要以形成创新思想为根本方向,[30]用以指导中国研究生教育理论研究和实践发展。另一方面,要坚持理论创新的"多元化"共享性。[31]采取包容多样的态度,提倡不同学术观点、不同风格学派相互汲取、取长补短,加强与其他学科知识体系的联系,为中国研究生教育科学发展提供崭新的视角与方法。

2. 夯实研究生教育学学科体系基础

研究生教育学学科的独立性、科学性、成熟性、规范化问题的解决，是推动研究生教育学走向成熟、自主与自觉，进而建构自主知识体系的关键。研究生教育学既是一门知识逻辑结构化的理论性学科，也是实践价值较高和指导意义较强的应用性学科。[32]完善研究生教育学学科体系，需要从以下三个方面着力。

第一，服务社会实践需求，推动研究生教育学分支学科建设。研究生教育学分支学科建设是新时代中国研究生教育学实践的现实要求。特别是新一轮科技革命和产业变革突飞猛进，科学研究范式也在加速演进，优化学科布局，促进学科交叉融合成为学科发展的必然趋势。[33]完整的分支学科系统必须囊括研究生教育涉及的全部领域与方向，在此基础上开发每一门分支学科的功能，从而为研究生教育学学科体系建设发力。

第二，把握学科发展特点，推动研究生教育学的学科内容生成与创新。研究生教育学作为教育学自主设置的二级学科，在学科体系建设中要强调研究生教育实践活动，更要聚焦"前沿知识"和"高深知识"的生产与研究，要体现出研究生教育的专业知识学习与科学知识研究的统一。此外，要树立"大学科"观念，在强化分支学科建设的同时还要主动发掘自身优势特色，面向时代发展需求，做好学科战略布局，建设特色鲜明的学科、专业，充分利用社会资源。尤其要重视研究生教育学交叉学科的建设，突破学科间知识壁垒，强化学科内外"有用知识"的交流与融合，不断提升研究生教育学学科内在创生力。

第三，规范学科内部建制，推动研究生教育学的学科建制规范化建设。一是要推动中央—地方—高校三级研究生教育学组织机构建设。依托中国学位与研究生教育学会、教育部学位与研究生教育发展中心等国家研究生教育学会组织核心力量，发挥各省市研究生教育学会、高校研究生教育中心等组织机构在学科建设中的力量。二是要培养研究生教育学专门人才，建立一定数量的研究生教育学学位点。在国家推进学位授予权审核改革的背景下，应鼓励有条件的培养单位自主设置研究生教育学硕士点及博士点,加快构建制度化、常态化的学术场域。三是要加强研究生教育学的专门教材开发、学术期刊阵地建设。重点加强研究生教育学专门教材建设和课程体系建设,通过专业教育与人才培养发挥知识体系育人功能,同时还要打造高质量学术期刊,扩大学科知识体系的传播力。

3. 提升研究生教育学学术体系质量

以问题为导向开展学术研究,可以有效组织相关研究者和学术组织等多元力量,跨越学科边界,共同促进现实问题的解决。研究生教育学学科发展中存在的问题,是连接研究生教育学理论与实践研究的桥梁。以主体性和原创性为本质特征的研究生教育学自主知识体系,充分体现了对中国研究生教育实际问题和实践经验的观照,服务研究生教育改革发展面临的新问题、新任务,也是积极回应中国时代之问、中国教育实践之需的主动作为。

一方面,聚焦时代重大问题,丰富中国研究生教育学的学术研究成果。主动聚焦社会变革中的重大问题,以学术研究形式回答和解决好中国研究生教育发展的时代问题。研究的问题必须是研究生教育实践中的"真问题"。所谓学术"真问题",是指反复出现的、系统性的、事关教育本质的问题。[34]要以中国研究生教育改革发展中的现实为基础,立足中华民族伟大复兴战略全局和世界百年未有之大变局,回应时代呼唤,聚焦中国研究生教育改革发展中重大而紧迫的问题,如高等教育普及化背景下研究生教育发展的未来趋向、"双一流"建设背景下研究生教育的高质量发展、人工智能时代研究生教育的机遇与挑战等。这些现实议题的讨论能够拓宽研究生教育学的研究视野、方法和路径,对中国研究生教育学自主知识体系的建构至关重要。

另一方面,协同多元主体参与,促进中国研究生教育学的学术争鸣。研究生教育学学术体系建设,需要鼓励研究者对学术观点、学术问题、学术理论进行自我建构与探究,形成一系列高质量、原创性的研究生教育学学术研究成果。因此,要积极调动广大研究生教育学的学科建设者、行动者,如研究生教育领域的理论工作者、管理者、实践者等多主体,承担起研究生教育学建设责任,发现研究生教育中的"真问题",探索研究生教育规律,以项目课题为抓手,积极开展学术研究活动,加快形成一批高质量、原创性的学术观点、学术思想及学术理论等,实现研究生教育学学术内容的创新完善。

4. 争取研究生教育学国际话语权

党的二十大报告指出,"加强国际传播能力建设,全面提升国际传播效能,形成同我国综合国力和国际地位相匹配的国际话语权"。[35]要推动提炼中国研究生教育学的标识性概念,生成易于被国际社会认同和接受的研究生教育学新理论、新范畴、新观点,展示中国教育可信、可敬的美好形象,摆脱对于外来学术的"学徒状态",从而在国际上构建与中国研究生教育地位相匹配的话语权。

第一,建立好话语主体,即话语由"谁来说"。话语主体是多元的、多维的,只要是塑造和维护中国研究生教育学的发展模式与发展利益的相关组织、群体及个人,都可以是话语主体。因此,要调动多元主体尤其是中国主导建立的国际组织,主动设置热点议题,勇于参与世界范围的"百家争鸣",通过教育对话、国际会议及学术交流等多种活动,对外阐释并传播研究生教育学发展的中国经验和中国模式,提升并扩大中国研究生教育的国际吸引力、引领力及影响力。

第二,设计好话语内容,即话语该"说什么"。话语内容理应体现话语主体的理念、诉求、利益及责任,是一个兼具思想性、制度性、物质性及情感性的话语系统。此外,话语内容还要立足中国国情,聚焦国内外学界普遍关注的研究生教育热点议题,以马克思主义为指导,以中华优秀传统文化为基础,阐释好中国研究生教育发展理念及规律。在中国研究生教育实践过程中,话语主体还需要根据不同话语对象和不同现实情境,选择、设计及组织合适的话语内容,如此才能在国际舞台上讲好中国研究生教育学故事。

第三,选择好话语方式,即话语要"怎么说"。这意味着在与国际对话时,必须掌握有行之有效的表达和传播技术、方法及策略。一方面,注重话语的大众化与国际化表达方式,不能一味采用只有中国人才能理解的话语方式"单向"输出内容,而是应该打造"双向"奔赴的新概念、新范畴、新概念,以国际上可以理解的方式去表达和传播好中国研究生教育学声音;另一方面,创新对外传播方式,运用新技术、新媒体平台加强中国研究生教育学的对外传播,尤其是善于运用新技术来增强话语传播的影响力和穿透力,通过更具共情的国际表达方式来加强中国研究生教育学的国际传播。

注释

[1] 耿有权.研究生教育学导论[M].北京:中国科学技术出版社,2020.
[2] 人民网.归根结底是建构中国自主的知识体系[EB/OL].(2022-04-25)[2022-11-29].http://www.theory.people.com.cn/n1/2022/0425/c40531-40236051.html.
[3] 习近平.在哲学社会科学工作座谈会上的讲话[N].人民日报,2016-05-19(1).
[4][12] 张应强,刘鸿.关于建构研究生教育学学科体系的思考[J].黑龙江高教研究,2001(03):72-75.
[5] 郑金洲.新时代中国特色教育学学科体系构建[J].教育研究,2023,44(04):44-56.
[6] 侯怀银,梁林珍.当前我国外国教育史学科体系、学术体系和话语体系建设[J].河北师范大学学报(教育科学版),2023,25(04):32-39.
[7] 习近平.做党和人民满意的好老师——同北京师范大学师生代表座谈会时的讲话[M].北京:人民出版社,2014:3.
[8] 冯果.论中国法学自主知识体系之概念体系的建构[J].武汉大学学报(哲学社会科学版),2023,76(06):101-111.
[9] 周仕德,刘翠青.论中国特色教育学知识体系的新时代构建[J].中国教育科学,2023,6(01):16-27.
[10] 张志洲.提升学术话语权与中国的话语体系构建[J].红旗文稿,2012,229(13):4-7+1.
[11] 教育部:我国自主培养的研究生已成为科技创新主力军[EB/OL].(2022-03-27)[2022-11-29].http://www.moe.gov.cn/fbh/live/2022/54521/mtbd/.
[13] 眭依凡,陈洪捷,赵婷婷,侯怀银.中国高等教育学自主知识体系的建构[J].高校教育管理,2023,17(04):1-11.
[14] 刘振天.建构教育学自主知识体系的前提性省思[J].中国高等教育,2023,713(11):43-46.
[15] 王战军,杨旭婷,乔刚.研究生教育学:教育研究新领域[J].中国高教研究,2019,312(08):94-101.

[16][22][23] 王传毅,杨佳乐,刘惠琴.研究生教育学之学科建设:路径、进展与方向[J].研究生教育研究,2020,57(03):53-59.

[17][18][31] 王耀伟,侯怀银.研究生教育学的学科体系、学术体系和话语体系建设[J].研究生教育研究,2021,66(06):10-17.

[19] 侯怀银,原左晔.我国教师教育学的学科体系、学术体系和话语体系建设[J].教师教育学报,2023,10(06):11-20.

[20][27][30] 陈洪捷,侯怀银,余清臣,谭维智,徐辉富,周川.中国教育学自主知识体系建设(笔会)[J].苏州大学学报(教育科学版),2023,11(03):15-39.

[21] 吴康宁.教育改革的"中国问题"[M].南京:南京师范大学出版社,2015:3.

[24] 谢伏瞻.加快构建中国特色哲学社会科学学科体系、学术体系、话语体系[J].中国社会科学,2019,281(05):4-22+204.

[25] 李先军.论中国式教育现代化话语体系构建[J].南京师大学报(社会科学版),2023,248(04):26-37.

[26] 陶金虎,郏海霞.来华留学生教育的政策演进、结构特征与优化策略[J].黑龙江高教研究,2022,40(10):52-58.

[28] 中国青年报."双一流"高校培养全国超80%博士生和近60%硕士生[EB/OL].(2022-06-14)[2022-12-20].http://news.cyol.com/gb/articles/2022-06/14/content_zmxQwUYZo.html.

[29] 习近平.高举中国特色社会主义伟大旗帜为全面建设社会主义现代化国家而团结奋斗[N].人民日报,2022-10-26(1).

[32] 王战军.研究生教育学的学科范畴与构建理念[J].学位与研究生教育,2017,294(05):1-6.

[33] 王战军,赵敏.新时代我国研究生教育的新使命、新举措[J].现代教育管理,2023,397(04):44-53.

[34] 袁振国.科学问题与教育学知识增长[J].教育研究,2019,40(04):4-14.

[35] 习近平.高举中国特色社会主义伟大旗帜为全面建设社会主义现代化国家而团结奋斗——在中国共产党第二十次全国代表大会上的报告(2022年10月16日)[M].北京:人民出版社,2022:46.

作者简介

郑 刚 华中师范大学教育学院教授、博士生导师,研究方向为研究生教育

郑莉娟(通讯作者) 华中师范大学教育学院博士研究生,江汉大学讲师,研究方向为研究生教育

电子邮箱

3357702290@qq.com

Chapter 11

中国职业教育学自主知识体系探索

李 阳

摘 要: 职业教育学是一门具有跨界性质的学科。构建中国职业教育学学科体系、学术体系和话语体系是构建中国职业教育学自主知识体系的必然要求。其中,学科体系是基础,学术体系是核心,话语体系是纽带。构建中国职业教育学学科体系需要明确职业教育学的学科基础、学科思维和学科使命;构建中国职业教育学学术体系需要以扎根意识、问题意识和开放意识为出发点和落脚点,探索职业教育学的发展根基、创新动力和未来方向;构建中国职业教育学话语体系需要增强学理研究、加强国际交流、创新传播方式。面向未来,需要发挥职业教育学学科体系、学术体系和话语体系的整体效能,推动中国职业教育学深入发展。

关键词: 职业教育学;自主知识体系;学科体系;学术体系;话语体系

职业教育是与普通教育具有同等重要地位的教育类型,对经济社会发展和人的全面发展起着重要作用。职业教育学是研究职业教育活动及其规律的综合学科,涵盖职业研究与教学研究等内容。当代中国职业教育学知识体系,基本上是对西方职业教育学知识体系的横向移植,虽然这套体系在中国职业教育学的发展过程中发挥了积极作用,但与中国职业教育实践仍存在一定程度的脱节。中国职业教育实践早已突破既有职业教育理论的边界,但这些实践还没有得到充分的理论阐释,亟须构建中国职业教育学自主知识体系。2016年,习近平总书记在哲学社会科学工作座谈会上明确指出,我国哲学社会科学应该构建具有自身特质的学科体系、学术体系、话语体系。[1] 2022年,习近平总书记在中国人民大学考察时,再次系统阐述了构建中国特色哲学社会科学的内涵要义,并强调构建中国特色哲学社会科学，归根结底是建构中国自主的知识体系。[2]习近平总书记的讲话为构建中国职业教育学自主知识体系指明了方向，职业教育学应以中国职业教育发展面临的实际问题与战略需求为指引，以构建中国职业教育学自主知识体系为目标，以推动职业教育学学科体系、学术体系和话语体系建设为抓手。

一、构建中国职业教育学学科体系的思想指南

学科是按照学问性质划分的门类，学科体系是根据科学研究的基本领域，以特定方式组合而成的具有一定结构和功能的学科整体。[3]职业教育学学科体系是职业教育学学科领域知识的整体框架，深入研究职业教育学学科体系对促进职业教育学学科独立发展具有重要意义。构建职业教育学学科体系就是要从制度、体系、机制，以及宏观结构和微观实践、历史演变和逻辑分析等各个维度，全面探究职业教育发展规律，以夯实基础为构建职业教育学学科体系的指导方向，以交叉融合为构建职业教育学学科体系的基本思维，以自主发展为构建职业教育学学科体系的重要使命，构建起一套科学、成熟的中国职业教育学自主知识体系。

1. 夯实基础是构建学科体系的指导方向

职业教育学元研究是以职业教育学自身为研究对象，分析职业教育学的基本概念和逻辑结构，对职业教育学发展过程中的一些基本问题进行反思和探索。[4]改革开放40多年来，通过独立的学科建制，我国职业教育学学科体系初步建成。但在职业教育学界，职业教育学的研究对象、学科性质、学科归属等基本问题并没有形成定论。因此，需要从明确职业教育学的研究对象、学科性质与学科归属等方面夯实职业教育学学科体系的基础。

第一，要明确职业教育学的研究对象。当前，关于职业教育学的研究对象问题，主要存在现象说、规律说、关系说等观点。现象说认为，职业教

育学是研究职业教育现象的学问,其任务是解释职业教育现象中存在的规律,为职业教育实践提供理论指导。[5]规律说认为,职业教育学是研究职业教育规律的学问,其任务是把握职业教育领域特定现象的规律性。[6]关系说认为,职业教育学是研究职业教育内外部关系的学问,其任务是研究职业教育与经济社会发展之间的关系。[7]显然,研究对象不明确会导致职业教育学学科体系的混乱,应加强职业教育学元研究,统整现象说、规律说和关系说,明确职业教育学研究对象的本质特征,在此基础上构建职业教育学学科体系。

第二,要明确职业教育学的学科性质。当前,对于职业教育学学科性质的理解,主要存在基础学科说、应用学科说、交叉学科说等观点。基础学科说认为,职业教育学在职业教育学学科体系中处于基础地位,主要探讨职业教育的基本概念、定义、原理等方面的问题。[8]应用学科说认为,职业教育学是教育系统中的一个分支学科,[9]教育学的理论研究已经为职业教育学的发展奠定了理论基础,职业教育学主要解决的是职业教育实践中出现的问题。交叉学科说认为,职业教育学是教育学和技术学的交叉学科,具有跨学科、跨部门、跨行业的特点。[10]因此,深入探讨职业教育学的学科性质问题,既是职业教育学元研究的使命,也是构建职业教育学学科体系的根本途径。

第三,要明确职业教育学的学科归属。设立于 20 世纪 80 年代的职业教育学在我国专业目录中是教育学的一门二级学科,这种制度设计有着较强的路径依赖。但是,将职业教育学作为教育学的二级学科,给职业教育学的发展带来了一定困境。教育哲学、教育心理学、教学社会学、课程与教学论、教育管理学等教育学二级学科都是以普通教育为主要研究对象,而职业教育学又衍生出了职业教育哲学、职业教育心理学、职业教育社会学、职业教育课程与教学论、职业教育管理学等分支学科,产生教育学和职业教育学研究领域及研究对象的交叉。因此,基于职业教育的跨界性特征,应赋予职业教育学与普通教育学同等的学科地位,将职业教育学上升为一级学科。[11]

2. 交叉融合是构建学科体系的基本思维

职业教育是一种跨界的类型教育,跨越了职业与教育、企业和学校及工作和学习的界域,[12]这种跨界属性决定了职业教育学必然是一种跨界性学科。[13]因此,需要以交叉融合作为职业教育学的学科思维,综合运用多学科的理论、知识和方法,系统研究职业教育的现象、问题和规律。

第一,吸纳多学科理论成果和研究方法。职业教育理论综合了社会科学与人文科学的相关学科理论,涵盖了社会学理论、管理学理论和组织学理论,同时延伸至哲学、经济学和历史学门类下的相关学科理论。显然,职业教育理论是多学科理论交叉融合的结果。当前,在职业教育学的教学体系和教材体系中并未体现出多学科理论交叉融合的特点,其原因主要在于采用单一学科布局模式,借鉴教育学学科体系设计职业教育学学科体系。因此,在构建中国特色职业教育学学科体系的过程中,需要在理论框架、学科布局和知识体系方面展现出交叉性和融合性。同时,鼓励职业教育研究者与其他学科学者开展合作,确保职业教育学相关研究在方法运用上遵循规范要求。

第二,推动职业教育学分支学科建设。创新发展需要职业教育与科技创新深度融合,以此培养具有创新精神和创新能力的高技能人才,这也为职业教育学分支学科建设赋予了新的使命和要求。在职业教育学本学科内,相关分支学科的学科建设并不到位,尤其是作为学科基础的职业教育哲学、职业教育心理学、职业教育社会学、职业教育政策学等学科的建设相对不足。虽然这不会对职业教育学的学科发展产生根本性影响,但是对职业教育学自身的科学性以及学科功能的拓展有着明显制约。因此,应与时俱进推动职业教育学分支学科建设。此外,需要突破学科壁垒,对职业教育学的知识体系进行动态调整,探寻相关知识融入职业教育学知识体系的依据和逻辑,并系统梳理和建构职业教育学知识体系。

第三,鼓励多元主体参与构建职业教育学学科体系。构建职业教育学学科体系不能由建设者任意发起,而应在一定的制度框架内组建多元主体参与的实体化组织,建立并完善相应的管理规章,允许多元主体自愿、平等、有序参与职业教育学学科体系建设。构建职业教育学学科体系需要由教育部和中国职业技术教育学会等组织机构牵头，各省市职业技术教育学会、各高校职业技术教育研究中心（所、基地）、出版机构、专家学者等共同参与，从人才队伍建设、制度建设、教材建设、课程设置等方面研究职业教育学学科体系建设。同时，应逐步建立起从中央到地方和职业院校的三级职业教育学组织机构，形成完善的组织沟通机制，推动职业教育学学科体系建设。

3. 自主发展是构建学科体系的重要使命

构建中国职业教育学学科体系需要以自主发展作为职业教育学的学科使命。所谓自主发展，不是排斥西方的职业教育学学科体系，而是在保留现有职业教育学学科体系基础之上建立起一种新的职业教育学学科体系。[14] 同时，自主发展的学科体系不仅要面向中国，更要面向世界，具备解释全球职业教育现象与问题的能力，能够被各国职业教育学领域的同行认可。

第一，职业教育学自主发展要以原创为灵魂。能否提高中国职业教育学的原创性比例，是职业教育学自主发展的核心。缺乏原创性，就缺乏主体性，构建具有中国特色的职业教育学学科体系也就无从谈起。只有以原创性为抓手，推进职业教育学的理论和方法创新，才能够凝练出具有标识性的新概念，发展出具有独特性的新范式。作为一门理论的职业教育学，不仅要反映职业教育实践，而且要对职业教育实践的本质内涵予以正确把握。同时，构建自主发展的具有中国特色的职业教育学学科体系，还需要深入分析职业教育的本质属性，明确职业教育学的基本范畴，探寻职业教育学的理论逻辑，进一步完善职业教育学的学科体系。而且，只有面向本国或本地区的职业教育实践和职业教育问题，才能形成属于本国或本地区的职业教育学原创性成果。

第二，职业教育学自主发展要面向中国经验。中国职业教育学学科体系在形成和发展过程中，虽然需要对其他国家的职业教育学学科体系进行借鉴、交流以丰富自身,但就其最终目的而言,还是要落实到中国的职业教育经验上。改革开放以来,中国职业教育学学科发展的主体性意识不断强化,更加紧密地与中国职业教育实践结合起来,使得实践中蕴含的中国职业教育特色不断内化于职业教育学理论,强化了职业教育学理论的本土化色彩。换句话说,只有形成基于中国经验的职业教育学学科体系,才能够巩固中国职业教育学发展的历史根基。因此,中国职业教育研究者应将研究重点转移到中国职业教育经验上,以回答中国职业教育发展问题为目的,形成一套自主的、本土的、反映中国职业教育经验的学科体系。

第三,职业教育学自主发展要与世界相衔接。在构建自主发展的职业教育学学科体系时,不仅要注重原创性和本土性,而且要注重知识创新、理论创新、方法创新的国际性。在全球化背景下,职业教育学的发展无法脱离国际交流与合作的支撑。如果建构的职业教育学学科体系只是"自说自话",与其他国家职业教育学学科体系没有"对话",没有被其他国家普遍接受,那么所谓的自主发展的职业教育学学科体系也是无效的。只有被广泛认可和接受的职业教育学学科体系,才是一种有效的学科体系。只有与世界相衔接的职业教育学学科体系,才有利于提高我国职业教育的国际话语权,成为国际上的职业教育强国。

二、构建中国职业教育学学术体系的三个意识

职业教育学学术体系是围绕职业教育学研究对象形成的学术认知体系,主要包括两方面:一是思想、观念、理论和学说等;二是研究方法、材料和工具等。[15]构建职业教育学学术体系是构建中国职业教育学自主知识体系的核心。

1. 扎根意识是构建学术体系的根基所在

扎根意识是构建职业教育学学术体系的关键,更是构建中国职业教

育学自主知识体系的核心。只有扎根中国职业教育实践,追溯发展历史,把握时代要求,才能有效构建职业教育学学科体系。

第一,坚持职业教育学学术研究的历史视野。中国古代的职业教育思想以及近代以来中华民族由站起来到强起来的过程中的职业教育思想,都是构建职业教育学学术体系的重要思想来源。习近平总书记指出:"中华民族有着深厚文化传统,形成了富有特色的思想体系,体现了中国人几千年来积累的知识智慧和理性思辨。这是我国的独特优势。"[16]职业教育学学术研究需要秉持历史视野,从中国职业教育发展史中汲取学术研究的养分,并根据时代要求推陈出新。中国传统职业教育思想蕴含着丰富的职业教育学术理论,战国时期的墨子主张培养"兼士",强调"兼士"应"博乎道术";清朝时期的魏源倡导"经世致用",提出"师夷长技以制夷"的主张;洋务运动时期的张之洞提出"中学为体,西学为用"的主张。这些思想作为中国传统文化的精华,对当代中国职业教育学学术体系建设有着潜移默化的影响。

第二,坚持职业教育学学术研究的时代观照。职业教育学学术研究只有回应特定时代的需要,认真研究解决重大理论和实践问题,才能推动学术研究创新。党的十八大以来,习近平总书记高度重视职业教育发展,作出了高度重视、加快发展职业教育等一系列关于职业教育的重要论述,为新时代我国职业教育现代化发展提供了根本遵循。在这种背景下,我国围绕构建现代职业教育体系、深化产教融合校企合作、促进职业教育高质量发展等核心议题出台了一系列政策,推进了一系列改革。站在新的历史节点,在学术研究上全面总结党的十八大以来我国职业教育改革的主要成就与经验,分析职业教育改革面临的困难与挑战,探寻职业教育改革的可为路径,对未来的职业教育改革具有十分重要的意义,这是当前职业教育学学术研究的重点。

第三,坚持职业教育学学术研究的实践原则。实践是马克思主义世界观的核心范畴,是指导职业教育学学术体系构建的根本原则。改革开放以来,我国职业教育发展大致经历了三个阶段:第一个阶段是从改革开放开启到1996年《中华人民共和国职业教育法》颁布,这一时期主要探索职业教育管理权下放的方式;第二个阶段是从1998年至2011年,这一时期主要探索社会力量参与职业教育的渠道和途径;第三个阶段是党的十八大以来,这一时期主要探索多元主体协同参与的职业教育发展机制。[17]我国职业教育实践演进中形成了诸多宝贵经验,如始终坚持党的领导,始终坚持依法治教,始终坚持以人民为中心,始终坚持多元主体参与等。职业教育发展是一个持续的动态过程,职业教育学学术研究也需要在实践中持续探索具有中国特色的职业教育学学术体系。

2. 问题意识是构建学术体系的创新源泉

问题意识是职业教育学学术创新的动力,职业教育学学术研究需要回应职业教育发展的理论问题和实践问题。一方面,回应并解决职业教育的基本理论问题是职业教育学立足的根本;另一方面,回应并解决中国职业教育发展面临的实践问题是构建中国职业教育学学术体系的根本。

第一,以职业教育问题为构建职业教育学学术体系的导向。职业教育学学术研究的逻辑起点是职业教育问题,这是职业教育学学术研究的内在规定性,构建职业教育学学术体系也应以回应职业教育问题为起点。当前,职业教育发展正处于社会环境与教育环境大变化的时代,而且职业教育发展嵌入经济社会发展的方方面面,职业教育学学术研究的对象十分广泛。无论是职业教育学自身理论演进还是与社会相联系时引起的各种职业教育问题,都需要职业教育学学术研究的有效介入,从人才培养、课程设置、专业教学、就业创业等维度进行解读或者提出对策建议。因此,构建职业教育学学术体系,需要以职业教育问题为导向,以职业教育问题的解决为职业教育学学术研究的主要目的。

第二,以整合多元主体利益的职业教育问题作为研究重点。职业教育问题产生的原因是复杂的,这种复杂性不仅体现为职业教育包含场域的种类繁多、层面多维,更体现为职业教育包含的多元利益主体之间的交叉和重叠,造成了彼此关联、相互影响、难以分割的复杂局面。职业教作为一种跨界教育，涉及政府、行业、企业、职业院校、社会等诸多利益主体，任何一项职业教育改革都需要回应不同利益主体的诉求。因此，职业教育学术研究应重点研究如何增加多元利益主体间的"合作节点"，构建职业教育产教融合发展的"职责共同体"，形成多元利益主体共建共享的"职业教育发展联盟"等职业教育问题。

第三，职业教育学学术研究要回应决策者和社会公众联通的问题。职业教育问题在很大程度上是不同利益主体之间矛盾和冲突的利益整合问题，整合的对象主要是决策者的利益和社会公众的利益。因此，职业教育问题既包括决策者的"困扰"，也包括社会公众的"关切"。决策者的"困扰"产生于其群体性格，是他们与其他群体共同在场互动过程中逐渐形成的一种"心理感受"。当决策者主观上感受到所珍视的价值受到威胁时，就会产生"困扰"。而社会公众的"关切"则是公共论题，当社会公众珍视的某种价值受到威胁时就会产生。很多决策者的"困扰"都具有一定的意义，但若仅仅将其视为决策者的"困扰"去探寻解决之道是行不通的，需要将社会公众的"关切"和决策者的"困扰"相关联，揭示职业教育问题的成因。因此，职业教育学学术研究应重点关注决策者和社会公众联通的职业教育问题。

3. 开放意识是构建学术体系的发展空间

开放意识是职业教育学学术体系包容性发展的保障，只有坚持开放性，才能促进学术研究的广泛性和科学性。职业教育发展是一个动态的过程，职业教育学也是一个开放的科学体系。因此，职业教育学学术研究应保持学术思维、研究方法和学术心态的开放性。

第一，职业教育学学术研究需要开放的学术思维。中国职业教育发展的目标定位决定了职业教育学学术研究必须具有开放性思维。当前，我国经济社会发展给职业教育发展带来的挑战是职业教育学学术研究难以回避的问题，需要职业教育学术研究立足中国职业教育实践建构符合中国实际的职业教育理论。中国职业教育实践是一个与产业发展紧密相连的开放系统,任何一项职业教育实践都需要与产业系统合作,与产业发展充分对接,促进职业教育产教深度融合,满足职业教育发展和产业发展需求。同时,中国职业教育实践也是世界职业教育实践的重要组成部分,需要囊括世界各国的职业教育发展经验和发展成果,包括职业教育学术思想、职业教育学术体系、职业教育学术研究方法等。

第二,职业教育学学术研究需要开放的学术心态。构建职业教育学学术体系不能画地为牢、故步自封,中国职业教育学学术研究不可能脱离世界职业教育学学术体系,完全自给自足。中国职业教育学学术体系是世界职业教育学学术体系的有机组成部分。习近平总书记指出:"我们既要立足本国实际,又要开门搞研究。"[18]国外的职业教育学学术体系拥有相对成熟的理论脉络,对我国职业教育学学术体系构建有着重要意义。而且,随着中国国际影响力的提高,需要带头研究全球性的职业教育问题,促进职业教育服务人类社会发展。质言之,中国职业教育学学术研究不能只看到中国的职业教育问题,某种意义上来讲,全球性职业教育问题也是中国的职业教育问题,这充分体现了中国职业教育学学术研究的内生性和外塑性特点。

第三,职业教育学学术研究需要多元化的研究方法。职业教育学作为一门跨界学科,并无本学科独特的研究方法,而是综合使用多学科研究方法,其中较为常见且典型的研究方法有调查研究法、历史研究法、行动研究法、内容分析法、教育实验法等。研究者可以使用规范性研究方法进行逻辑推演,也可以使用实证性研究方法进行实践分析,在职业教育学学术研究中形成定量研究与定性研究相互融合的发展态势。值得注意的是,研究方法只是职业教育学学术研究使用的工具和手段,并不是职业教育学学术研究的最终目的,研究者无论何时都不能为了方法而方法,成为研究方法的附庸。同时,在构建中国职业教育学学术体系过程中,也应破除对西方学术世界的方法论迷信,在开放借鉴中逐步形成以"中国为方法"的研究路径和学派。[19]

三、构建中国职业教育学话语体系的系统工程

话语体系是学科范畴内学术体系通过语言符号系统表达概念、判断、思想、术语等的传播手段与方式,[20]是建立在知识、概念、命题及理论等一定基础之上的语言和思想相结合的产物。话语是一种建构物,话语不仅是思想表达的工具,也是权力实施的载体,是权力决定了话语的言说者、言说内容和言说方式。质言之,当一种话语显现并被传播,就体现了一种思想的话语权。在构建中国职业教育学话语体系的系统工程中,把握住"由谁说、为谁说、说什么、怎么说"的主线,也就把握住了职业教育学话语体系构建的话语权。这一系统工程主要包括增强学理研究、加强国际交流、创新传播方式等三方面内容。

1. 学理研究是构建话语体系的基础工程

职业教育话语是职业教育学术研究成果的表达方式,职业教育话语并不是生活话语,而是一种学术话语,需要经过学术讨论和认可,在具备一定的逻辑性和学理性基础上才能够传播。因此,构建中国职业教育话语体系,形成中国职业教育学标识性概念,需要加强学理研究,增强职业教育话语的科学性。

第一,增强中国职业教育研究者的话语自觉。对中国职业教育研究者而言,我们已经拥有建构职业教育学话语体系的丰富原始材料,特别是改革开放以来的职业教育实践和经验,我们缺少的是建构中国职业教育学话语体系的主体自觉。在过去很长一段时间,我们习惯于翻译西方理论,学习西方理论,使用西方理论分析中国职业教育问题。不少学者疏于了解中国职业教育实践,既不了解我们在职业教育实践中取得的经验,也不了解存在的问题。以职业教育产教融合研究为例,部分学者的相关研究在没有充分了解我国职业教育产教融合历史变迁的情况下,仅根据相关政策文件中的内容分析我国职业教育产教融合的内涵演进。因此,提

升中国职业教育研究者的话语自觉是最主要的,只有具有了话语的自觉意识,才会形成建构中国特色职业教育学的动力,才能够深入职业教育实践一线,发现问题、分析问题、解决问题,在真实问题中建构中国特色的职业教育学话语体系。

第二,形成职业教育学标识性概念。当前,中国职业教育学现有的学术概念几乎都是西方学术世界的"舶来品",这些概念已经不能很好地解释中国职业教育实践,需要我们自己提出符合中国实际的原创性学术概念。例如,"岗课赛证"综合育人就是我国职业教育发展的创新,是强化职业教育类型定位的显著标志。习近平总书记指出:"我国哲学社会科学在国际上的声音还比较小,还处于有理说不出、说了传不开的境地。要善于提炼标识性概念,打造易于为国际社会所理解和接受的新概念、新范畴、新表述,引导国际学术界展开研究和讨论。"[21]为了形成中国职业教育学的标识性概念,需要从四个方面着手:一是对现有的职业教育学学术概念进行重新阐释;二是在中国职业教育发展历史和实践中提出新的学术概念;三是对未受到重视的职业教育学学术概念进行深入挖掘;四是注重职业教育学学术概念语境的转换,通过话语转换的方式进行中国职业教育的自我表达。

第三,构建职业教育学话语理论。职业教育学话语理论的生命力在于与职业教育实践紧密相连,并能够有效指导职业教育实践发展。构建中国职业教育学话语理论,一方面要立足中国面向世界进行传播,另一方面也要正确看待职业教育话语的本土性与世界性的关系问题。构建职业教育学话语体系需要在形成学理性较强的职业教育学标识性概念的基础之上打造具有较强解释力且传播效果较好的理论。因此,一方面需要将中国职业教育话语有机融入世界主流职业教育话语,另一方面需要将职业教育学标识性概念与职业教育顶层设计相结合。从国内来讲,需要把中国特色社会主义理论融入职业教育学界的方方面面,不仅要在学理上研究透彻,而且要在实践上落实到位,从国际上来讲,需要向世界发出中国职业教育声音,展示中国职业教育发展成果。

2. 国际交流是构建话语体系的关键工程

习近平总书记对加强哲学社会科学话语体系建设提出了多项措施，包括参与和设立国际性学术组织、推出并牵头组织研究项目、加强优秀外文学术网站和学术期刊建设等，[22]这些举措为中国职业教育学国际交流明确了方向。

第一，与国际职业教育组织建立制度化的学术交流机制，推动国外研究机构参与中国职业教育研究。以职业教育研究见长的国际性组织有联合国教科文组织国际职业技术教育与培训中心，地区性组织有欧洲职业培训发展中心、科伦坡计划技术教育职员学院、东南亚教育部部长组织职业技术教育与培训区域中心等。外国知名的职业教育研究机构有英国就业和技能委员会、德国联邦职业教育与培训研究所、瑞士联邦职业教育与培训研究所、美国国家职业生涯与技术教育研究中心、澳大利亚职业教育研究中心、法国国家职业教育研究中心等。这些职业教育研究机构都有明确的法律地位，有稳定的运行及研究经费，开展的职业教育研究具有持续性，能够对职业教育发展起到智力支撑作用。因此，与这些职业教育组织开展学术交流具有重要意义。

第二，推出并牵头组织职业教育研究项目，增强中国职业教育话语的国际影响力。职业教育国际合作是全球职业教育发展的一个基本趋势，我国职业教育在改革开放后一段时间内全方位向职业教育发达国家学习，并成为推动我国职业教育研究的重要动力。当前，我国已经建成世界上规模最大的职业教育体系，需要探索具有中国特色、符合世界职业教育发展需求的职业教育话语体系。其中，"鲁班工坊"就是中国职业教育走出去的典型案例。在"一带一路"项目建设过程中，由中国投资和建设的众多重大工程在共建国家落地，项目建设需要大批高素质技能人才，而共建国家的职业教育难以满足这种需求。因此，中国职业教育走出去服务"一带一路"建设就成为必然要求。正是在这种背景下提出了建设"鲁班工坊"的思路并付诸实践，提高了中国职业教育话语的国际影响力。

第三，加强优秀外文学术网站和学术期刊建设，面向国外推介高水平职业教育研究成果。应支持和鼓励中国学者举办或者参加国际职业教育会议，在国际期刊发表中国职业教育相关研究成果。此外，在职业教育学学术网站建设上，可以借鉴我国职业教育发展过程中搭建人才供需信息平台和建设共性技术服务平台的成功经验，建立推广和传播中国职业教育思想、理念、实践的官方网站。在职业教育学学术期刊建设上，一方面可以依托我国现有职业教育学术期刊发行外文版学术期刊，另一方面可以依托我国职业教育研究机构创立国际性职业教育学术期刊。

3. 传播方式是构建话语体系的核心工程

当前，在世界职业教育话语传播中，我国仍处于弱势地位，中国职业教育话语经常处于"缺位"和"失语"的状态。因此，需要创新中国职业教育话语传播方式，优化中国职业教育话语的表达方式，打破西方职业教育话语的垄断地位。

第一，打破西方职业教育话语垄断地位。西方职业教育话语垄断地位源于其职业教育发展历史和实践的互动，更源于其在现代世界中的文化主导和学术主导地位，这种情况对非西方国家的职业教育话语体系影响巨大。从西方世界中发育和成长起来的职业教育话语不仅在西方世界占据主导地位，而且深刻地影响了后发国家的职业教育发展。于是，在全世界范围内，西方职业教育话语似乎成为唯一正确的职业教育话语，制造出"西方职业教育话语"等于"现代职业教育话语"的职业教育叙事神话。但是，以西方职业教育经验为主的话语体系不是从中国职业教育实践发展而来的思想，并不能有效解决中国的职业教育问题，因此中国职业教育研究者需要破除固化思维，打破西方职业教育话语垄断地位，避免简单照搬西方职业教育话语来解释中国职业教育实践。

第二，构建中国自身的职业教育话语表达方式。我国职业教育改革发展进入了新时代，职业教育由外延式发展向内涵式发展转变，职业教育在服务国家和区域经济社会发展中发挥着越来越重要的人才培养作用。因此，中国职业教育研究者应该充分言说在习近平新时代中国特色社主义思想引领下的职业教育改革发展成就,形成具有中国特色的职业教育话语表达方式,并持续推动这些改革成就上升为职业教育理论,提高职业教育理论对中国职业实践的解释力和指导力。同时,要将职业教育学的理论成果用容易被接受和理解的表达方式进行传播,如我国职业院校探索建设混合所有制产业学院归纳形成的典型案例和理论,需要抓住这些理论的核心特征,将其转化为国际语境下的话语表达,在更大范围内推广和使用,实现中国职业教育学话语的国际表达。

第三,促进中西职业教育话语的融通发展。不同国家和地区的职业教育话语各具特色,彼此之间的交流需要建立在一定的认知共识和思想共识基础之上。中国职业教育话语是扎根中国职业教育实践的理论表达,一方面能够向世界展示中国的职业教育发展经验,另一方面也能够丰富职业教育话语理论。这样一种"中国立场,世界表达"的理念就是希望促进中国同世界的职业教育话语融通,寻求中国职业教育发展与世界职业教育发展的认知共识和思想共识,既要服务于中国职业教育发展,也要为世界职业教育发展提供中国方案。由于职业教育发展涉及不同国家的教育和产业发展实际,职业教育话语传播要避免脱离职业教育实践的片面理论传播。同时,在职业教育话语传播过程中也要求同存异,构建更具包容性和普遍性的职业教育学话语体系。

注释

[1][16][18][21][22] 习近平.在哲学社会科学工作座谈会上的讲话[N].人民日报,2016-05-19(002).

[2] 习近平在中国人民大学考察时强调坚持党的领导传承红色基因扎根中国大地走出一条建设中国特色世界一流大学新路[EB/OL].(2022-04-25)[2023-09-24].https://www.gov.cn/xinwen/2022-04/25/content_5687105.htm.

[3] 冯建军.构建中国特色教育学的"三大体系"——基于改革开放后教育学发展的分析[J].社会科学战线,2021,315(09):210-222.

[4] 侯怀银,时益之.我国教育学元研究的探索:历程、进展和趋势[J].中国教育学刊,2019(12):50-56.

[5] 李向东,卢双盈.职业教育学新编[M].北京:高等教育出版社,2015:2.

[6] 王金波.职业技术教育学导论[M].哈尔滨:黑龙江教育出版社,1989:31.

[7] 纪芝信.职业技术教育学[M].福州:福建教育出版社,1995:20.

[8] 黄尧.职业教育学——原理与应用[M].北京:高等教育出版社,2009:8.
[9] 刘合群.职业教育学[M].广州:广东高等教育出版社,2004:8.
[10] 高权德.论职业技术教育学的学科性质与建设目标[J].中国职业技术教育,2014(03):24-27+36.
[11] 姜大源.再论职业教育的学科地位:一级学科还是二级学科?[J].天津中德应用技术大学学报,2017(02):14-19.
[12] 姜大源.职业教育要义[M].北京:北京师范大学出版社,2017:3.
[13] 马君.职业教育学专论[M].西安:陕西师范大学出版总社有限公司,2022:15.
[14] 眭依凡,陈洪捷,赵婷婷,侯怀银.中国高等教育学自主知识体系的建构[J].高校教育管理,2023,17(04):1-11.
[15] 谢伏瞻.加快构建中国特色哲学社会科学学科体系、学术体系、话语体系[J].中国社会科学,2019(05):4-22+204.
[17] 潘海生,李阳.从管理到治理:我国职业教育治理的变迁逻辑与未来走向[J].高等工程教育研究,2022(05):128-132+138.
[19] 杨光斌.以中国为方法的政治学[J].中国社会科学,2019(10):77-97+204-205.
[20] 方提,尹韵公.建构中国特色新闻传播学自主知识体系[N].中国社会科学报,2022-06-23(003).

作者简介

李　阳　天津大学教育学院博士研究生,研究方向为职业教育政策与职业教育社会学

电子邮箱

liyang1992920@outlook.com

Chapter 12

乡村教育学自主知识体系建构：向度与框架[*]

于海英

摘　要： 乡村振兴需要乡村教育学建构自主的知识体系，这是丰富乡村教育学内涵、推动乡村教育理论与实践发展、助力乡村振兴支撑体系完善的必然要求。建构乡村教育学自主知识体系需要深刻认识乡村教育学的本体与实质，明确乡村教育学自主知识体系的主体与学科向度。从知识维度、时间维度与逻辑维度设计乡村教育学自主知识体系矩阵，在矩阵的基础上建构乡村教育学自主知识体系框架，以期为乡村教育研究提供新的思路，为开展乡村教育学学科建设提供参考。

关键词： 自主知识体系；乡村教育学；向度；框架；知识体系建构

2016年习近平总书记明确提出"着力构建中国特色哲学社会科学"，[1] 2022年指出"加快构建中国特色哲学社会科学，归根结底是建构中国自主的知识体系"，[2] 党的二十大报告中提出"加快构建中国特色哲学社会科学学科体系、学术体系、话语体系"的战略任务，[3] 这对中国哲学社会科学建设与知识体系建构提出了要求。本文从乡村教育学的本体与实质入手，分析中国乡村教育学自主知识体系建构的主体与学科向度，试图理清乡村教育学自主知识体系的建构逻辑，并在理论依据基础上提出体系矩阵与框架。

一、乡村教育学的本体与实质

在特定历史条件下，我国乡村地区多为从事农业生产的劳动者的居

---

[*] 本文系国家社会科学基金2021年度教育学国家一般项目"乡村教师留任机制研究"（项目编号：BHA210137）的阶段性成果。

住地。这种单一产业结构下,地域范围方面的农村与乡村概念有着高度的相容和重合,导致人们把乡村教育学等同于农村教育学,有时甚至将两者作为同一概念使用。随着国家乡村振兴政策的推进,乡村的产业结构不再单纯以农业为主,呈现出乡村经济业态的多样化,这使得农村教育并不是乡村教育的全部,而仅仅是乡村场域中的一种教育。[4]因此,乡村教育学不等同于农村教育学,乡村教育学具有相对独立性和更为宽泛的指涉范畴。[5]

乡村教育学的发展与乡村教育的发展密不可分。在过去的百年中,乡村教育的实践活动与理论探索推动了以乡村教育为主题的学科发展。早在新中国成立前,中国共产党就从发展乡村小学入手,逐渐建立起具有战时特色的乡村教育体系。[6]1921年余家菊在《乡村教育运动底涵义和方向》中提出"乡村教育学"概念。[7]如果从这时算起,乡村教育研究在中国的发展已有百年。已有的发展为建构中国乡村教育学的知识体系奠定了良好基础。以往乡村教育实践活动与理论探索中积累形成的知识有着潜在的逻辑线索,已有的知识概念需要通过适应新时代学科建构的新要求、彰显学科的主体性、凸显中国特色,来建构自主的知识体系。

乡村教育实践活动与理论研究的根本意义不在于乡村教育问题本身,而在于以探索乡村教育规律来促进乡村教育的发展。回溯百年来的中国乡村教育发展,以揭示乡村教育规律为核心的乡村教育实践与理论,是中国乡村教育发展的核心主题。当前乡村振兴战略背景下,乡村教育实践活动与理论研究需要走向社会语境。因为指向内部的学术研究有其应然性与必要性,但在一定程度上也将自身局限在狭窄的理论空间及知识话语之内,因而无法在更有深度、更大广度的话语平台、理论平台上进行知识的拓展与创新。

在乡村振兴的社会语境下,对于乡村教育学本质意义的认识是构建学科逻辑的关键。目前乡村教育学的知识,主要都是围绕乡村教育实践活动和理论研究获得的,这些丰富的内容中呈现了乡村教育学的基本知识体系。例如,乡村教育的根本问题、价值取向、变迁逻辑、发展策略以及经费投入等方面的研究都是乡村教育学关注的基本对象。

乡村教育学的本体是对其研究对象的探讨,这是乡村教育学的主体特征体现。乡村教育学主要研究的是成体系的乡村教育,而不是单个的、孤立的乡村教育问题与现象。而这种乡村教育实践活动与理论研究的实质也就构成乡村教育学的本体。对乡村教育学的认识与理解,不仅是乡村教育学学科理论体系完善的前提与基础,更是乡村振兴战略对乡村教育发展提出的时代要求。乡村教育学可以理解为以乡村教育实践为基础,以乡村教育为研究对象,用教育学的基本原理和方法去研究乡村教育问题,揭示乡村教育规律,融合发展的一门学科。[8]

二、乡村教育学自主知识体系建构的向度

1. 乡村教育学自主知识体系建构的主体向度

对乡村教育学自主的知识体系内容、发展方向及可能性的关注构成了其主体向度。乡村教育学自主知识体系建构的第一重要向度是主体自主。主体自主更有利于促进乡村教育学知识体系的建构,凸显乡村教育学知识体系建构的现实意义。主体自主就是要在立足中国乡村教育实际的基础上,解决中国乡村教育领域的理论与现实问题,建构具有本土性、原创性与时代性的乡村教育学学科知识体系、理论体系及方法体系。

其一,立足中国乡村教育实际,解决中国乡村教育问题。

第一步,立足中国乡村教育实际,即从乡村教育发展的历史、当前与未来的时间维度来认识和把握中国乡村教育发展的内涵。中国有着近百年的乡村教育实践活动与理论研究历史,内容丰富的乡村教育实践活动与理论研究为乡村教育学提供了独立自主的知识逻辑、思想体系与文化自信。[9]将中国的乡村教育实际与中国的传统文化深入结合,充分挖掘中国乡村教育的独特资源与优势,凸显乡村教育学知识体系的本土性与民族性是中国乡村教育发展的历史内涵。当代中国的乡村教育正进行着新时代独特的实践创新。党的十九大提出了乡村振兴战略,为我国乡村教

育现代化建设指明了方向。在此背景下,我国的乡村教育获得了长足的发展,在实践活动与理论研究方面经历了变革和创新,这为乡村教育学知识体系的建构提供了现实的依据与创新的动力。明确当前中国乡村教育发展的新变化、新要求与新趋势,呈现乡村教育学知识体系的时代性与创造性是中国乡村教育发展的现实内涵。中国的乡村教育未来发展还将继续进行改革与创新。一方面要顺应和符合乡村振兴发展趋势,促进乡村教育实践活动与理论研究空间及价值的转向;另一方面要用前瞻性的学科意识与立场来建设乡村教育学,彰显乡村教育学的独特性存在。更好地解决乡村教育未来面对的共同问题,发挥好乡村教育学的文化功能、社会服务功能、价值引领功能,体现乡村教育学知识体系的应用性与前瞻性是中国乡村教育发展的趋势内涵。

第二步,解决中国乡村教育中的理论与现实问题。在中国乡村教育发展的历史过程中,每个历史阶段的各类乡村教育知识与思想、实践与经验都有着不同的特点。乡村教育学要承担并解决乡村教育理论与实践知识的创造性转化问题,通过乡村教育理论与实践问题的分析,实现去粗取精、去伪存真,促进乡村教育学的知识体系创新性发展。随着乡村振兴战略的推进,乡村教育学需要进一步进行高度综合;需要在乡村振兴的背景下,探讨乡村教育学的学科知识体系稳固内核建构的有效路径;探究乡村教育学创新发展的原动力,提高乡村教育学的理论供给力以及增强乡村教育学理论解释力的路径。在促进乡村教育高质量发展、助力教育强国建设方面乡村教育的功能日益凸显,针对中国教育现代化对乡村教育学知识体系提出的新要求,需要基于已有乡村教育理论与实践规律,科学预见和准确判断未来乡村教育发展之走向,强化乡村教育学的理论引领力。

其二,彰显中国式、乡土性、现代化特色。

建构中国乡村教育学自主知识体系,就是要在乡村教育学研究的价值取向、知识体系内容、研究方法与研究结论等方面体现中国式特点;将中国乡村教育学理论研究与实践活动的成果凝练提升为具有标志性与显示度的中国学科范式;将乡村教育学的学科特色与范式凝结成具有信服力与引领力的中国式学科发展路径。

建构中国式、乡土性与现代化相结合的乡村教育学概念体系是中国乡村教育学自主知识体系建构的重要内容。随着社会与环境的变化和发展,面对乡村教育发展出现的新问题与新现象,已有的理论与学说存在解释力不足的困境;而从西方引进的概念在中国语境中又常常出现水土不服的问题。因此,有必要围绕乡村教育概念、乡村教育现象、乡村教育价值与乡村教育功能等基本概念,建构一套逻辑自洽与知识自主的乡村教育学概念,以便从中提炼出中国的乡村教育经验总结,能解决中国的乡村教育问题、能指导中国的乡村教育实践的有效概念,最终形成能支撑乡村教育学学术内在属性并得到学术共同体普遍认可的知识体系。

建设乡村教育学的学术共同体是中国乡村教育学自主知识体系建构的重要前提。任何学科的发展都离不开学术共同体的集体努力,学术共同体的形成是促进乡村教育学学科发展的动力,[10]其研究活动能确立并完善学科的基本范式。从数量和结构上看,目前乡村教育学的学术共同体是以从事乡村教育研究与工作的专家、学者、研究生为主体。他们有着学术共同体的共同信念、价值与行动规范,较好地承担了乡村教育学学科的发展与评价责任。只有当学术共同体既具有乡村教育理想与家国情怀,又具有开放思想与世界视野时,才能更好地促进中国乡村教育学自主知识体系落到实处。

2. 乡村教育学自主知识体系建构的学科向度

学科自主也是乡村教育学自主知识体系的建构向度。学科自主就是要在明确乡村教育学在中国哲学社会科学中的重要地位的前提下建构自主的乡村教育学学科体系;要在探索乡村教育学学科本质与规律的基础上建构乡村教育学自主的学术体系;同时要创新乡村教育学学科体系、学术体系的话语表达方式建构乡村教育学自主的话语体系。

其一,建构自主的乡村教育学学科体系。乡村教育是社会主义教育事业的核心组成部分,乡村教育的文化功能、社会服务功能、价值引领功能已得到全社会认同,是乡村振兴、教育强国建设的应有之义。我国乡村教育理论研究兼具理论性与实践性的特点,其内容较为丰富。但从目前已有的成果看,研究者大多基于教育学立场,从学校教育视野构建乡村教育学的体系,[11]尚未建构起成熟且逻辑自洽的自主的学科理论体系。乡村教育学是中国哲学社会科学不可或缺的有机组成部分,肩负着人才培养、价值与文化引导等重要使命,在乡村振兴、城乡教育均衡发展等方面承担着重要角色。因此,应该将乡村教育学学科体系建构摆在中国哲学社会科学发展的优先位置,创造条件解决其学科的独立性与研究的自主性问题。

其二,建构自主的乡村教育学学术体系。乡村教育学的学术体系主要由乡村教育学的学术研究活动及与此相关的学术训练、评价与成果等组成。对于乡村教育学学科建设而言,建构学术体系是其建设和发展的重要理论基础。通过对乡村教育学学科本源性的元问题,即乡村教育现象的探索凝练其学科内核,是学术体系建立的首要任务;乡村教育现象有其自身存在和运行的基本规律,需要在学科内核凝练的基础上围绕乡村教育现象确定学科边界、丰富研究内容;探索与研讨元问题、学科边界和研究内容,建构被学术共同体普遍认同的概念体系及理论框架,最终形成乡村教育学学科的研究范式,建立乡村教育学自主知识体系。

其三,建构自主的乡村教育学话语体系。乡村教育学需要建构不同层次的话语体系,既要建构向本学科内部学术共同体及其他学科同行呈现的学科话语体系,也要建构为提升学科的社会认可度与世界影响力的社会话语体系及世界话语体系。建构乡村教育学的学科话语体系,就是对乡村教育历史、现在与未来三方面的中国乡村教育实际的理论提升和实践阐释。将乡村教育学学科生成的历史脉络、当代价值、未来发展空间,通过学术方式在概念体系、知识体系与方法体系中呈现,并在学科内部形成学科范式,获得外部学术认同。建构乡村教育学的社会话语体系,就是将乡村教育在文化传承中的重要贡献、在当代人才培养中的重要作用、在推动社会进步中的重要意义转化为具有社会普适性的文化符号,在学科与社会之间建立起认知的桥梁，提高乡村教育学的社会显示度与认可度。建构乡村教育学的世界话语体系，就是将中国乡村教育实践与理论成果的世界贡献，将中国乡村教育发展与学科建设的当代成就，将中国乡村教育的实践与理论自信、文化自信，通过学术交流、论文发表、著作出版等形式在世界范围广泛传播，以提升乡村教育学的世界影响力，形成国际学术话语权。[12]

三、乡村教育学自主知识体系建构的框架

1. 乡村教育学自主知识体系层次

其一，李伯聪三元论与三种知识形态。科学、技术与工程三元论是由中国科学院李伯聪教授提出的关于社会活动分类的观点。主张科学、技术与工程是三种不同的对象与活动，从这些活动的内容与性质来看，科学活动侧重发现，发现的对象通常是有一定普遍性与可重复性的规律；技术活动侧重发明，发明的对象通常是有一定普遍性与可重复性的方法，工程活动侧重建造，建造的对象通常是一次性、个体性的项目。三种社会活动的知识形态与之相对应表现为科学知识、技术知识、工程知识，由于本质属性的差异而各具不同的特征。科学知识属于符合客观事实与规律，并具有真理性、描述性的知识，科学知识本质上坚持的是实在性、客观性、普遍性；技术知识是在技术发明实践活动中创造出来的，为实现某种目的，指导实践的程序性与规范性的认知与建构活动方面的知识；工程知识是为实现工程目的应用与管理方面的知识，通常要集成技术方法、知识与发明等多种知识。工程知识具有独特性与综合性的特征，在某些特定情况下具有唯一性。[13]

其二，乡村教育学知识体系层次。在李伯聪三元论的框架下结合乡村教育学学科已有的相关研究成果进行分析，乡村教育学学科活动涉及科学、技术与工程三个方面，将乡村教育学学科知识划分为科学知识、技术知识与工程知识三个层次。（1）乡村教育学学科包括乡村教育科学层

面知识。我国乡村教育学者已经对乡村教育的基础理论、原理和规律等进行了研究与探讨,并取得了相关成果。例如,杜尚荣等在《乡村振兴战略下的乡村教育:内涵、逻辑与路径》中提出乡村教育的内涵,讨论了新时代乡村教育的发展逻辑。[14]郝文武《农村教育和乡村教育的界定及其数据意义》对农村教育与乡村教育进行了分析和界定,并认为"乡村及其教育是指乡村民众居住的地方及其教育"。[15]孙杰远等在《中国式乡村教育现代化的阶序与因应》借助阶序理论,深入分析了乡村教育现代化发展的阶序关系。[16](2)乡村教育学学科包括乡村教育的技术层面知识。乡村教育的实践目的是在一定范围内获得良好效果,是具有技术属性的社会实践活动。经过多年的积累与发展,乡村教育学学科在技术层面已经逐渐形成独特的方法、过程与操作规则等一系列技术知识。例如,房旺等在《我国乡村教育研究可视化分析》中从时、空分布视角对我国乡村教育研究进行了可视化分析,阐述了乡村教育研究热点与前沿问题。[17]李怡明等在《我国乡村教育质量监测体系构建》中对乡村教育质量监测体系进行了研究,并提出乡村教育质量监测体系由乡村外部与内部监测主体组成,监测乡村教育的规划、硬件与教学实施等内容,可运用法规政策、经费保障、科学方法、服务水平、队伍建设与搭建监测网等实践策略进行构建。[18](3)乡村教育学学科包括乡村教育的工程层面知识。在具体乡村教育实践活动中,需要以现实的乡村教育现象与问题为对象,综合运用学科理论和方法来解决问题。因此,在乡村教育工作中,依据不同层次、不同类别的具体问题,综合集成相应的乡村教育工程层面知识,形成具有独立性与特殊性的乡村教育工程知识。例如,曾庆伟等在《乡村小规模学校创新发展的制度障碍及突破》中分析了乡村小规模学校发展面临的重重制度障碍,并提出了乡村小规模学校创新发展的政策支持与引导。[19]许红敏等在《乡村教师定向培养的政策执行分析——基于〈乡村教师支持计划(2015—2020年)〉实施的考察》中以范米特和范霍恩的政策执行系统模型分析了该政策执行与落地情况,指出政策在执行方面还需进一步厘清教育逻辑与行政逻辑之间的关系,协调工具理性与价值理性的关系,健全监测和激励机制。[20]

2. 乡村教育学自主知识体系矩阵

借鉴李伯聪三元论从知识维度划分为科学知识、技术知识与工程知识三种形态,结合刘奉越等人的《中国共产党百年乡村教育发展历程、成就与展望》[21]与巴战龙的《中国乡村教育研究进程的回顾与评论》[22]等研究成果,在时间维度上将乡村教育划分为探索阶段、奠基阶段、运行阶段和优化阶段四个不同的阶段;参考袁利平等人的《中国乡村教育话语体系的百年演进及其现实启示》,[23]王玉国的《百年乡村教育价值取向及对未来的启示》[24]及李怡明等人的《我国乡村教育质量监测体系构建》[25]的研究成果,按逻辑维度展开乡村教育知识体系。由此尝试设计乡村教育学的知识维度、时间维度与逻辑维度的体系矩阵(见表1)。知识体系矩阵中每一个要素(K_{11}、K_{21}、K_{31}等)表示乡村教育实践与研究在时间维度上每一阶段不同层次的知识。K_{11}表示在时间维度的乡村教育探索阶段的科学层面知识,K_{21}表示在时间维度的乡村教育探索阶段的技术层面知识,K_{31}表示在时间维度的乡村教育探索阶段的工程层面知识,K_{12}表示在时间维度的乡村教育奠基阶段的科学层面知识,K_{13}表示在时间维度的乡村教育运行阶段的科学层面知识,K_{14}表示在时间维度的乡村教育优化阶段的科学层面知识,其他情况以此类推(见表1)。

表1 乡村教育学自主知识体系矩阵

逻辑维度 \ 时间维度 \ 知识维度	探索阶段	奠基阶段	运行阶段	优化阶段
科学知识	K_{11}	K_{12}	K_{13}	K_{14}
技术知识	K_{21}	K_{22}	K_{23}	K_{24}
工程知识	K_{31}	K_{32}	K_{33}	K_{34}

李伯聪三元论框架下的知识分类,是从知识形态视角对知识体系的科学性进行的分析,乡村教育学学科知识体系建构不仅要考虑知识的科

学性,而且也需要考虑时间阶段与逻辑程序,这样才能形成相对全面的知识体系。通过乡村教育学的知识维度、时间维度、逻辑维度建构知识体系矩阵,明确不同知识维度、时间维度、逻辑维度的相关内容,从而构成完整的知识体系框架(见图1)。

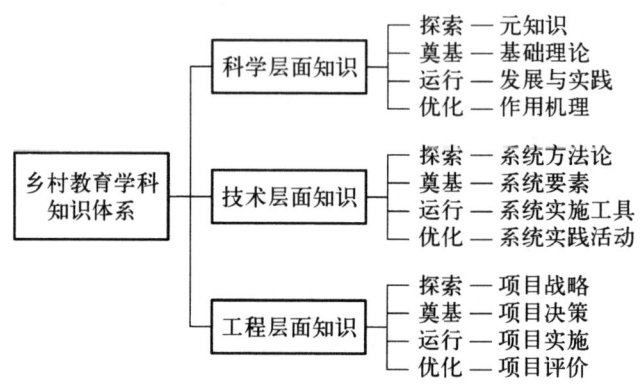

图1　乡村教育学学科知识体系框架

3. 乡村教育学自主知识体系框架的结构与内容

其一,科学层面知识的结构与内容。乡村教育学的科学层面知识主要阐述乡村教育内在的规律,可以划分为探索、奠基、运行与优化四个阶段知识。其中,探索阶段的知识是从乡村教育学学科元知识角度研究的成果,主要解决学科属性与定位、研究对象、研究方法等方面的问题。奠基阶段的知识是从乡村教育基础理论角度研究的成果,主要解决乡村教育的概念、乡村教育的原理、乡村教育的形式等方面的问题。运行阶段的知识是从乡村教育发展与实践角度的研究,主要解决乡村教育现代化、乡村教育高质量发展、乡村教育实践背景等方面的研究成果。优化阶段的知识是从乡村教育作用机理角度的研究,主要解决乡村教育与社会学、经济学等学科的学科交叉研究、乡村教育对乡村经济促进机理研究以及乡村教育理论与实践未来发展趋势等方面的问题(见表2)。

表 2　乡村教育学的科学层面知识框架结构与内容

知识维度	时间维度	逻 辑 维 度	
科学层面	探索	K_{11}：乡村教育学学科元知识	乡村教育学学科属性与定位
			乡村教育学研究对象
			乡村教育学研究方法
			……
	奠基	K_{12}：乡村教育基础理论	乡村教育的概念
			乡村教育的原理
			乡村教育的形式
			……
	运行	K_{13}：乡村教育发展与实践	乡村教育现代化研究
			乡村教育高质量发展研究
			乡村教育实践背景研究
			……
	优化	K_{14}：乡村教育作用机理	乡村教育与社会学、经济学等学科的学科交叉研究
			乡村教育对乡村经济促进机理研究
			乡村教育理论与实践未来发展趋势
			……

其二,技术层面知识的结构与内容。乡村教育学技术层面知识主要是指导乡村教育实践活动的、具有一定普遍性与可重复性方法的知识,可以分为探索、奠基、运行与优化四个阶段知识。其中,探索阶段是乡村教育系统方法论方面的知识,即指导乡村教育理论与实践活动的方法论,主

要有乡村教育体系的构建方法、工作方法及研究方法等方面的知识。奠基阶段是针对乡村教育系统要素开展研究形成的知识单元，主要有乡村教育组织性质和类别（管理组织、制定组织、服务机构）、乡村教育组织工作制度、乡村教育质量指标等方面知识。运行阶段是乡村教育系统实施工具，包含乡村教育管理信息系统、乡村教育研究技术系统、乡村教育质量监督系统等方面知识。优化阶段是以乡村教育系统实践活动为主线，在整合乡村教育项目制定程序与方法、乡村教育项目实施技术、乡村教育效益评价方法等过程中开展研究形成的知识单元（见表3）。

表3 乡村教育学的技术层面知识框架结构与内容

知识维度	时间维度	逻辑维度	
技术层面	探索	K_{21}：乡村教育系统方法论	乡村教育体系构建方法
			乡村教育工作方法
			乡村教育研究方法
			……
	奠基	K_{22}：乡村教育系统要素	乡村教育组织性质和类别（管理组织、制定组织、服务机构）
			乡村教育组织工作制度
			乡村教育质量指标
			……
	运行	K_{23}：乡村教育系统实施工具	乡村教育管理信息系统
			乡村教育研究技术系统
			乡村教育质量监控系统
			……

续表

知识维度	时间维度	逻辑维度	
技术层面	优化	K₂₄:乡村教育系统实践活动	乡村教育项目制定程序与方法
			乡村教育项目实施技术
			乡村教育效益评价方法
			……

其三,工程层面知识的结构与内容。乡村教育学工程层面知识主要是为实现工程目的而采用的综合性、独特性的手段,可以分为探索、奠基、运行与优化四个阶段知识。乡村教育项目战略层知识主要是在探索阶段,研究相关领域的具有宏观指导性的知识,有乡村教育项目目标原则与主要任务、乡村教育项目管理体制与运行机制、乡村教育项目类别等方面知识。乡村教育项目决策层知识主要是项目推进中奠基阶段的前提条件性的知识,有乡村教育项目必要性与可行性评估、乡村教育项目所需资源评估、乡村教育项目效益预评估等方面知识。乡村教育项目实施层知识主要是项目推进中运行阶段的操作知识,有乡村教育项目实施计划、乡村教育项目实施计划执行、乡村教育项目实施影响因素分析等方面的知识。乡村教育项目评价层知识是项目推进优化阶段的评价知识,有乡村教育项目实施的阶段性评价、乡村教育项目成果总结性评价与反馈、乡村教育项目计划及资源更新等方面的知识(见表4)。

表4 乡村教育学的工程层面知识框架结构与内容

知识维度	时间维度	逻辑维度	
工程层面	探索	K₃₁:乡村教育项目战略	乡村教育项目目标原则与主要任务
			乡村教育项目管理体制与运行机制

续　表

知识维度	时间维度	逻辑维度	
工程层面	探索	K_{31}：乡村教育项目战略	乡村教育项目类别
			……
	奠基	K_{32}：乡村教育项目决策	乡村教育项目必要性与可行性评估
			乡村教育项目所需资源评估
			乡村教育项目效益预评估
			……
	运行	K_{33}：乡村教育项目实施	乡村教育项目实施计划
			乡村教育项目实施计划执行
			乡村教育项目实施影响因素分析
			……
	优化	K_{34}：乡村教育项目评价	乡村教育项目实施的阶段性评价
			乡村教育项目成果总结性评价与反馈
			乡村教育项目计划及资源更新
			……

注释

[1] 习近平在哲学社会科学工作座谈会上的讲话[N].人民日报,2016-05-19.

[2] 习近平在中国人民大学考察时强调：坚持党的领导传承红色基因扎根中国大地走出一条建设中国特色世界一流大学新路[N].人民日报,2022-04-26.

[3] 翟锦程.中国自主知识体系价值取向与构建的实践基础[J].南开学报(哲学社会科学版),2023(03)：40-49.

[4][8][11] 侯怀银,原左晔.乡村振兴呼唤乡村教育学[J].华东师范大学学报(教育科学版),2022,40(12)：50-62.

[5] 吴明海,王晓宇.乡村教育等同农村教育吗——兼论新时代乡村教育的内涵与展望

[J].湖南师范大学教育科学学报,2022,21(02):52-58.

[6] 刘奉越,张天添.中国共产党百年乡村教育发展历程、成就与展望[J].河北大学学报(哲学社会科学版),2021,46(04):47-54.

[7] 侯怀银.20世纪上半叶中国教育学学科体系的构建及其特征[J].课程·教材·教法,2002(08):61-64.

[9] 周仕德,刘翠青.论中国特色教育学知识体系的新时代构建[J].中国教育科学(中英文),2023,6(01):16-27.

[10] 杨柄,封海清.学术共同体:西南联大民族学学人群的形成及其学科史意义[J].扬州大学学报(高教研究版),2023,27(04):86-95.

[12] 方卿,王一鸣.中国特色出版学自主知识体系建构的思考[J].中国编辑,2023(09):16-21.

[13] 李上,刘波林.标准化学科知识体现构建研究[J].中国标准化,2013(08):42-46.

[14] 杜尚荣,刘芳.乡村振兴战略下的乡村教育:内涵、逻辑与路径[J].现代教育管理,2019(09):57-62.

[15] 郝文武.农村教育和乡村教育的界定及其数据意义[J].教育研究与实验,2019(03):8-12.

[16] 孙杰远,于玲.中国式乡村教育现代化的阶序与因应[J].现代教育管理,2023(06):1-8.

[17] 房旺,单文莹,纪婷.我国乡村教育研究可视化分析——基于知网文献研究[J].西部素质教育,2023,9(10):13-17+34.

[18][25] 李怡明,刘延金.我国乡村教育质量监测体系构建[J].西南大学学报(社会科学版),2017,43(01):87-93+190-191.

[19] 曾庆伟,朱忠琴.乡村小规模学校创新发展的制度障碍及突破[J].教育研究与实验,2023(03):77-84.

[20] 许红敏,王智秋.乡村教师定向培养的政策执行分析——基于《乡村教师支持计划(2015—2020年)》实施的考察[J].当代教育论坛,2022(02):116-124.

[21] 刘奉越,张天添.中国共产党百年乡村教育发展历程、成就与展望[J].河北大学学报(哲学社会科学版),2021,46(04):47-54.

[22] 巴战龙.中国乡村教育研究进程的回顾与评论[J].湖南师范大学教育科学学报,2009,9(05):37-42.

[23] 袁利平,姜嘉伟.中国乡村教育话语体系的百年演进及其现实启示[J].陕西师范大学学报(哲学社会科学版),2022,51(01):69-83.

[24] 王玉国.百年乡村教育价值取向及对未来的启示[J].教育学术月刊,2009(11):12-14.

作者简介

于海英 教育学博士,牡丹江师范学院教育科学学院院长、教授,主要研究方向为农村教育、教师教育

电子邮箱

yuhaiying0304@163.com

Part 4
方法探索

Chapter 13

包容、转型与创新:以高质量教育科学研究助力教育学自主知识体系构建
——基于全国教育科学研究优秀成果奖(论文类)的计量分析

毋 磊 马一先 马银琦

> **摘 要**:分析高质量教育科学研究成果的作者属性、生产方式以及学术认可度等特征,有利于进一步理清教育学自主知识体系建设的实践路径。通过对484篇"全国教育科学研究优秀成果奖"获奖论文的文献计量发现:作者以重点学科建设高校中拥有高级职称的45—64周岁学者为主,呈现年轻化、跨学科和国际化趋势;论文大多产出于两人之间的同事合作,以思辨研究为主,持续关注我国教育领域的重点和难点问题,师生合作、小团队合作、实证研究、中国特色的趋势愈发明显;论文集中刊发于核心刊物,学术认可度较高,但发表存在马太效应,而且国际发表论文数量不多。据此,助力教育学自主知识体系构建要培养具备跨学科研究素养和国际化视野的青年学者,提供持续适配的研究团队保障;加强重大教育战略和教育教学研究,重视高质量的实证研究合作,明确理论与实践融合的研究逻辑;强调多元分类的学术评价,创新客观公正的评价体系。
>
> **关键词**:教育科学研究成果;学术论文;文献计量;自主知识体系

一、问题提出

教育、科技、人才是全面建设社会主义现代化国家的基础性和战略性支撑,教育是推进中国式现代化的关键基础。教育知识生成和体系建构影响国家教育发展的质量。[1]坚持社会主义原则,在持续的实践和探索中构建中国教育学自主知识体系是我们特别需要关注的重要议题。学科的

生成在于其能够揭示事物发展规律,形成学科知识体系。[2]而科学研究就是运用各类科学的研究方法获取相关主题有组织、有系统的知识体系,与学科建设之间是一种相互促进的协同关系。[3]教育科学研究是教育学自主知识体系构建的基础,高质量的教育科学研究有助于凝练理论与实践的发展,并不断推动新知识的生产,从而为构建教育学自主知识体系提供给养。[4]因此,推动高质量的教育科学研究是构建中国教育学自主知识体系的重要抓手。高质量的教育科学研究成果是教育科学领域研究进展的集中体现,是教育学科体系、理论体系及话语体系的融合表达,有利于推动学科建设、丰富理论研究、优化实践发展。学术论文是用系统专门的知识来表述研究成果的学理性文章,是教育科研成果产出的重要载体和传播形式之一,承载着教育科学研究领域中观点和理论创新、技术和方法推广的重要使命。系统研究高质量教育科学研究论文的学术特征,对于全面把握研究现状与规律,推动教育科学研究向高质量发展具有重要意义。

  分析高质量研究论文的学术特征,服务学科知识体系的构建是学术界共同关注的议题。相关研究涉及医学[5]、图书馆学[6]、地理学[7]、管理学[8]、人口学[9]、民族学[10]、教育学[11]等多学科领域;高被引论文[12]、顶级期刊论文[13]、CSSCI[14][15]等核心期刊论文是学者们研究高质量研究论文的主要来源,也有部分以科研奖项论文为指标的计量分析,如国家自然科学奖[16]、高等学校科学研究优秀成果奖(人文社会科学)[17]、高等教育学优秀博士学位论文奖[18]、教育实证研究优秀成果奖[19]等;探讨的论文的学术特征基本包括作者属性、发表刊物、被引规律、研究机构、基金支持、学科分布、研究主题、Altmetrics 特征[20][21][22][23]等内容。总体而言,目前学术界关于高质量研究论文的学术特征的相关研究成果丰富,但是具体到教育科学研究领域还存在一些问题,如研究样本集中于高被引和CSSCI 期刊论文,这些科学计量评价体系下的论文能否真正代表"高质量教育科学研究论文";研究的时间跨度大多为五年、十年等较短的年限,领域大多聚焦高等教育、职业教育、思政教育、远程教育等单一领域,缺少对我国教育科学研究领域的整体把握等。

全国教育科学研究优秀成果奖是教育部6项评比达标表彰活动之一,评奖倡导质量第一,突出社会贡献和国内外影响,至今已成功举办六届。这些获奖成果集中反映了30多年来我国教育科研战线取得的工作成就,是集高政治标准、学术标准和学风标准为一体的高质量教育科学研究成果,基本代表着我国教育科学研究的最高水平。全国教育科学研究优秀成果奖对研究者来说是一种重要的激励和认可,为教育科学研究设置了质量标准,推动了教育科学研究的合作与创新,有利于实现教育学自主知识体系建设的深入化和系统化。本研究以全国教育科学研究优秀成果奖的获奖论文作为研究对象,通过文献计量学,分析30多年以来我国高质量教育科学研究论文的学术特征,整体把握教育科学研究的发展脉络及主要特征,以期为新时代教育科学研究的高质量发展提供一定参考建议,进而助力我国教育学自主知识体系构建。

二、研究设计

1. 分析框架

教育学自主知识体系的构建是一个涉及多重学术要素的综合过程,这与全国教育科学研究优秀成果奖中的作者属性、生产方式以及学术认可度等特征密切相关。作者属性主要包括获奖作者的年龄、职称、专业背景以及工作单位等信息维度,不同身份属性的研究者可以从理论框架、学科视角以及经验阅历等方面为教育学自主知识体系的多元化和深度化提供创新动力。生产方式主要包括获奖论文的合作关系、研究范式、学科领域以及研究主题等内容维度,不同生产方式的论文可以从有效性和科学性等方面提升教育学自主知识体系的整体质量。学术认可度主要包括获奖论文的发表来源、被引频次以及转载情况等评价维度,高学术认可度的论文可以积极有效地推动教育学自主知识体系的演进和发展,提升整体发展水平。所以总体而言,全国教育科学研究优秀成果奖是集合了作者属性、生产方式以及学术认可度为一体的高评价标准,分析获奖论文的学术特征，可以有效推动教育学自主知识体系的整体发展。

结合文献综述和研究数据的获得情况，本研究集中回答三个问题来系统把握30多年以来全国教育科学研究优秀成果奖获奖论文的学术特征：(1)高质量教育科学研究论文的作者具备何种属性；(2)高质量教育科学研究论文的生产方式具备何种特征；(3)高质量教育科学研究论文的学术认可度如何？即从作者属性、生产方式以及学术认可度三个维度去分析高质量教育科学研究论文的学术特征，进而明确我国教育学自主知识体系构建与研究队伍建设、知识生产方式以及学术评价标准之间的关系。

表1 研究分析维度框架

一级维度	二级维度
作者属性	年龄结构；职称等级；专业背景；署名单位
生产方式	合作关系；研究范式；学科领域；研究主题
学术认可度	论文发表来源；被引频次；转载情况

2. 数据来源

全国教育科学研究优秀成果奖评选活动分别在1989年、1999年、2006年、2011年、2016年以及2021年成功举办六届，下设专著、论文及研究报告三种成果类型，且每种类型分设一、二、三等奖（除第一届和第二届外）。本研究从由全国教育科学规划领导小组办公室编制的《中国教育科学规划回顾与展望——从"六五"到"十五"》[24]一书中获取了前两届的获奖成果名单，从教育部官网下载了第三至六届的获奖成果名单，通过整理获得了484篇获奖论文的基本信息，并根据研究的三个问题，通过中国知网、Web Of Science、百度、学校官网、《新华文摘》、《中国人民大学复印报刊资料》、《中国社会科学》官方网站等平台完善了研究数据库。

3. 具体指标界定

作者属性分析。下设年龄结构、职称等级、专业背景、署名单位四个维度。研究以 480 名(有 4 项是以课题组的形式申报,不计入作者获奖名单)第一作者为分析单位,通过检索履历信息共获得 462 位有效样本,分析获奖论文的作者属性。将作者获奖时的年龄结构分为 25—34 周岁、35—44 周岁、45—54 周岁、55—64 周岁及 65 周岁以上五个区间;将作者获奖时的职称等级界定为初级、中级、副高及正高级;以国家《授予博士、硕士学位和培养研究生的学科、专业目录》为依据,将作者的专业背景归成纯教育学背景和跨教育学背景两种,纯教育学背景指的是作者本科、硕士、博士学位都是教育学,跨教育学背景指的是作者本科、硕士、博士学位中至少有一种不是教育学;以作者获奖当年以前是否有海外访问或留学半年及以上经历来划分作者是否有海外经历;根据历年国家重点学科名单和学科评估结果(教育学、心理学、体育学),将作者署名单位界定为重点师范高校、地方师范高校、重点综合高校、地方综合高校、研究院所、政府机构、中小学以及其他单位。

生产方式分析。下设合作关系、研究范式、学科领域、研究主题四个维度。研究以 484 篇论文的作者信息、研究方法、标题及关键词为分析单位,分析获奖论文的生产方式。将合作关系从是否合作、合作人数以及合作身份三个方面进行计量分析,合作人数分为 2 人、3 人、4 人、5 人及 5 人以上五种指标,合作身份分为同事合作和师生合作两种指标;研究范式主要判断论文使用的是实证研究还是思辨研究范式,其中定性/质性研究、定量/量化研究以及混合研究都属于实证研究范式;将研究领域按照成果奖的专业领域分类,综合分成教育基本理论、教育史、教育发展战略、教育经济与管理、教育心理、德育、基础教育、高等教育等十五大类;利用 COOC12.6 软件[25]对收集到的关键词进行同义词合并,剔除无意义词后,利用"主题演化—累积时区图"可视化功能生成历届研究关键词知识图谱。

学术认可度分析。下设期刊来源、转载情况、被引频次三个维度。研究以 484 篇论文的计量特征为分析单位,判断全国教育科学研究优秀成果奖评选和文献转载以及科学计量评价结果之间的一致性,同时检验获奖论文在学术界的认可度。以当年发表的期刊等级为依据,分为南京大学 CSSCI 来源期刊、北京大学中文核心期刊、普通刊物、国际刊物及报纸、会议文集等其他刊物;以论文是否被《新华文摘》《中国人民大学复印报刊资料》《中国社会科学》转载为依据,分为被转载和未转载;以论文在中国知网和 Web Of Science 统一检索到的被引次数作为被引频次。

三、研究结果

1. 高质量教育科学研究论文作者的特点

拥有高级职称的 45—64 周岁学者是获奖论文的主力军,但愈发显现年轻化的态势。如表 2 所示,从年龄结构分布来看,获奖作者年龄集中于中老年阶段,其中 45—54 周岁的作者是主力军,55—64 周岁是第一、二届获奖的第一梯队,45—54 周岁是第三至六届获奖的第一群体,但随着时间的推移,35—44 周岁的比重迅速上升并且成为近几届的主力军,25—34 周岁的青年学者比重有所上升,在第五届达到峰值;从职称等级分布来看,获奖作者职称以正高级为主,副高级为辅,其中拥有正高级职称的作者是历届获奖的主力军,但占比随着时间的推移不断下降,而副高级和中级及以下职称的作者获奖比例有所提升,但呈现一种波动式的变化,副高级职称的作者占比在第三届、中级及以下职称的作者占比在第五届达到峰值。除此之外,获奖 2 次及以上的作者有 37 人,占获奖作者的 8%,获奖数量为 72 项,占全部获奖的 15.6%。其中如何克抗、田正平、叶澜、邬大光、眭依凡、杨小微、张应强、连榕、沈红等教授,都是我国教育科学研究中各个领域的领军人物和优秀代表,具备强劲的研究水平和较高的学界地位,其成果也引领着教育学自主知识体系的发展方向,展示出我国教育科学研究的成熟度;同时也有檀慧玲、苏启敏等青年学者,凭借优秀的研究成果多次获得奖项,这种年轻化的趋势反映出我国教育科学研究领域的持续活力。

表 2 论文获奖者的年龄及职称结构分布

届次	年龄结构					职称等级		
	25—34周岁	35—44周岁	45—54周岁	55—64周岁	65周岁以上	正高级	副高级	中级及以下
第一届	0	9.09%	32.73%	40.00%	18.18%	86.21%	12.07%	1.72%
第二届	5.56%	16.67%	22.22%	33.33%	22.22%	76.47%	17.65%	5.88%
第三届	0	33.33%	38.89%	25.93%	1.85%	61.40%	35.09%	3.51%
第四届	5.33%	24.00%	38.67%	25.33%	6.67%	68.00%	18.67%	13.33%
第五届	9.09%	34.55%	40.00%	11.82%	4.55%	57.27%	27.27%	15.45%
第六届	2.00%	36.00%	38.00%	19.33%	4.67%	66.89%	25.17%	7.95%

数据来源：通过作者履历信息整理后计算得出。

总体而言，随着教育科研经历、社会地位以及同行认可度的不断丰富与增长，拥有高级职称的中老年学者成为我国教育学自主知识体系构建的中坚力量，但产出高质量研究论文的年轻学者正在被学术界认可。这种从资深学者到年轻学者的知识传承与研究创新，不仅推动了教育科学研究的深入发展，而且为我国教育学自主知识体系的构建提供了坚实的研究支撑和创新动力。

获奖论文作者的专业背景呈现一种跨学科、国际化趋势。从专业背景分布来看，获奖作者的专业背景愈发多样化，拥有跨教育学科背景和海外经历的作者数量波动上升并逐渐稳定。如图 1 所示，除了第一届以外，之后每届的获奖作者中有一半以上都拥有跨教育学科背景，尤其是第四届，接近 58% 的作者都不是纯教育学科出身，理学、管理学、工学、法学及文学是跨教育学科中的前五名学科（见表 3）；除了第一届和第三届以外，其余四届有一半以上的作者有海外访问或留学半年及以上的经历。

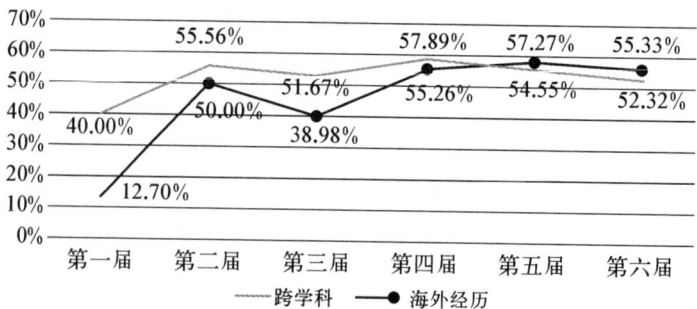

图 1　论文获奖者跨教育学科及海外经历背景分布
数据来源：通过作者履历信息整理后计算得出。

表 3　论文获奖者跨教育学科占比分布

序号	学科	占比	序号	学科	占比
1	理学	33.59%	7	哲学	5.43%
2	管理学	15.25%	8	历史学	4.91%
3	工学	12.14%	9	医学	0.78%
4	法学	10.85%	10	艺术学	0.78%
5	文学	9.30%	11	农学	0.55%
6	经济学	5.94%	12	军事学	0.49%

数据来源：通过作者履历信息整理后计算得出。

总体而言，随着教育现代化的不断深入，交叉融合成为教育科学研究队伍的重要特征。跨学科的研究背景丰富了教育科学研究的内容和范式，为教育学自主知识体系的创新和发展提供了全面的理论视角和系统思考。国际化的研究背景为教育科学研究提供了研究视野和理念方法的补充，为教育学自主知识体系的创新和发展提供了多元的文化体系和先进经验。研究队伍的专业背景呈现的这种跨学科和国际化的特点，反映出我国教育科学研究的多样性和开放性，有助于提升我国教育学自主知识体系的整体水平和国际影响力。

重点学科建设高校是获奖论文的主产地。从署名单位分布来看，获奖论文基本产出于高等院校，尤其是重点学科建设高校和综合高校。如表4所示，重点师范高校和重点综合高校的获奖频数波动上升并逐渐占据主要地位，而地方综合高校虽然占比较大，但呈现波动下降的态势；地方师范高校是除了重点学科建设高校和综合高校以外获奖最多的群体，占比波动变化，这一定程度上反映出地方师范高校可能存在"重人才培养轻科学研究"的问题；而非高校单位中，政府机构除了前两届占据较大比重外，剩余四届与研究院所、中小学、出版社、学术组织等单位一样，占比微乎其微。

表4 不同署名单位类型的获奖数量占比分布

署名单位类型	第一届	第二届	第三届	第四届	第五届	第六届
重点师范高校	7.25%	22.22%	35.00%	27.63%	28.18%	33.11%
地方师范高校	7.25%	11.11%	16.67%	23.68%	16.36%	12.58%
重点综合高校	13.04%	16.67%	20.00%	17.11%	24.55%	23.18%
地方综合高校	31.88%	16.67%	16.67%	15.79%	24.55%	20.53%
研究院所	4.35%	0	8.33%	6.58%	3.64%	4.64%
政府机构	24.64%	27.78%	0	2.63%	0.91%	2.65%
中小学	2.90%	0	3.33%	5.26%	0.91%	3.31%
其他单位	8.70%	5.56%	0	1.32%	0.91%	0

数据来源：通过对获奖作者署名单位统计后计算得出。

总体而言，重点学科建设高校和综合高校具备深厚的研究实力，为教育科学研究提供了必要的研究环境和资源保障。推动我国教育学自主知识体系的构建不仅要重视重点学科建设高校和综合高校科研实力的高质量发展,更有必要鼓励地方高校和非高校单位提升研究能力和贡献,加强协同参与和学术合作,提升教育学自主知识体系与社会发展的匹配度。

2. 高质量教育科学研究论文生产方式的特征

获奖论文愈发倾向于合作完成。如表5所示,从非合作与合作论文分布来看,六届获奖论文的非合作与合作比重基本一致,但从第二届开始,获奖论文的合作率持续上升,非合作率逐渐下降,均在第六届达到峰值,我国教育科学研究正逐渐从个体工作模式转向团队合作模式,研究的质量和影响力不断提升。

表5 非合作与合作获奖论文的比重分布

合作关系	第一届	第二届	第三届	第四届	第五届	第六届
非合作论文	40.58%	66.67%	53.33%	48.68%	44.55%	41.72%
合作论文	59.42%	33.33%	46.67%	51.32%	55.45%	58.28%

数据来源:通过获奖论文信息统计整理后计算得出。

所以总体而言,在大科学时代,以协同创新为表征的合作研究深刻影响我国教育科学研究的发展,[26]加强科研合作可能更有利于推动我国教育学自主知识体系的构建,汇集不同学者的研究专长与学科视角,加强交流与合作,显著提升学术研究的创新性和多元性。

获奖论文以2人之间的同事合作为主,但师生合作、小团队合作的趋势愈发明显。如表6所示,从合作人数分布来看,2人合作是历届获奖合作论文的最大比重,其中最高比重为第一届的90.24%,最低为第四届的35.90%,2人以上合作呈现波动变化态势,但是与第一届相比,其比重有明显提升,其中3人合作的占比最大且趋于稳定,5人及以上的团队合作比重较小。从第六届的各部分占比数值来看,获奖论文的合作规模在逐步扩大;从合作身份分布来看,获奖论文的合作方式以同事合作为主,师生合作为辅。具体来看,前五届获奖合作论文中,同事合作占据了一半以上的比重,第一、第二届更是达到了100%,近几届总体呈现下降态势,第六届已经下降到48.86%,师生合作的比重波动式上升,在第六届首次超过同事合作。

表6 不同合作人数及身份的获奖论文占比

合作关系		第一届	第二届	第三届	第四届	第五届	第六届
合作人数	2人	90.24%	66.67%	46.43%	35.90%	63.93%	52.27%
	3人	2.44%	16.67%	25.00%	17.95%	18.03%	17.05%
	4人	0	16.67%	7.14%	10.26%	8.20%	12.50%
	5人	2.44%	0	10.71%	12.82%	3.28%	7.95%
	5人以上	4.88%	0	10.71%	23.08%	6.56%	10.23%
合作身份	同事关系	100.00%	100.00%	74.07%	82.05%	63.93%	48.86%
	师生关系	0	0	25.93%	17.95%	36.07%	51.14%

数据来源:通过获奖论文信息统计整理后计算得出。

总体而言,2人之间的同事合作是高质量教育科学研究合作论文的主要方式,但随着学科的不断发展以及研究规模的逐步扩大,教育学自主知识体系的构建可能更倾向于2人以上的小团队师生互惠合作,强调研究团队的多元化和互惠化,以此丰富研究视角和合作模式,进一步推动教育科学领域的深入发展和知识创新。

获奖论文以思辨研究为主,但实证化趋势明显。从研究范式分布来看,如表7所示,六届获奖论文中,实证研究占比从第一届的10.14%增长到第六届的54.97%,思辨研究的占比除了第四届有小幅增长之外,总体呈现下降态势,从第一届的89.96%下降到第六届的45.03%。这种转变体现出我国教育科学研究领域对数据驱动和实证检验的重视程度日益增加,思辨研究和实证研究的有机融合,是推动我国教育学自主知识体系发展的关键。

表7 获奖论文的研究范式比重分布

研究范式	第一届	第二届	第三届	第四届	第五届	第六届
思辨研究	89.86%	77.78%	66.67%	69.74%	53.64%	45.03%
实证研究	10.14%	22.22%	33.33%	30.26%	46.36%	54.97%

数据来源:通过获奖论文信息统计整理后计算得出。

总体而言,随着教育学科科学化的不断推进,思辨研究为主要研究范式的局面被打破,构建我国教育学自主知识体系愈发倾向于开展科学规范的实证研究范式,这种转向有利于提升教育科学研究成果的客观性和科学性,进而能够更加全面且深入地回应教育实践中的挑战与需求。

获奖论文集中关注高等教育、基础教育、教育基本理论、教育发展战略以及教育心理等重点领域。从历届排名变化来看,高等教育、基础教育和教育基本理论是获奖论文的重点关注领域,教育发展战略、职业教育、教育心理以及教育信息技术领域的研究占比呈现波动上升的趋势,尤其是教育信息技术,从第一届的第14位上升到第六届的第7位,成人教育领域的研究占比逐渐下降,其他领域的研究占比总体上趋于稳定(见表8),这反映出我国教育科学研究是在回应社会以及技术发展的基础上不断多元发展的。

表8 获奖论文的研究领域占比排名分布

研究领域	第一届	第二届	第三届	第四届	第五届	第六届
高等教育	1	2	1	1	1	1
基础教育	2	1	3	2	4	2

续 表

研究领域	第一届	第二届	第三届	第四届	第五届	第六届
教育基本理论	4	3	4	3	2	3
成人教育	3	4	6	8	12	10
教育经济与管理	7	5	7	7	8	5
教育发展战略	5	8	9	6	3	4
德育	8	7	8	4	11	11
教育史	12	9	12	12	9	12
职业教育	9	6	10	13	6	6
体育卫生美育	6	11	5	9	10	9
教育心理	13	12	2	5	5	8
教育信息技术	14	13	13	10	7	7
民族教育	10	14	11	14	13	13
比较教育	11	15	14	11	14	14
军事教育	15	10	15	15	15	15

数据来源：通过获奖论文信息统计整理后计算得出。

总体而言，高质量教育科学研究论文关注教育领域的重点和难点，突出问题导向和时代特色是构建教育学自主知识体系的基本逻辑，通过不断探索和更新研究领域，教育科学研究能够更好地回应时代需求，推动教育现代化发展。

获奖论文重点关注高等教育、基础教育、职业教育学段的"教育质量""教育管理""教育评价""教师发展""教育文化"等研究议题。如图2所示，"教育质量"集中研究"人才培养""核心素养""教育公平""创造力""深度学习""教育信息化""精准扶贫"等内容，强调教育的目的是培养人；"教育管理"集中研究"教学改革""课程改革""教材研究""治理""教育政策""高考改革""教育财政""人力资本"等内容,从宏观、中观、微观层面优化教育管理体制机制;"教育评价"集中研究"量化评估""课程考试""学业成绩""自然实验"等内容,不断优化教育评价建设;"教师发展"集中研究"教师专业发展""教师教育""海归教师"等内容,注重提升教师队伍建设;"教育文化"集中研究"文化""德育""社会支持""教育伦理""教育思想"等内容,重视教育与文化的融合。同时"毛泽东""21世纪""全球化""中国特色""改革开放40年""教育现代化""终身教育""大数据""内卷化"等关键词也反映出获奖论文的时代特征。除此之外,"教育学""方法论""高等教育学""实践逻辑""话语体系"等关键词体现出获奖论文持续关注学科的基本原理和理论发展。

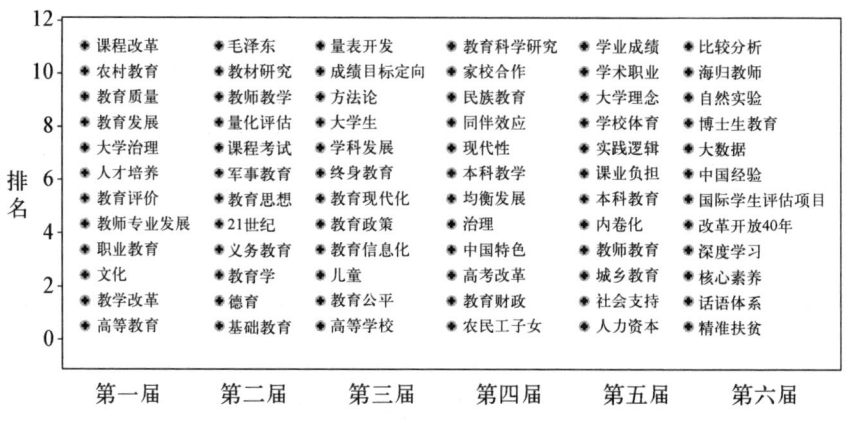

图2　获奖论文的高频关键词可视化分布

数据来源:通过对获奖论文信息统计整理并导入COOC12.6软件可视化得出,高频词阈值为12。

总体而言,高质量教育科学研究论文关注教育学科的理论与实践发展,不断推动学科建设现代化,我国教育科学研究也逐渐从"移美创特"阶段迈入"构建中国自主的教育学知识体系"阶段。[1]我国教育学自主知识体系的构建,不仅需要回应教育的核心议题和实践挑战,更需要不断深入探索理论与时代的相互作用关系,不断推动教育学科的理论创新和实践改革。

3. 高质量教育科学研究论文的学术认可度

获奖论文的发表期刊以核心刊物为主,普通刊物为辅。从期刊来源分布来看,在484篇获奖论文中,362篇发表于南大核心期刊,25篇发表于北大核心期刊,两者占到获奖论文总数的80%,其中《教育研究》《高等教育研究》《心理学报》等权威期刊占据一半以上的比重(如表9所示)。从历届获奖论文比重[27]来看,如图3所示,第一、二届[28]的获奖论文发表于核心期刊的占比为42.5%,普通刊物占比8.0%,其他刊物占比49.4%,而到第六届时,获奖论文发表于核心期刊的占比高达90.1%,普通刊物和其他刊物仅占1.4%;国际刊物从第四届开始出现,呈现波动上升的态势,但占比不高,第四届占比为1.3%,第五届占10.0%达到顶峰,第六届占8.6%有所回落。这种转变反映出教育科学研究在学术界的重要性和影响力不断提升,提高了教育科学研究的整体水平。

表9 获奖论文来源期刊前十名频数分布

序号	期刊名称	频数	占比
1	《教育研究》	126	26.03%
2	《高等教育研究》	35	7.23%
3	《心理学报》	14	2.89%
4	《中国高教研究》	12	2.48%
5	《教育发展研究》	11	2.27%
6	《北京大学教育评论》	10	2.07%
7	《北京师范大学学报(社会科学版)》	10	2.07%
8	《课程・教材・教法》	10	2.07%
9	《中国教育学刊》	10	2.07%
10	《高等工程教育研究》	9	1.86%

数据来源:通过获奖论文信息统计整理后计算得出。

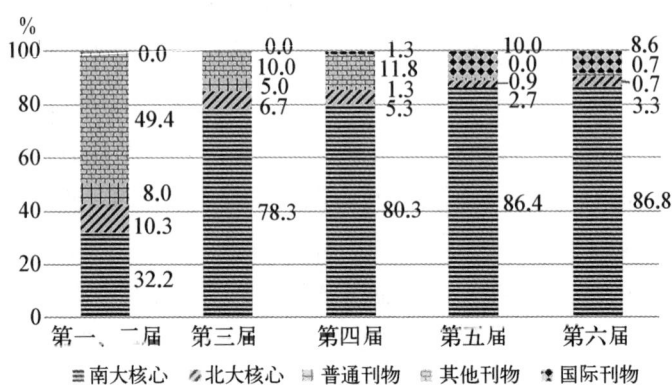

图 3　获奖论文期刊类型分布及其变化

数据来源：通过获奖论文信息统计整理后计算得出。

总体而言，高质量教育科学研究论文基本刊发在国内的核心期刊，并且集中于学术界公认的、影响因子较高的权威期刊。这些期刊成为我国教育学自主知识体系研究成果的主要宣传载体，进一步提升了教育科学研究成果的质量和影响力。

获奖论文的被转载频数和被引频次愈发增长。从转载情况和被引频次分布来看，在484篇获奖论文中，有165篇被《新华文摘》或《中国人民大学复印报刊资料》或《中国社会科学》转载，转载占比为34.1%，获奖论文的平均被引频次为81.32次[29]；从历届获奖比重来看，被转载占比呈现波动上升的变化，从第一届的7.25%增长到第六届的46.36%，平均被引频数从第一届到第四届持续增长，第四届达到峰值，为233.99次，后面两届有所下降，但整体有显著提升（如图4所示）。这种转载和引用量的增长，反映出教育科学研究的质量不断提升，也体现出教育科学研究与社会实践的紧密联系。

总体而言，教育学在人文社科领域的学术认可度不断提升，高质量的研究成果得到了广泛传播，为解决实际教育问题提供了更多的思路和方法，进一步加强了教育学知识体系的自主性和创新性。

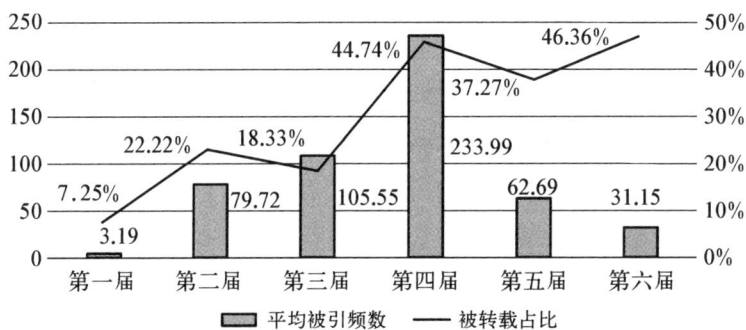

图 4　获奖论文平均被引频数及被转载占比分布

数据来源：通过获奖论文信息统计整理后计算得出。

以获奖论文是否来源于南京大学 CSSCI 期刊为样本，检验全国教育科学研究优秀成果奖的评价合理性，即优秀成果奖评选和文献转载以及科学计量评价结果之间的一致性。如表 10 所示，362 篇发表于 CSSCI 期刊的获奖论文中，有 153 篇被《新华文摘》或《中国人民大学复印报刊资料》或《中国社会科学》转载，转载占比为 42.3%，历届转载占比显著上升，第四届的所有 CSSCI 刊论文都被转载，第五、六届也基本保持在 95% 左右；同时历届 CSSCI 刊论文的平均被引频次也明显高于非 CSSCI 刊论文，所以可以看出这些高质量教育科学研究论文在同行评议以及科学计量的评价方式下得到的评价结果基本一致，"被转载""核心期刊"逐渐成为高质量论文的典型标志。值得注意的是，虽然核心期刊和非核心期刊论文之间存在质量上的差异，获奖、被转载以及高被引论文集中于 CSSCI 刊这一趋势可能会导致"核心期刊是学术发展指挥棒"的情况出现，陷入"以刊评文"的矛盾当中，那么 5%—10% 的高质量论文会被学术界忽略，这会加剧教育科学研究领域发表的"马太效应"，进而影响我国教育学自主知识体系的整体建设。教育学自主知识体系的健康发展需要一个多元且公正的学术评价体系，支持高质量研究成果的同时，鼓励对非核心期刊论文的关注，通过积极的学术评价推动教育科学研究的创新性、多样性和公平性。

表 10　获奖论文期刊来源、被引频数及被转载分布

届次	CSSCI 期刊		非 CSSCI 期刊	
	被转载占比（%）	平均被引（次）	被转载占比（%）	平均被引（次）
第一、二届	44.44%	24.55	55.56%	22.04
第三届	90.91%	119.6	9.09%	22.75
第四届	100.00%	261.23	0.00%	51.43
第五届	92.68%	67.65	7.32%	34
第六届	95.59%	33.73	4.41%	8.2

数据来源：通过获奖论文信息统计整理后计算得出。

四、研究结论与展望

本研究以第一至第六届全国教育科学研究优秀成果奖中获奖的484篇学术论文作为高质量教育科学研究论文的指标，通过对研究样本的作者属性、生产方式以及学术认可度等内容进行文献计量分析，明确了高质量教育科学研究论文的学术特征与变化趋势，同时对我国教育科学研究的总体发展与变化规律有了进一步的认识，也引发了对新时代教育科学研究高质量发展和我国教育学自主知识体系构建的若干思考。

1. 研究结论与讨论

其一，获奖论文的作者以重点学科建设高校中拥有高级职称的45—64周岁学者为主，呈现年轻化、跨学科和国际化趋势。在重点学科建设高校工作、有丰富的教育科学研究经历和高级职称的45—65周岁学者以及有着跨学科经历和海外学习背景的青年学者更容易产出高质量的教育科学研究论文。重点平台、丰富履历、多元知识成为高质量的教育科

学研究论文作者的共同属性,这也一定程度反映出教育科学研究的现代复杂性和交叉多元性趋势。资深学者和青年学者之间的传承、交叉融合的学术背景以及足够资源支撑的研究环境是教育科学研究高质量发展的必要基础。因此,我国教育学自主知识体系构建需要处理好与研究规模、相关学科以及国际经验之间的关系,打造一支学科交叉、国际视野以及充满生机活力的研究队伍,以提升我国教育学知识体系的创新性和世界性。

其二,获奖论文大多产出于两人之间的同事合作,以思辨研究为主,持续关注我国教育领域的重点和难点问题,"师生合作""小团队合作""实证研究""中国特色"趋势愈发明显。在合作关系方面,从第二届开始,获奖论文的合作率持续上升,两人合作是历届获奖合作论文的最大比重,两人以上合作呈现波动变化态势,比重有明显提升,以同事合作为主,师生合作为辅,师生合作的比重在第六届首次超过了同事合作。这一定程度上反映出我国教育科学研究规模的不断扩大,研究队伍逐渐多元且完善,加强小规模的团队互惠合作有利于提升知识生产的效率和质量;在研究范式方面,获奖论文以思辨研究为主,实证研究占比不断提升,"实证研究是教育学走向科学的必要途径"逐渐成为学术界的共识,聚焦科学问题,加强实证研究,有利于运用科学理性的方法生产本土性教育学知识;[30]在学科领域和研究主题方面,获奖论文紧密结合我国教育改革发展的实践,对接我国教育领域的重点问题和主要矛盾,持续关注我国教育学科理论与实践的统一发展,解决时代发展的新形势、新逻辑、新标准和新问题,推动教育理论与实践的有效转化,是构建我国教育学自主知识体系的基本遵循。因此,我国教育学自主知识体系构建需要处理好与团队合作、学科建设以及教育实践之间的关系,推动知识生产方式向合作化、实证化和特色化转型,以提升我国教育学知识体系的原生性和科学性。

其三,获奖论文集中刊发于核心刊物,而且论文的被引量和被转载量有显著提升,学术认可度较高,但存在国际发表论文数量不多、期刊发表的马太效应等问题。在期刊来源方面,发表于南大核心期刊和北大核心期刊的论文占了获奖论文的80%，且发表于核心期刊的占比从第一、二届的42.5%增长到第六届的90.1%，国际刊物从第四届开始出现，呈现波动上升的态势，但占比不高；在被引频数和转载情况方面，获奖论文的平均被引频次和被转载占比显著提升。这种集中度较高的现象并不利于我国教育学自主知识体系的构建，出现"核心期刊是学术发展指挥棒"的情况，陷入"以刊评文"的矛盾当中，5%—10%的高质量论文会被学术界忽略，学术发表将面临"僧多粥少"的严峻现实，加剧教育科学研究领域发表的马太效应，这会降低我国期刊建设与教育学自主知识体系构建之间的匹配度，同时降低中青年学者的发表欲望和知识创新，"追热点、拉关系"等现象会愈演愈烈。因此，我国教育学自主知识体系构建需要处理好与政策偏好以及主观能动之间的关系，探索质量和贡献导向的多元分类评价标准，以提升我国教育学知识体系的人本性和多样性。

2. 研究建议与展望

其一，培养具备跨学科研究素养和国际化视野的青年学者，提升教育科学研究团队的包容性，为我国教育学自主知识体系构建提供持续适配的研究队伍保障。随着社会发展日益复杂，跨学科交叉融合成为新时代教育科学研究发展的必然选择。[31]因此，要通过规范管理体制、优化师资等资源配置、组建研究平台等措施，加强我国人文社会科学领域的跨学科人才培养，提升研究者的跨学科素养；通过国际化教育与国际交流活动，培养具有国际视野的人文社科人才，[32]提升研究者的全球理解力与全球表达力；[33]同时加大跨学科、国际化背景的青年才俊的引进力度，推动资深学者和年轻学者的深度融合，组建开放、协同、专业的教育科学研究团队。

其二，加强重大教育战略和教育教学研究，重视高质量的实证研究合作，实现教育科学研究生产方式的转型发展，为我国教育学自主知识体系构建理顺理论与实践统一的研究逻辑。提高教育现代化水平、建设教育强国是新时代教育学科的使命，也为教育科学研究指明了新的方向。因此,新时代教育科学研究要扎根中国大地,坚持以重大教育战略和教育教学问题为主攻方向,彰显实践与问题导向。[34]研究机构要结合自身优势与特色,突出教育科学研究的社会服务功能,为国家及区域发展开展特色化、前瞻性研究,为教育改革发展提供支撑参考;同时教育科学研究要重视教育知识和理论的生产,努力构建具有中国特色、世界一流的教育学科的知识、学术和话语体系,向世界贡献中国的教育智慧。[35]从世界范围来看,实证研究已经成为西方教育学的主流研究范式,推动实证研究范式转型,是提升我国教育研究质量和影响力的必要途径。因此,要以实证研究为导向,树立实证研究价值取向,培育实证研究文化,倡导遵循证据原则的研究方法,推动教育哲学思辨与实证研究的多元融合,加快教育科学研究范式转型;合作是教育实证研究的基本需求,[36]要鼓励平等互补的师生合作以及交叉融合的跨学科、跨单位之间的同事合作,提高教育科学研究的合作质量。

其三,强调多元分类的学术评价,推动教育科学研究评价机制的创新发展,为我国教育学自主知识体系构建设置客观公正的评价体系。创新性是学术论文的本质要求,体现了学术论文水平的核心特征。[37]高质量的教育科学研究论文要在质量和贡献方面体现出应有的创新性,这就需要构建多元分类的评价体系。因此,要以教育学科的发展规律为根本构建评价标准和指标体系,兼顾作者身份、期刊类型、国际影响等因素,分类综合评价学术论文,突出其对于学科发展、社会进步、文化创新等问题的实质性创新性贡献;建立健全同行评议和文献计量相互印证和结合的复合评价机制,[38]破除"以刊评文""过度量化"等问题,强调论文的质量和创新;优化期刊建设制度,提升中青年学者的论文发表机会,减弱马太效应的影响,同时通过政策引导,打造中国特色的世界一流学术期刊,[39]提高学术论文的国际影响力。

注释

[1] 周仕德,刘翠青.论中国特色教育学知识体系的新时代构建[J].中国教育科学(中英文),

2023,6(01):16-27.

[2]郭丹丹.教育强国建设的理论供给——中国教育学自主知识体系建构座谈会综述[J].教育研究,2023,44(05):157-159.

[3]张晓玲,杨东升.高等院校学科建设与科学研究协同发展关系研究[J].北京工业大学学报(社会科学版),2013,13(03):75-78.

[4]侯怀银.中国教育学自主知识体系建构需要处理的几个关系[J].西北师大学报(社会科学版),2024,61(01):98-103.

[5]陈云香,李向森,杨华.高水平医学论文的来源期刊分析及启示——基于F5000入选论文特征和入选时效[J].中国科技期刊研究,2020,31(08):964-971.

[6]朱明,谢梦晴,刘宇.近十年国内图书馆学研究热点述评:基于高被引论文的计量分析[J].高校图书馆工作,2019,39(01):5-10+54.

[7]郭亿华.地理学中文核心期刊零被引论文特征分析[J].中国科技期刊研究,2016,27(10):1094-1099.

[8]姜春林,丁堃.关于我国高水平管理科学研究合作现象的统计分析——兼看第一作者年龄分布特征[J].研究与发展管理,2004,16(01):72-78.

[9]赵俊芳,王媞.近年来我国人口学的研究热点与作者分布——基于1 857篇CSSCI论文的计量分析[J].人口研究,2014,38(03):104-112.

[10]周文.民族学知识生产的阶段特征与发展趋势——基于民族学CSSCI来源期刊论文的文本分析[J].西北民族研究,2020(04):128-139.

[11]张楠,王光明.国际教育学高被引论文学术特征研究——基于25种教育学SSCI收录期刊的知识图谱与内容分析[J].中国科技期刊研究,2018,29(02):171-178.

[12]丁福虎.科技管理学高被引论文的基本特征——基于中国知网的文献计量分析[J].科技管理研究,2016,36(08):258-261+266.

[13]匡登辉,张立彬.顶级学术论文的补充计量学特征分析:基于"Nature"周刊的实证研究[J].情报理论与实践,2019,42(02):80-86.

[14]石学彬,赵珩,吴蕾,陶书田.近十年国家自然科学基金主题研究的轨迹、特征和演进趋势——基于CSSCI数据库论文的文献计量分析[J].科学管理研究,2019,37(06):24-28.

[15]赵俊芳,姜帆.《现代大学教育》的文献计量与科学知识图谱研究[J].大学教育科学,2014(01):115-123.

[16]刘万国,孙波,刘丁,李海斌.我国自然科学学术成果流失现状及对策——基于2015年度国家自然科学奖初评获奖人学术论文成果的统计分析[J].图书情报工作,2016,60(20):20-26+35.

[17]王日春,王玉明.高校人文社会科学研究的变化与发展——基于历届优秀成果奖的数据分析[J].中国高等教育,2009(20):21-23.

[18]高晓杰.2004—2014年"高等教育学优秀博士学位论文"获奖情况分析[J].中国高教研究,2014(12):101-105.

[19]钟柏昌,刘晓凡.实证研究如何向"真"——以"教育实证研究优秀成果奖"获奖学术论文为例[J].电化教育研究,2021,42(09):12-19.

[20]汤建民.中国人文社会科学各学科研究论文特征的计量分析[J].科学学研究,2011,29(07):991-998.

[21]张丽,裴学进.近20年思想政治教育学科研究概况与特征探要——基于CNKI的中文核心期刊与CSSCI论文的词频分析[J].思想教育研究,2020(11):27-32.

[22] 范笑仙,汤建民.近十年来中国高等职业教育研究的轨迹、特征和未来走向——基于高教研究类核心期刊和CSSCI数据库论文的文献计量分析[J].中国高教研究,2010(10):18-23.

[23] 欧桂燕,马廷灿,李瑞婳,禾雪瑶,岳名亮.2013—2018年Altmetrics指标论文的特征演变分析[J].情报学报,2020,39(03):243-252.

[24] 全国教育科学规划领导小组办公室.中国教育科学规划回顾与展望——从"六五"到"十五"[M].北京:教育科学出版社,2006:863-873.

[25] 学术点滴,文献计量.COOC一款用于文献计量和知识图谱绘制的软件[CP/OL].[2023-4-12].https://github.com/2088904822.

[26] 侯志军,田家玮.中国高等教育研究活跃作者的群体特征分析[J].复旦教育论坛,2022,20(03):76-83.

[27] 第一至四届共有51项论文成果无法在公开发表期刊来源检索到,考虑数据完整性,统一纳入当年其他刊物类型.

[28] 第一、二届获奖论文较少,且北京大学中文核心期刊目录最早出版于1992年,南京大学CSSCI来源期刊最早出版于1998年,所以将第一、二届合并为一届统计分析.

[29] 共有49篇论文无法在中国知网和Web Of Science统一检索到被引次数,不纳入统计范围.

[30] 满莹,柳海民.中国式教育现代化视域下中国教育学自主知识的社会建构[J].教育科学研究,2023(12):12-19.

[31] 岳伟.论教育科学研究的跨学科交叉融合[J].中国教育科学(中英文),2022,5(01):32-41.

[32] 徐小洲,冯建超.新时代哲学社会科学国际化人才培养路径——基于扎根理论的分析[J].中国高教研究,2021(06):37-40+43.

[33] 姜锋.培养具有全球视野和世界眼光的高层次国际化人才[J].中国高等教育,2020(21):26-28.

[34] 袁振国.迎接高质量教育科学研究新时代[J].教育研究,2019,40(11):22-25.

[35] 黄忠敬,程亮.新中国教育学的发展脉络与改革创新——为华东师范大学建校70周年而作[J].华东师范大学学报(教育科学版),2021,39(10):12-26.

[36] 拉格曼.一门捉摸不定的科学:困扰不断的教育研究的历史[M].北京:教育科学出版社,2006:21-23.

[37] 罗卓然,王玉琦,钱佳佳,陆伟.学术论文创新性评价研究综述[J].情报学报,2021,40(07):780-790.

[38] 李晓彤,杨红艳.学术评价中"核心期刊"应适用有度——基于核心与非核心期刊优秀论文质量对比分析[J].情报杂志,2021,40(06):193-199.

[39] 苏新宁,王东波.学术评价相关问题与思考[J].信息资源管理学报,2018,8(03):4-11.

作者简介

毋　磊　华东师范大学教育管理学系博士研究生

马一先　华东师范大学教育管理学系博士研究生

马银琦(通讯作者)　管理学博士，浙江师范大学浙江省哲学社会科学重点培育研究基地教育改革与发展研究院研究员，浙江师范大学教师教育学院讲师

电子邮箱

myqdsg1234@126.com

Chapter 14

"以中国知识书写"推进中国教育学自主知识体系建构刍议*

周仕德　王澎珂

> **摘　要**：建构中国教育学自主知识体系成为当前学界研究热点,已有研究成果多为理论性的探讨,缺乏结合具体案例的实践路径探讨。"以中国知识书写"为方法论切入,建构性和批判性地审视中国教育学知识体系建构。教育学教材是以知识体系集中呈现的教育理念和教育思想,能够较好地凸显知识选择的依据和立场,是特定教育内容与教育实践的一种实践表达方式的结晶。本研究选取中国版和美国版经典教育学教材为个案,"以知识书写"立场考察中美两国经典教育学教材知识体系的宏观、中观和微观三种样态并作初步分析。未来需要强化中国之信和中国之路,推进中国教育学自主知识体系建构,亟须重构中国知识书写。
>
> **关键词**：中国教育学;自主知识体系;教育学教材;知识书写

一、以中国知识书写：方法论切入

自主知识体系是中国教育学学科体系、学术体系和话语体系三大体系的中心内容,对构建具有中国气派、中国风格和中国特色教育学具有重大意义。建构立足中国本土且具有世界意义的中国教育学自主知识体系,是新时代中国教育学人应有的责任和自觉。在中国式现代化进程中如何构建中国教育学自主知识体系,学界已有不少关注[1],然而对一个划

---

* 本文系广东省哲学社会科学规划项目"建构之声与建构之生：中国特色教育学知识体系百年书写研究"(项目编号：GD23CJY07)和汕头大学科研启动基金资助项目(项目编号：STF21030)的阶段性成果。

时代的重大战略,如何将战略化为行动,需要从多个视角给予关注,或许大家集思广益,在思想交流中能助力解答中国教育学自主知识体系之问。本文在笔者前期一些思考[2]的基础上,尝试提出"以中国知识书写"的方法论思路,并以教育学教材这一载体为对象,选择中美经典教育学教材建构的知识书写样态进行个案比较考察,期望助力该课题的进一步探讨。

何谓中国教育学的"知识书写"?缘何提出"以中国知识书写"?长期以来,中国教育学发展可以说是以西方为重要的学习和参照对象,在仿学和移植的漫长的参照比较视域形成所谓的"中国特色",未能真正进一步深入追问:为什么西方教育学知识体系能够成为对中国教育学知识体系产生如此大的"西方特色"知识引领力和影响力?习近平总书记指出:"解决中国的问题,提出解决人类问题的中国方案,要坚持中国人的世界观、方法论。如果不加分析把国外学术思想和学术方法奉为圭臬,一切以此为准绳,那就没有独创性可言了。如果用国外的方法得出与国外同样的结论,那也就没有独创性可言了。"[3]所谓中国教育学的"知识书写",是指将中国教育学置于共识性语境,借助教育学理论构建过程中出现的重要人物、重要文本、重要机构、重要问题、重大交流、重要制度等要素影响下形塑的教育学知识特征和教育学知识生成的叙述(书写)。笔者提出将"以中国知识书写"作为建构中国教育学自主知识体系的一种方法论。基于这一方法论立场,能帮助我们更好地确立建构自主知识体系的知识生成主体意识,利于反思和重构中国教育学知识体系走向世界的新参照,意味着我们今天的教育学研究将从"世界教育学走向中国"转向"中国教育学走向世界",真正意义上在国际舞台彰显中国形象的教育学理论,在"理论的旅行"中讲好中国教育学的世界故事。

二、以知识书写立场审视:来自中美经典教育学教材的个案考察

1. 缘何选择对中美经典教育学教材作比较考察

知识体系是指基于一定的逻辑基础、在特定的文化生态中形成、具有民族性或地域性的知识总和,并按照一定的标准进行分类后得到的知识系

列。[4]学科建设的真正凸显在于知识生产,而学科领域的教材(教科书)则是该学科知识体系的整体映射。"具有权威性、具有影响力和使用范围非常宽广的教科书,反映国家对教育的精神实质的认识和政策导向,体现了学界最新的研究成果",[5]它是一定时期教育学人思想、学术观点的集中体现,也是他者学习认同,以及对教育实践审视的系统化、普适性的一种集中体现,"《教育学》教材是以知识体系呈现的教育理念和教育思想"[6],是能够折射出特定时期教育学者知识体系的集大成者,展示特定时段教育学知识体系的宏观和微观样态,最能直观反映教育学知识体系的书写样态。

中国教育学自主知识体系建构要求教育学人更多地承担起深入研究我们的教材这个使命。[7]选择中国版[8]和美国版[9]教育学教材的知识书写来作比较考察,主要在于其经典性和影响力。中国的《教育学(第7版)》是全国通用的高校教育学公共课教材,是持续畅销近40年的教育学教材,累计发行600余万册。学界认为其以深厚的学术思想为基础,秉承与时俱进的态度与精益求精的精神,堪称教材的典范、学术的丰碑。[10]该书在编撰观念、逻辑体系、篇目结构、主要内容、语言风格方面均有突破,其特色在于精简明确,便于教学;思想先导,与时俱进;精益求精、富有创见,能给读者以丰富的启迪和思考。[11]美国的《教育学导论(第7版)》由美国著名教育学者大卫·G. 阿姆斯特朗(David G. Armstrong)等人合著。[12]该教材于1981年、1985年、1989年、1993年、1997年、2001年、2005年共7次由全球著名的培生教育公司(Pearson Education Inc)出版。该版本围绕四个主要部分组织内容,并在每个部分列出各个章节的上下文关系,全书贯穿重要事件、实习准备、教师剪影、你的思考、校外考察及网上拓展,是美国一本经典的师范院校教育学导论性教科书。

2. "以知识书写"立场审视中美经典教材中教育学知识体系建构

教育学教材能够较好地凸显知识选择的依据和立场,考察教材知识体系建构,能直观地体现知识如何选择、知识选择主体和知识选择方式。可以说,教育学教材是特定教育内容与教育实践的一种实践表达方式的结晶。以"知识书写"立场审视中美经典教育学教材知识体系建构,主要从以下三个视角展开。

其一,知识书写宏观样态。通过中美两本经典教育学教材的知识书写宏观样态的比较(见表1),可显见其中差异:我国教育学教材自译介和自编出版以来,其知识体系建构聚焦宏观性基本原理展开,在"其理论、结构、体系,仍是出自一个蓝本,即凯洛夫《教育学》的逻辑体系"[13]的知识书写立场和视角可称之为宏观直接范式。21世纪以来,教育学教材出现版本不断增多,但整体书写未能超越这一沿袭经久的宏观性和理论性样式。美国教育学教材知识体系涵盖教育职业、学生及其需要、教学与评估、今日世界的定型因素四大部分内容,教材知识体系主要知识来源主体上几乎都是本土的人物、代表性文本,典型多样机构以及与相关制度,真实案例,并与INTASC标准、实习Ⅱ(学习原理与教学测验)和NCATE专业标准相关的内容,均与《教育学导论》各章节包含的相关内容形成一一对应,更多注重情境性,将学生置于教育场域和案例之中的学习立场上,使得学生通过阅读教育学教材就能体验丰富性和教育感,这种建构教材知识体系的知识书写立场和视角凸显了微观情境范式。

其二,知识书写中观样态。以中美两本经典教育学教材中的"教学"主题作为研究对象(见表2)。美国版教育学教材的"教学"归属第三部分的"教学与评估"的第8章"有效的教学",安排为独立内容,共28页。该主题显示的结构为:教学技能与教师性情、积极的教学、建构主义的教学、教师的清晰性、教师的问题、作业与练习、课堂上的观察、培养教学技能。中国版教育学教材中,"教学"作为专门一个部分,安排三章,划分为教学(上、中、下),共108页。该主题显示结构具体表现在:第七章教学(上)的教学概述、教学过程理论的发展、教学过程;第八章教学(中)的教学原则、教学方法;第九章教学(下)的教学组织形式、教学评价。通过"教学"主题知识书写中观样态,可明显看到我国教育学教材对"教学"的知识书写突出理论性,可称之为理论直接范式,而美国教育学教材中"教学"更加注重实践性,可称之为实践融入范式。

表 1 中美两本教育学教材知识书写宏观样态比较

中国《教育学(第 7 版)》(432 页)样态		
绪论 复习思考题 第一章　教育的概念 第一节　教育概念 第二节　教育活动的基本要素 第三节　教育的历史发展 复习思考题 第二章　教育与人的发展 第一节　人的发展概述 第二节　影响人的发展的基本因素 第三节　教育对人的发展的作用 复习思考题 第三章　教育与社会发展 第一节　教育的社会制约性 第二节　教育的社会功能 第三节　教育与我国社会主义建设 复习思考题 第四章　教育目的 第一节　教育目的概述 第二节　马克思的人的全面发展说 第三节　我国的教育目的 复习思考题 第五章　教育制度 第一节　教育制度概述 第二节　现代学校教育制度 第三节　我国的学校教育制度	复习思考题 第六章　课程 第一节　课程概述 第二节　课程设计 第三节　课程改革 复习思考题 第七章　教学(上) 第一节　教学概述 第二节　教学过程理论的发展 第三节　教学过程 复习思考题 第八章　教学(中) 第四节　教学原则 第五节　教学方法 复习思考题 第九章　教学(下) 第六节　教学组织形式 第七节　教学评价 复习思考题 第十章　德育 第一节　德育概述 第二节　品德发展规律 第三节　德育过程 第四节　德育原则 第五节　德育途径与方法 复习思考题 第十一章　美育 第一节　美育概述 第二节　美育的任务及内容 第三节　美育的实施 复习思考题 第十二章　体育	第一节　体育概述 第二节　体育过程的基本要素和规律 第三节　体育促进学生发展的基本策略 复习思考题 第十三章　综合实践活动 第一节　综合实践活动概述 第二节　综合实践活动的设计与实施 复习思考题 第十四章　班主任 第一节　班主任工作概述 第二节　班集体的培养 第三节　班主任工作的内容和方法 复习思考题 第十五章　教师 第一节　教师工作概述 第二节　教师的素养 第三节　教师的培养与提高 复习思考题 第十六章　学校管理 第一节　学校管理概述 第二节　学校管理的目标与过程 第三节　学校管理的内容和要求 第四节　学校管理的发展趋势

续 表

美国《教育学导论(第7版)》(371页)样态		
第一部分 教育职业 第1章 变革时代的教育 对于教育质量的不同看法 基本原理是什么？ 教师一天的生活 教学的复杂性 应对特别的变化 制作初始发展档案袋 第2章 成为专业的教育者 准备过程 专业发展阶段 两个大型教师组织 教育伦理守则 教学档案袋：绩效证明教育者的角色 第3章 学校改革面临的挑战 变革：教育者的永恒伴侣 全面改革 2001年《不让一个孩子掉队法案》 校企合作计划 提供全面服务的学校 第二部分 学生及其需要 第4章 当今学生素描 对年轻人刮目相看 当今学生的显著特点 学生发展的类型 发展效能感 第5章 对多样性的回应 多样性的益处 多元文化教育 简要回顾对少数群体学生的态度	废止种族隔离及其对学生的影响 教师的目标以及给教师的一般性建议 有用的信息资源 第6章 满足特殊学生的需要 学校的特殊学生 残疾学生 天才学生 第三部分 教学与评估 第7章 课程 基本目的 测试与州的要求 课程导向 内在课程 隐性课程 小学和中学的模式 第8章 有效的教学 教学技能与教师性情 积极的教学 建构主义的教学 教师的清晰性 教师的问题 作业与学习 课堂上的观察 培养教学技能 第9章 课堂管理与纪律管理与纪律的重要性 空间与时间的考虑 对学生错误行为的反应：有效实践的背景 对错误行为的反应：可选择的范围 第10章 学习评估	理解评估的需要 评估的目的 关键术语 评估与教学过程 评估的设计 测试的选项 第四部分 今日教育世界的定型因素 第11章 社会观和哲学观 社会观和哲学观的重要性 社会观 学校的社会角色 哲学观 哲学理念在教育中的应用 第12章 历史的影响 历史与观点 欧洲教育遗产 美国教育的发展 欧洲以外的相关影响 第13章 技术的影响 展望未来 技术标准 技术与行为 当今技术：前景 当今技术：挑战 第14章 影响师生的法律问题 理解教育法制环境的必要性 学生的权利与责任 教师的权利与责任

说明：限于篇幅，本表省略每章后面书写内容：要点小结、实习准备、初始发展档案袋、反思、校外考察/方案及拓展、参考文献；全书末尾给出：术语表、名称索引、主题索引，三部分共计29页。

表 2　中美两本教育学教材之"教学"知识书写中观样态比较

中国《教育学(第7版)》之"教学"	美国《教育学导论(第7版)》之"教学"
教学概述(教学的概念、教学的意义、教学的任务) 教学过程(古代教学过程理论的萌芽、近代教学过程理论的形成、现代教学过程理论的变革) 教学原则(启发性原则、理论与实践相结合原则、科学性和思想性统一原则、循序渐进原则、巩固性原则、发展性原则、因材施教原则) 教学方法(教学方法概述、中小学常用的教学方法) 教学组织形式(教学的基本组织形式与辅助组织形式、教学工作的基本环节) 教学评价(教学评价的概念、教学评价的原则与方法、学生学业成绩的评价、教师教学工作的评价)	教学技能与教师性情 积极的教学(计划设计、有效的课节展示) 建构主义的教学(大声思维、视觉化思维) 教师的清晰性(言辞风格与非言语风格、课节呈示的结构、提供解释) 教师的问题(低水平的问题、高水平的问题、学生提出的问题、问题的清晰性、探究式问题、等待的时间) 作业与学习 课堂上的观察(叙述方法、频率极数、编码系统、座位图表系统) 培养教学技能
共计 108 页	共计 28 页

其三,知识书写微观样态。教材的附件设计一定程度上是展现编撰教材时的思想和对教育学达成效果的一种期望,因而这一角度的知识书写,很多有意义的东西会在这一比较的隐含背后挖掘出来。这里仍以中美教育学教材之"教学"主题为例,考察引言、练习类型和辅助资源三类书写样态。

第一,引言中的书写。中国《教育学(第7版)》的"教学"共三章,引言在第七章"教学(上)",即"教学是学校实施课程的基本途径,是将课程转化为学生个体素质的有效活动方式"。本书"教学"分上、中、下三章,主要讨论教学的一般理论和学科知识的教学对策;"德育""美育""体育"等章,将进一步讨论德育、美育、体育的教育与教学。美国《教育学导论(第7版)》之"教学"的引言在第8章"有效的教学"书写,给出7条详细的学习目标,即"解释教师的角色为何如此重要以及教师性情如何影响其教学、界定积极的教学和建构主义的教学的基本特征;指出能提高清晰性的教学实践具有哪些特征,并就此指出学生获得学术成功的可能性;解释教师进行有效提问的做法有哪些特征;布置家庭作业有助于学生掌握新内容,作为一名教师,为提高这种可能性会采取的一些措施;描述观察者为收集和记录关于课堂活动的信息而能够使用的技术样example;当你完成准备计划时,你的教学熟练程度并非炉火纯青,但随着课堂经验的增加,你会认识到你的教学熟练程度将会继续提高"。

第二,练习类型的书写。中国的教育学教材之"教学"练习类型书写设计安排在三个章内容结束之后,均以独立的"复习思考题"显示,共计17题,每题以直接问题类型构成,突出本章理论中心内容跟进的练习规定性要求。美国的教育学教材之"教学"练习书写呈现多样性和实践性,在六个部分均有涉及并给出详细要求(见表3)。

表3 中美两本教育学教材"教学"练习类型知识书写微观样态比较

中国《教育学(第7版)》之"教学"练习类型		美国《教育学导论(第7版)》之"教学"练习类型	
类型	包含具体书写要求	类型	包含具体书写要求
复习思考题	1. 什么是教学?教学在学校工作中有何意义? 2. 我国教育学把掌握基础知识和基本技能放在教学任务的首位,但西方国家则趋向于把培养学生的态度与能力作为教学的首要任务,应该怎样认识这个问题? 3. 传授/接受教学与问题/探究教学各有何优点与局限? 4. 是否任何知识教学都能提高学生的思想意识?怎样教学才能有助于知识转化为学生的思想情境? 5. 如何才能调动教学中师生两个方面的主动性、创造性?	要点小结	与正文对应的8个要求。 第1点,当你作为一名任课教师开始你的教育生涯时,教学就是你的关键责任。一定程度上,你的效能将受到你的性情的影响。性情是影响你行为的态度和观点。受人欢迎的性情有助于学生的学术成长、增强自尊心和提高积极与他人交往的能力。……
		本章自测	为了复习本章的术语和概念,请到合作网站进行第八章目。自测结果的反馈是即时的。你可以自己得出自测分数,也可以通过e-mail把分数提交给导师
		实习准备	给出具体的在线栏目要求,特别要求通过ETS的"实习Ⅱ"考试对作为学习者的学生、教学与评估、交流技巧和专业与社区(给出详细的四个对应的内容要求表格)

续 表

中国《教育学(第7版)》之"教学"练习类型		美国《教育学导论(第7版)》之"教学"练习类型	
类型	包含具体书写要求	类型	包含具体书写要求
复习思考题	1. 为何我国自古以来都十分重视启发性教学原则？教师的启发与学生探究之间有何内在联系？这一原则对调动师生双方的能动性有何重要的功能和价值？ 2. 教学原则应当与时俱进，你认为本书所阐明的教学原则内涵是否反映了当今对有关教学与发展研究的新进展？还可以从哪些方面做点补充或发展？ 3. 教学方法有何重大教育价值？为何教育家都很重视教学方法的运用和改进？ 4. 讲授法在教学中有何重要价值与局限？如何使讲授法避免注入式？ 5. 强调练习是否就意味着"题海战术"？怎样才能正确而高效地进行练习？ 6. 常言道："教学有法，但无定法。"请联系实际说明你是怎样领悟这句话的。	初始发展档案袋	给出具体的在线栏目要求，并同时给出具体的4点内容。 1. 你将会在本章中学到的关于有效的教学实践的哪些材料和想法作为"证据"放入档案袋中？最多选择三条信息，标出序号1、2、3。 2. 考虑你为什么选择这些材料。请思考下列问题：当你备课、授课和对教学效果进行评估时，你能利用这些信息的特定用途；这些信息与你优先考虑的事项和价值观的兼容性；这些信息对你作为教师的发展所能作出的贡献；导致你选择上述信息而否决其他选项的因素。 3. 在下列表格中标出几号，以表明每则信息与哪条INTASC标准相关； 4. 准备一份书面反思报告，以分析你所遵循的决策过程，并指出与你选择的材料相关的INTASC标准。
复习思考题	1. 为何班级上课制一直被肯定为教学的基本组织形式？它有何局限，如何改进？ 2. 从中学教科书上选择一课或一节教材，进行一次课题备课，并写出课题教学计划和一个课时的教案；或结合教学见习，写出一节见习课的教学分析与评价。	反思	给出5条内容，要求在线合作网站回答问题。 …… 第4条，假设你回到学生时代，并与现在你教的学生一般大，想想你不得不完成的家庭作业吧。你曾被要求在家完成这些作业吗？或者你的老师曾给你时间在学校至少完成一部分家庭作业？你对这些家庭作业的反应如何？这些家庭作业有助于你掌握重要的内容吗？当你考虑你自己在课堂上的角色时，你将在你布置的家庭作业中注入何种特征呢？为什么你相信你所认定的这些特征就是重要的呢？ ……

续 表

中国《教育学(第7版)》之"教学"练习类型		美国《教育学导论(第7版)》之"教学"练习类型	
类型	包含具体书写要求	类型	包含具体书写要求
复习思考题	3.为什么当今教学很注重形成性评价和强调教师与学生的自我评价？ 4.论文式测验、客观性测验、标准化测验各有何特点与作用？ 运用分析法与计分法评价教学,各有何优缺点？应当如何改进？ 5.学了教学理论后,你对教学理念有何新的领悟？对教学改革有何建议？对本书所阐述的教学理论有何意见？	校外考察/方案及拓展	给出5条要求。 第1条,复习收集观察数据的内容。选择与你感兴趣的教师教学行为有关的一个种类。到课堂听课并运用你自己设计的观察系统来收集相关的数据,运用如下策略：叙述方法、频率计数、编码系统或座位图表的安排： …… 第5条,采访有经验的教师——这位教师所教内容的领域和年级也是你的兴趣所在。请这位教师对他/她所布置的家庭作业做出阐述。你的问题要与下列方面相关：(1)布置家庭作业的频率；(2)学生必须保证完成常规作业的平均时间；(3)学生对所留的家庭作业的态度；(4)如果学校有政策的话,那么学校的哪些政策与定期布置家庭作业这个问题相关？请与你的同学共享这位教师的评论

第三,辅助资源的书写。这是指教材中为推进对正文内容的理解而附设的相关资源内容知识分布。中国版教育学教材该部分并无关注,美国版教育学教材却从多个维度呈现,丰富多样的类型给予关注。依照教材学习内容依次表现为：第一类,网上拓展资源。共有六点,具体为：教师的应知与能为(全国专业教学标准理事会负责维护这个网站。在此,你会发现涉及有效教师应具有的性情的五种观点。花些时间阅读第五种观点——"教师是学习共同体的成员"。你对教师作为学习共同体成员必须有效工作这一态度感到惬意吗？你可能还希望考虑关于其他观点的相关材料,见网址 http://www.nbpts.org/standards/knowdo/conclusion.html)；研究计划型的教育(具体内容此略)；ASCD 指南：建构

主义(略);课堂沟通的成功要素:利用非言辞行为(略);有效的课堂提问(伊利诺伊大学维持这个网站。在此你将会发现关于课堂提问的丰富信息。包括的主题与下列诸方面有关:问题的种类与水平;问题的设计;使用提问技巧时师生的相互作用;对教师的提问技能进行评估);帮助你的学生完成家庭作业:教师指南。第二类,表格资源。任务分析的构成;选择性的逐字逐句方法举例;频率计数系统的举例;编码系统观察安排的举例。第三类,图资源。简单视觉思维的图例;复杂视觉思维的图例;座位图表观察方案的举例(附取样数据)。第四类,视频视点资源。留多少家庭作业合适?观看《早安美国》新闻,聚焦该给儿童布置多少作业的辩论之后,给出四点思考内容(家庭作业在学习中所起的作用是什么;太多的家庭作业是促进学习的决定性因素吗?如果是,那么以何种方式来决定;你会怎样决定布置多少作业;教师能采取什么措施来获得家长对家庭作业政策的支持),再给出链接:你认为学校在进行决策时应该考虑社区内的其他活动因素吗?或者焦点应该完全集中在学术方面?

三、重构中国知识书写:推进中国教育学自主知识体系建构

1. 中国之信:强化中国本土知识来源,书写中国教育学的特色与自主

建构中国教育学自主知识体系,一定要回答两个基本问题:一是怎样凸显"中国性"?二是怎样凸显"知识性"。这两个问题的根本则在于自主性,以及怎样才能真正体现中国教育学知识体系构建的自主性。考察中美教育学教材呈现的知识书写样态,美国版教育学教材体现本土知识吸纳和美国教育特色,相比较而言,我们还有很大改进空间,特别需要中国教育学知识书写凸显"中国性",立足中国立场,采用中国教育话语对过往历史的以及当代的中国和世界进行中国化的知识书写阐释,在这个过程中形构具有中国气派和中国特色的教育知识体系。而在形构过程中,唯

有始终牢牢坚持中国教育立场和中国教育话语,才是真正意义上的中国自主教育学知识体系的知识书写,才是真正拥有"中国性"的教育学知识体系。进一步梳理我国教育学诸多版本教材显见:"以《教育学》《教育学基础》《教育学概论》《教育学原理》《教育原理》《教育基本理论》《教育概论》等命名的著作和教材为考察对象,我们发现这些不同名称的著作和教材涉及的基本上是教育学概述、教育概述、教育和社会、教育和人、教育目的、教育本质、教育制度、教师和学生、教学、课程、德育、体育、美育、智育等内容。中国教育学人应进一步思考如何对中国教育学的实质性发展作出贡献,如何为教育学知识的原创性积累增砖添瓦。"[14]重构知识书写来铸造新时代中国教育学教材知识体系,使得真正意义上的施教者和受教者喜爱,这便是一种教育学知识体系建构的中国自主性。教育学教材应以中国教育为对象,以中国教育理论阐释中国教育的教育原则和教育理念,这种书写的结果便是教育学知识体系建构的中国自主性。我们要建立"增强自主创新能力"[4]的勇气,树立自主建构的自信。

2. 中国之路:融入中国教育场域书写中国教育实践逻辑

"从中国实践中来、到中国实践中去。"[15]在近代,中国教育学在"西方中心知识论"之下,原有教育学思想底蕴被冲断,未能真正重视从"实践中挖掘新材料、发现新问题、提出新观点、构建新理论",[3]更多的则是在西方教育学知识体系框架中对照自我和检视自身,对我国教育实践的诸多诠释,习惯使用基于某种国外理论的分析阐释框架,带有西方教育学知识体系规制和印记。中国教育学自主知识体系要"在适应社会时代的要求中促进着教育实践发展,引领着教育实践发展",[16]要"基于中国教育实践开展原创研究,加强教育知识生产的创新性,是至关重要的,不仅仅是中国教育研究提供了什么样的实践经验,而且是为全球教育知识体系的成长作出了什么样的理论贡献",[5]要痛下决心,彻底改变只顾埋头译介和套用西方教育学知识的状况,要关注西方教育学知识体系创制的知识书写究竟是怎样形成的这一关键之道。中国知识书写要下功夫出实效,须

"以中国式现代化推进中华民族伟大复兴,贯穿着坚定不移'走自己的路'的信心与决心"。[17]正如习近平总书记所强调的,要"以我们正在做的事情为中心,从我国改革发展的实践中挖掘新材料、发现新问题、提出新观点、构建新理论……提炼出有学理性的新理论,概括出有规律性的新实践。"[1]中国教育学自主知识体系应以中国实践为研究起点,坚守中国道路和展示中国价值,这一要求可以在教育学教材这一重要载体之中得到实践性验证,今天的中国教育学自主知识体系书写"需要本土的教育研究者自觉化解本土难题,更需要对教育实践中的中国经验、中国知识和中国故事的提炼与表达,以新的超越方式探寻走出困境的路径"。[18]

"以中国知识书写"为方法论来建构中国教育学自主知识体系是一个艰难的过程。每一个国家的具体国情存在差异,中美经典教育学教材上存在不同也很正常,立足知识书写方法论立场对中美教育学教材在宏观、中观和微观三个层面的书写进行比较考察,并非批判中国版教育学教材之意,是为了深入理解美国教育学知识体系是如何建构,美国教育实践又是如何融入实践逻辑的知识书写范式,期望通过具体个案的剖析比较,为新时代中国自主教育学知识体系建构提供启迪,此乃本文之旨。

注释

[1] 教育学领域掀起探讨热潮,显见表现是以举办学术会议、专题讲座、期刊刊文等形式关注,统计显示:2022年12月19日,侯怀银在厦门大学学术讲座《20世纪以来我国教育学自主知识体系建构的回顾与展望》;2023年4月21日,苏州大学举办"中国教育学自主知识体系建设"研讨会;2023年5月15日,中国教育科学研究院"中国教育学自主知识体系建构"座谈会召开;2023年5月25日,南京师范大学专题举办会议"中国教育学自主知识体系";2023年10月15日,华东师范大学人文社会科学终身教授学术讲座"教育与教育学——关于教育学自主知识体系构建的对话"。刊文有郭丹丹的《教育强国建设的理论供给:中国教育学自主知识体系建构座谈会综述》(《教育研究》2023年第5期)、冯建军的《中国教育学自主知识体系及其自觉建构》(《高等教育研究》2023年第6期)、周仕德的《中国教育学自主知识体系的新时代书写》(《中国社会科学报》2023年8月31日)、刘振天的《教育学的性质、性格、性能及其自主知识体系建设》(《中国教育学刊》2023年第11期)和《建构教育学自主知识体系的前提性省思》(《中国高等教育》2023年第11期)、陈洪捷,侯怀银,余清臣,谭维智,徐辉富,周川的《中国教育学自主知识体系建设(笔会)》(《苏州大学学报(教育科学版)》2023年第11期)、满莹和柳海民的《中国式教育现代化视域下中国教育学自主知识的社会建构》(《教育科学研究》2023年第12期)、郝文武的《教育学自主知识体系的本质特征和建构规律》(《西北师大学报(社会科学版)》2024年第1期)、侯怀银的《中国教育

学自主知识体系建构需要处理的几个关系》(《西北师大学报(社会科学版)》)2024年第1期)。

[2] 笔者前期一些思考参见：《中国教育学自主知识体系的新时代书写》(《中国社会科学报》2023年8月31日第4版);《ChatGPT推动中国教育学自主知识体系新书写》(《苏州大学学报(教育科学版)》2023年第2期);《中国特色教育学知识体系何以赋能基础教育高质量发展》(《教育与教学研究》2023年第5期,中国人大复印资料《教育学文摘》2023年第2期;《论中国特色教育学知识体系的新时代构建》(《中国教育科学(中英文)》2023年第1期,《中国社会科学文摘》2023年第6期)。

[3] 习近平.在哲学社会科学工作座谈会上的讲话[N].人民日报,2016-05-19(2).

[4] 翟锦程.中国当代知识体系构建的基础与途径[J].中国社会科学,2022(11)：145-164+207.

[5] 周仕德.从教育学教科书看我国60年来的教师叙写[J].华东师范大学学报(教育科学版),2014,32(03)：119-124.

[6] 郝文武.现代中国教育学教材内容的问题和合理化思路[J].教育学报,2014,10(02)：41-49.

[7] 郭丹丹.教育强国建设的理论供给——中国教育学自主知识体系建构座谈会综述[J].教育研究,2023,44(05)：157-159.

[8] 王道俊,郭文安.教育学(第7版)[M].北京：人民教育出版社,2016.

[9] [美] 大卫·G.阿姆斯特朗,等.教育学导论(第7版)[M].李长华,等,译.北京：中国人民大学出版社,2007.

[10] 罗祖兵.一部优秀的教材就是一座学术的丰碑——读王道俊、郭文安主编的《教育学(第七版)》有感[J].课程·教材·教法,2017,37(08)：81-86.

[11] 王帅,王航.一部精益求精、不断超越的经典范教材：王道俊、郭文安主编的《教育学(第七版)》编撰特色评析[J].课程·教材·教法,2017,37(08)：87-91.

[12] 大卫·G.阿姆斯特朗(1940—2003),美国著名教育学者,先后于斯坦福大学、蒙大拿大学、华盛顿大学获取政治科学、教育学的本科、硕士和博士学位,曾在高中任职从教过,1997—2001年任职于北卡罗来纳州教育学院并使该院的教育学研究水准居于全美领先位置。

[13] 孙喜亭.中国教育学近50年来的发展概述[J].教育研究,1998(09)：19-28.

[14] 侯怀银.21世纪初20年我国教育学学科建设的回顾与展望[J].南京师大学报(社会科学版),2021(05)：56-65.

[15] 习近平.高举中国特色社会主义伟大旗帜 为全面建设社会主义现代化国家而团结奋斗[N].人民日报,2022-10-26(1).

[16] 丁钢,缪锦瑞.如何提升中国教育研究的国际影响力——基于专家评估报告的分析[J].复旦教育论坛,2021,19(01)：5-13.

[17] 张倬铭,杨小云.习近平新时代中国特色社会主义思想的世界观和方法论探析[J].社会科学战线,2023(01)：253-261.

[18] 李太平,杨国良.教育研究的"西方中心主义"现象及其超越[J].社会科学战线,2020(09)：231-239.

作者简介

周仕德 汕头大学高等教育研究所教授,教育学博士,硕士生导师,主要从事

教育知识书写、课程与教学论、教师教育研究
　　王澎珂　汕头大学高等教育研究所硕士研究生

电子邮箱

　　888zsd888@163.com

附:《中国教育政策评论》简介及投稿须知

《中国教育政策评论》是以评论我国教育政策热点及难点问题为主要内容的学术集刊。自创刊以来,本集刊一直秉持"教育研究密切联系实践,服务决策"的精神,对中国教育发展过程中的重大理论问题和实践问题进行了专门探讨,在教育研究、教育决策以及教育实践领域产生了广泛而深远的影响,已连续多次被确立为CSSCI来源集刊。自创刊以来,本集刊历年讨论的主题如下:

1999年:教育政策与教育改革
2000年:教育政策的科学制定
2001年:教育政策的理论探索
2002年:教师教育政策
2003年:教育督导政策
2004年:教育均衡发展
2005年:教育制度创新
2006年:中外合作办学
2007年:科研政策
2008年:教育公平
2009年:创新人才培养
2010年:教育质量与教育质量标准
2011年:基本公共教育服务
2012年:现代大学制度
2013年:教育国际化
2014年:高校绩效评价
2015年:教育改革30年

2016年：教育公平

2017年：校内教育公平

2018年：2030年教育

2019年：大规模测量与评估研究

2020年：后疫情时代的教育思考

2021年：教育脱贫攻坚的中国经验

2022年(上)：教育数字化转型

2022年(下)："双减"政策下的教育改革

2023年(上)：有组织科研

2023年(下)：中国教育学自主知识体系

《中国教育政策评论》面向国内外征集优秀论文。来稿要求如下：

1. 稿件未在其他正式刊物上发表。

2. 来稿一律按照国家对期刊稿件的投稿要求格式写作，稿件字数以1万字左右为宜(含注释、参考文献、附录、图表等)。

3. 来稿文内标题一般分为三级，第一级标题用"一、""二、""三、"……标识；第二级标题用"1.""2.""3."……标识；第三级标题用"(1)""(2)""(3)"……标识。

4. 正文字体一律为小四号，宋体。文内图标应规范，符合出版标准。表格标题置于表格前，以表格序号(表1、表2……)加标题名标识，表格序号与标题名之间空一汉字距离；图之标题置于图后，以图之序号(图1、图2……)加标题名标识，图之序号与标题名之间空一汉字距离。图表文字用小五号字。

5. 来稿所有引文务必注明出处。引用性注释采用顺序编码制，文中用"[1][2][3]……"以上标形式标注，具体文献放在文后，用"[1][2][3]……"编码，与文中的"[1][2][3]……"序号相对应。同一文献引用多次时，篇后注注码连续编号，参考文献可合并为一条。著录格式请参照《GB/T7714—2015 信息与文献 参考文献著录规则》，如：

[1] 符娟明.比较高等教育[M].北京：北京师范大学出版社，

1987：67.

［2］界屋太一.知识价值革命［M］.黄晓勇,等,译.北京：生活·读书·新知三联书店,1987：12.

［3］刘宝存.大众教育与英才教育应并重：兼与吕型伟、王建华先生商榷［J］.教育发展研究,2001(4)：57-59.

［4］靳晓燕.北京密云：以教师交流促教育提升［N］.光明日报,2012-05-30(14).

［5］新华社评论员.让中国力量推动全球治理体系变革——学习习近平总书记在中央政治局第三十五次集体学习时的重要讲话［EB/OL］.(2016-09-28)［2017-12-26］.http：//www.xinhuanet.com/politics/2016-09/28/c_1119642701htm.

［6］Fornell C., Larcker D. F. Evaluating Structural Equation Models with Unobservable Variables and Measurement Error［J］. Journal of Marketing Research，1981，18(01)：39.

［7］Hastie T., Tibshirani R., Friedman J. The Elements of Statistical Learning［M］. New York：Springer, 2009.

6. 文中的外国人名在第一次出现时,应于中文译名后加圆括号附注外文。

7. 文末请附作者简介、工作单位和电子邮箱,如有多位作者请标明通讯作者。

8. 为适应我国信息化建设趋势,扩大本集刊及作者知识信息交流渠道,本集刊已被中国学术期刊网络出版总库及中国知网系列数据库收录,作者文章著作权使用费与本集刊稿酬一次性给付。免费提供作者文章引用统计分析资料。如作者不同意文章被收录,请在来稿时说明。

投稿邮箱：oecdsses@ecnu.edu.cn

图书在版编目（CIP）数据

中国教育政策评论. 2023. 下 / 袁振国主编.
上海：上海教育出版社，2024.10. — ISBN 978-7
-5720-2885-4

Ⅰ. G520

中国国家版本馆CIP数据核字第2024EM5521号

责任编辑　谢冬华
装帧设计　郑　艺

中国教育政策评论 2023（下）
袁振国　主编

出版发行	上海教育出版社有限公司	
官　　网	www.seph.com.cn	
地　　址	上海市闵行区号景路159弄C座	
邮　　编	201101	
印　　刷	上海商务联西印刷有限公司	
开　　本	700×1000　1/16　印张 16.25	
字　　数	226 千字	
版　　次	2024年11月第1版	
印　　次	2024年11月第1次印刷	
书　　号	ISBN 978-7-5720-2885-4/G·2554	
定　　价	88.00 元	

如发现质量问题，读者可向本社调换　电话：021-64373213